金融機関が行う

経営改善支援マニュアル

第3版

日本政策金融公庫
中小企業事業本部企業支援部［著］

一般社団法人 金融財政事情研究会

はじめに

　昨今、「事業性評価を重視し、ミドルリスク分野に積極的に取り組みましょう」ということが盛んにいわれています。

　旧中小企業金融公庫を含め当公庫に30年以上勤めてきた筆者としては、「金融業界全体として、よい方向に向かっているな」との感慨に浸っています。

　しかし、中堅・若手の金融マンのとらえ方はいかがでしょうか。「事業性評価って何？　どうすればいいの？」と思っている方々が、当公庫を含め少なくないかもしれません。

　事業性評価やリスクテイクの必要性が指摘されている理由は、主に２つあると考えられます。

　１つは、不動産を中心とする資産価値低減の問題です。筆者はバブル前夜に就職した口で、当時は「地価は上がり続けるものだ」と信じていました。それゆえ、「担保余力があれば貸付に問題はない」と心のどこかで思っていました（申し訳ありません）。

　しかし、土地といえども需要と供給で価格が決まります。特に事業用資産の場合は「収益をどれだけ生むのか」と厳しく評価されます。

　わが国は人口減少に転じており、移民受入れなどがとられない限り、将来にわたって人口が増加することはありません。他方、いまだに都市部を中心に宅地開発やビル・マンションの建設が続いており、全体としてみれば明らかに供給過剰の状態で、今後、資産価値の上昇は期待できません。

　２つめの理由は、企業・事業所数の減少です。事業所統計などから明らかなように、年々国内の企業数・事業所数が減少しています。特に地方においては顕著です。

　企業数の減少理由は、もっぱら「倒産・廃業が開業を上回っている」ことによります。メディアなどでは、盛んに起業やベンチャー企業の活躍が報じ

られていますが、まだ倒産・廃業を補って余りある新規開業に至っていません。

そうした中で、わが国経済の持続的発展を堅持するためには、企業減少に歯止めをかけ、国内企業、とりわけ9割以上を占める中小企業・小規模事業者における「付加価値生産性」を高めていくことが不可欠です。

いわれるまでもなく企業側においても、国内需要が減少・低迷し競合が激化する中、生き残りをかけて新たな事業展開や経営改善・事業再生に取り組み、付加価値生産性の維持・向上を図ろうとしています。

それゆえ、地域経済の振興を下支えする金融機関としては、これまで以上にリスクをとり、新たな事業展開などに取り組む中小企業・小規模事業者に寄り添い、積極的に支援していかなければなりません。

このように、「事業性評価」「ミドルリスクテイク」の必要性は一過性のものではなく、構造的な問題に根差しているものであり、将来にわたって不変であるととらえなければなりません。

さて、金融機関における「事業性評価」「ミドルリスクテイク」のあり方について考えてみましょう。

とりわけ地域金融機関は、地域企業に対して継続的に金融支援を行っています。それゆえ、「事業性評価」「ミドルリスクテイク」を継続しなければなりません。

すなわち、貸付時に企業の事業性・将来性を評価し、「リスクはあるが、妥当性が認められる」と判断して貸付を行うだけでなく、貸付後も、経営環境の変化や企業の様々な取組みを評価し、「事業性の維持・向上」を支えていかなければなりません。

このように「事業性評価」「ミドルリスクテイク」を継続していくためには、一人ひとりが「企業をみる眼」を習得するとともに、外部環境の現状と今後の見通しを適切に分析・評価するスキルを身につけることが不可欠です。

中堅・若手の金融マンの方々、いかがでしょうか。将来ある皆さんは、否

応なしに「企業をみる眼」を培い、「事業性評価」「ミドルリスクテイク」に真摯に取り組んでいかなければならないのです。

　本書は、既刊の改訂版ですが、以上の思い入れから内容を全面的に見直しています。旧中小企業金融公庫の創設（1953年）以来連綿と受け継がれてきた審査手法をベースとしつつ、筆者の30年間の拙い経験と昨今の産業の多様化・高度化、イノベーション・IT化の進展を加味して著述しています。

　やや独善的な面が見受けられますが、中堅・若手金融マンを中心に、「企業をみる眼の習得・向上」「事業性評価・ミドルリスクテイクへの積極的な取組み」「中小企業・小規模事業者に対する『金融＋経営改善』支援の強化」に少しでも役立てていただけたら幸甚です。

2019年1月

日本政策金融公庫　中小企業事業本部
企業支援部長　鋸屋　弘

株式会社日本政策金融公庫

　国民生活金融公庫、農林漁業金融公庫、中小企業金融公庫が統合し、2008年10月に発足した政策金融機関。国の政策のもと、民間金融機関の補完を旨としつつ、社会のニーズに対応して、種々の手法により、政策金融を機動的に実施しています。

【執筆者紹介】

鋸屋　弘（第Ⅰ章～第Ⅶ章）

　1988年中小企業金融公庫入庫。本店営業第二部（融資・審査）、総務部（企画）、旧通商産業省出向（立地）、千住支店・下関支店（融資）、総合研究所（産業・地域調査）、統合準備室、企画部システム企画課長、東京支店中小企業営一事業副事業統轄、浜松支店長、ITプランニングオフィスマネージャーを経て、現在、企業支援部長。

板﨑　司（第Ⅰ章・第Ⅶ章・第Ⅷ章）

　1992年中小企業金融公庫入庫。大阪西支店（融資）、神戸支店（審査）、情報システム部業務改革推進室、岡山支店（融資）、経営情報部、名古屋支店融資課長、広島支店融資課長、名古屋支援課長、大阪審査室課長を経て、現在、東日本企業支援室室長。

石井　輝昭（第Ⅷ章）

　2004年中小企業金融公庫入庫。企業支援部支援企画グループ上席グループ長代理。中小企業診断士。

目　次

第Ⅰ章　経営改善支援が拓く金融機関の新しい展開

(1) 融資活動と一体となった経営改善支援 …………………………… 2
(2) 課題発見・解決を支援するホーム・ドクター …………………… 2
(3) 中小企業が経営改善支援を必要とする理由 ……………………… 3
(4) 金融機関の強み ……………………………………………………… 4
(5) 経営改善支援が金融機関にもたらす好影響 ……………………… 5

第Ⅱ章　経営改善支援にあたっての基本的スタンス／進め方

1　経営改善支援にあたってのポイント ……………………………… 10
(1) 「帰納法」にのっとって徹底的に事実を把握すること ………… 11
(2) 「問題」と「課題」の違いを意識すること ……………………… 12
(3) 「ストーリー」を明確にすること ………………………………… 13
(4) 「5W1H」を明確にすること …………………………………… 15
(5) 「PDCA」を繰り返すこと ………………………………………… 16
2　課題／解決策の検討プロセス ……………………………………… 17
(1) 問題点／優位点の抽出 ……………………………………………… 18
(2) 根本原因／真相の究明 ……………………………………………… 18
　【事例1-1】 ………………………………………………………… 19
(3) 課題の設定 …………………………………………………………… 20
　【事例1-2　化粧品製造業者における経営改善の取組み】 ……… 26
(4) 具体的解決策の設定 ………………………………………………… 31

第Ⅲ章　経営改善支援の実務 Step 1 ── 問題点／優位点の抽出

1 「As Is」と「To Be」の対比 ……………………………………… 40
2 問題点と優位点の抽出 ……………………………………………… 42
　(1) 時間や経営資源を「効率的」「効果的」に使っているか………… 42
　(2) 経営・企業活動の「安全性」が確保されているか……………… 49

第Ⅳ章　経営改善支援の実務 Step 2 ── 根本原因／真相の究明

1 財務分析 ……………………………………………………………… 54
　(1) 「社員1人当たり付加価値額」の深掘り ………………………… 56
　(2) 「使用総資本経常利益率」の深掘り ……………………………… 56
　(3) 「売上高変動費率」「売上高固定費率」の深掘り ……………… 57
　(4) 「在庫回転期間」の深掘り ………………………………………… 58
　(5) 「売掛債権回転期間」の深掘り …………………………………… 59
2 定量的な企業活動分析 ……………………………………………… 60
　(1) 生産・販売単価／数量の分析 …………………………………… 60
　(2) リードタイム／不良率／返品率の分析 ………………………… 63
　(3) 稼働率・回転数の分析 …………………………………………… 65
　(4) 労務費・人件費の分析 …………………………………………… 65
　(5) 原単位／歩留りの分析 …………………………………………… 66
3 定性的な企業活動分析 ……………………………………………… 68
　(1) 外部環境分析 ……………………………………………………… 68
　　【事例2-1　缶ビールの年間需要金額】……………………… 69
　　【事例2-2　国内旅館の年間邦人宿泊需要金額】…………… 69
　(2) 内部環境分析 ……………………………………………………… 71
　　【事例3　顧客の本質的な需要・ニーズへの対応（印刷業）】……… 95
　　【事例4　顧客の本質的な需要・ニーズへの対応（旅館業）】……… 96
　　【事例5　理美容業の多様化】…………………………………… 99

【事例6　ネジ製造業におけるプロセスと内製・外注】……………… 99
　【事例7　素形材加工における製法の選択】…………………………… 100

第Ⅴ章　経営改善支援の実務 Step 3──課題の設定

1　現状の優位点／問題点の抽出 ………………………………………… 120
　(1)　外部環境分析から導き出される現状の優位点／問題点 ………… 120
　(2)　内部環境分析から導き出される現状の優位点／問題点 ………… 121
2　今後の機会・脅威／強み・弱みの設定 ……………………………… 127
　(1)　今後の需要・供給の見通し ………………………………………… 127
　　【事例8　インターネットを活用した広告宣伝／販売促進】……… 131
　　【事例9　鉄鋼卸における付加価値生産の減少】…………………… 132
　　【事例10　自動車部品メーカーにおける付加価値生産の減少】…… 132
　(2)　今後の競争力／経営資源の見通し ………………………………… 134
　　【事例11　弁当の移動販売におけるIT化】………………………… 147
3　課題（取組みの方向性）の設定 ……………………………………… 153
　(1)　事業展開の方向性の設定 …………………………………………… 153
　(2)　態勢整備の方向性の設定 …………………………………………… 157

第Ⅵ章　経営改善支援の実務 Step 4──具体的解決策の設定

1　事業展開／態勢整備の「妥当性・実現可能性」の分析・検証 …… 172
　(1)　具体的な取組項目・内容／実施体制・方法等の設定 …………… 172
　　【参考1】　組織と人材活性化に向けた具体的な取組み …………… 182
　　　【事例A　社員の相互評価による組織の活性化】………………… 184
　　　【事例B　幅広い表彰の実施によるモチベーション向上】……… 184
　　　【事例C　管理職育成のための仕組み作り】……………………… 186
　　【参考2】　営業・販売体制／方法の強化に向けた具体的な取組み … 187
　　　【事例D　日報・販売情報のIT化による業務活用の推進】……… 189

【事例E　製造部門との営業情報共有化による社員の意識改革】… 189
　　　【事例F　顧客セグメントに基づく営業展開】…………………… 190
　　【参考3】　5Sの推進に向けた具体的な取組み ………………………… 192
　　　【事例G　様々な工夫により5S活動の定着化に成功】………… 194
　　【参考4】　生産体制の改善に向けた具体的な取組み ………………… 194
　　　【事例H　社員に危機感を持たせ、不良率の改善に成功】……… 195
　　　【事例 I 　仕入・外注先の納期遅れを大幅改善】……………… 198
　　【参考5】　不良品発生の抑制に向けた具体的な取組み ……………… 198
　　【参考6】　リードタイムの短縮に向けた具体的な取組み …………… 199
　　【参考7】　売掛債権の回収促進に向けた具体的な取組み …………… 201
　　　【事例J　営業担当者の意識に働きかけて売掛金の早期回収に
　　　　成功】……………………………………………………………… 201
　(2)　事業展開／態勢整備の「妥当性」の分析・検証 ………………… 202
　(3)　事業展開／態勢整備の「実現可能性」の分析・検証 …………… 210
　(4)　具体的取組みの取捨選択／修正・再設定 ………………………… 213
2　妥当性・実現可能性を踏まえた「具体的解決策」の設定 ………… 214
　(1)　実施する事業展開／態勢整備の取りまとめ ……………………… 214
　(2)　事業展開／態勢整備の成果目標・見込みの設定 ………………… 216
3　具体的解決策の「全体効果」の検証・評価 ………………………… 219
　(1)　収支改善効果の検証・評価 ………………………………………… 219
　(2)　バランスシート／資金繰り改善効果の検証・評価 ……………… 220

第Ⅶ章　経営改善計画策定支援の実施

　(1)　対象企業の見極め ……………………………………………………… 224
　(2)　対象企業から合意を得る ……………………………………………… 225
　(3)　資料依頼 ………………………………………………………………… 225
　(4)　事前準備 ………………………………………………………………… 227
　(5)　企業訪問／現地調査・ヒアリング …………………………………… 228

- (6) 経営改善に向けた提案書の作成 ……………………………… 232
- (7) プレゼンテーション ……………………………………………… 234
- (8) 経営改善計画策定支援 …………………………………………… 235
- (9) 事後フォロー ……………………………………………………… 235

【参考1】 経営改善計画書の作成要領——企業向け …………………… 237
- (1) 計画書作成の意義 ………………………………………………… 237
- (2) 計画書作成の要領 ………………………………………………… 238
- (3) 計画の進捗状況のモニタリング ………………………………… 253

【参考2】 経営改善計画書のチェック・改善提案 ……………………… 254
- (1) 経営改善計画書の作成と運用 …………………………………… 254
- (2) 経営改善計画書のチェックポイント …………………………… 255
  - 【事例 システム手帳を用いた経営計画・経営内容の周知】 ……… 257

第Ⅷ章 事例編——日本公庫の取組事例より

[製造業Ａ社（電気めっき業）の事例] ……………………………………… 260
- 1 はじめに ……………………………………………………………… 260
- 2 経営改善支援の内容 ………………………………………………… 260
- 3 13年後の訪問（社長インタビューと工場見学） ………………… 266
- 4 まとめ ………………………………………………………………… 270

[製造業Ｂ社の事例] ………………………………………………………… 272
- 1 はじめに ……………………………………………………………… 272
- 2 経営改善支援の内容 ………………………………………………… 272
- 3 本事例のポイント …………………………………………………… 277

[サービス業Ｃ社（一般公衆浴場業）の事例] …………………………… 281
- 1 はじめに ……………………………………………………………… 281
- 2 経営改善支援の内容 ………………………………………………… 281
- 3 本事例のポイント …………………………………………………… 285

[小売業Ｄ社（婦人服小売業）の事例] …………………………………… 290

1 はじめに ………………………………………………… 290
2 経営改善支援の内容 …………………………………… 290
3 本事例のポイント ……………………………………… 292

第 I 章

経営改善支援が拓く金融機関の新しい展開

(1) 融資活動と一体となった経営改善支援

　昨今、金融機関の業務は多様化していますが、その中心的な業務が企業に対する融資であることに変わりはありません。

　言わずもがなですが、融資で重要なのは、「**資金が企業活動に活かされること**」です。もし、資金が活かされなければ、企業の維持・発展が阻害され、金融機関にとっても返済が滞るといった問題が発生します。

　融資した資金が企業活動に活かされるようにするためには、事前の審査において事業性や投資の妥当性を見極めるとともに、事後において経営や企業活動の状況を把握・評価し、外部環境の変化を踏まえて適切なアドバイス・サポートを行うことが不可欠です。

　すなわち、融資によって円滑な経営・企業活動を支えると同時に、**経営改善支援により企業が持続的に成長・発展するよう促していくことが重要**といえます。

　このように、「融資と経営改善支援を一体的に行うことでシナジー効果が創出される」ということが、金融機関における経営改善支援の特徴といえるでしょう。

(2) 課題発見・解決を支援するホーム・ドクター

　金融機関の経営改善支援は、医療に例えることができます。

　決算書は、人間に例えれば「健康診断の結果」です。決算書には企業の健康状態がほぼ表れます。しかし、数値が悪化していても、誰もがその原因を特定できるわけではありません。また、自覚症状がなければ、適切な処置がされないまま病状が悪化し、時には手遅れになる危険もあります。人間だけでなく企業も、言わば生活習慣病の予兆が見え始めている段階で、生活習慣を改めるなど適切な対応が必要になります。

　このため企業には、早い段階から経営課題を見極め、正しい処方箋を用意してくれる、言わば「ホーム・ドクター」のような相談相手が必要です。優秀なホーム・ドクターは、検査結果だけで判断することなく、問診から把握

した「患者の病歴や体質・弱点、顔色・挙動」を踏まえて根本原因を究明し、診断書・治療方針・処方箋を作成して適切な処置をするはずです。

　企業と定期的に接触しながら決算書・試算表を分析・評価している金融機関は、早期の段階で企業の持つ病巣に気づき、適切な処置を施すホーム・ドクターの役割を果たすことができます。

　大規模な人員整理、事業部門の売却など**「外科手術」**という段階に至った企業の例も少なくありませんが、外科手術で患部を切り取った場合でも、病状の回復や体質改善を促し、経営改善・事業再生の効果を持続させるためには、本書で扱うような**「内科療法」**をあわせて行うことが重要です。

　また、生活習慣を改めるなどの内科療法で治癒可能な企業も多数を占めており、こうした企業は早期に対応すれば、それだけ早い治癒が可能です。

　さらに、自ら手に負えない重篤患者の場合には、外部とのネットワークを活用して専門病院（特定分野の専門コンサルタント）を紹介することになりますが、こうした専門病院との一体的な取組みも金融機関ならではといえるでしょう。

(3) 中小企業が経営改善支援を必要とする理由

　情報は第4の経営資源ともいわれます。インターネットが普及し、いつでも、どこでも、誰でも簡単に情報が入手できるようになりましたが、企業活動に適用できる「真に有効な情報」は依然として入手が難しく、特に中小企業・小規模事業者は、必要な情報を十分入手できません。

　こうしたことを踏まえ、金融機関が経営改善支援を行うにあたっては、特に次の2点を意識することが重要です。

① 企業は自社の不足を知らない

　中小企業・小規模事業者のニーズや課題は「潜在的」です。

　「自社に不足している点」に気づいていれば、自ら解決したり、コンサルタントに解決を依頼することができます。しかしながら、「自社に何が足りないのか」「経営改善に何が必要なのか」ということに気がついていない企業が意外と多いと感じます。「必要なこと」を知らなければ不足を感じるこ

とはなく、課題解決に向けて取り組もうと思いません。中小企業・小規模事業者には、「気づきを与えてくれる存在」が必要なのです。
② 相談相手がいない
　よくいわれることですが、経営者は孤独な存在です。悩んでいる姿・迷っている姿は取引先にも社員にもみせられません。しかし、適切に事業展開を行うためには、第三者の立場で客観的なアドバイスを行う「相談相手」が不可欠です。金融機関は、経営者にとって「気軽に相談できる相手」でなければなりません。

(4) 金融機関の強み

　金融機関は債権者であるため、融資先に経営改善提案の実行を促しやすい立場にありますが、そのほか次のような強みを持っています。
① 融資先と継続的に接触できる
　金融機関は、日常の金融取引を通じて継続的な接触・対話が可能で、主体的に融資先の経営課題を把握し、適時適切な支援を行うことができます。
　こうした点は、コンサルタントにはない大きな強みであるといえます。
② 財務に詳しい
　財務には、過去の企業活動の結果が反映されています。財務面だけで企業の全てを理解できませんが、財務に精通していないと企業活動を客観的・定量的に把握できないことも確かです。
　金融機関は、財務の理解という土台を有しているため、バランスよく多面的に企業経営全般をみることができます。
③ 企業活動の現場をみることができる
　金融機関は、決算書ではわからない企業活動の実態をみることができます。工場・店舗・倉庫や事務所といった現場は、企業活動の実態や企業の風土・文化について多くのことを教えてくれます。また、帳簿・伝票や日報・日誌・指示書など内部管理資料を閲覧することにより実態を赤裸々にすることができます。
　企業活動の現場をここまでみることができるのは、信頼関係を築いている

金融機関ならではです。

④ 融資先に係る情報蓄積があり、情報入手も容易

　経営改善支援を行うには、企業から資料を提供してもらうことが不可欠ですが、そのためには、企業から信頼を得ることが必要です。

　この点、金融機関はすでに対象企業との信頼関係が構築されているため、必要な情報の入手が容易で、対象企業の情報が相当程度蓄積されています。

　これは、コンサルタントからみれば大きなアドバンテージといえます。

⑤ 多くの情報や経験の蓄積がある

　様々な業種・業容・業態・業績の企業への融資を経験することで、企業をみる「ものさし・基準」が身につきます。しかも、具体的な事例が金融機関全体で蓄積され、組織的に共有することができます。

　「企業をみる眼」を培い、企業に関する有効情報を蓄積することは、経営改善支援の実施に必要不可欠ですが、こうしたことを日常業務の中でできるのも金融機関の強みです。

(5) 経営改善支援が金融機関にもたらす好影響

　経営改善支援は、融資先の経営改善を支援することで貸出資産の健全化に役立つだけでなく、金融機関の業務に次のような好影響をもたらします。

① 融資判断の的確化・効率化

　金融機関は日頃から融資先と接触し、企業実態の把握に努めていますが、経営改善支援の実施により企業活動（非財務）に対する理解が深まり、融資判断、特に事業性評価を的確に行うことができるようになります。

　企業実態の把握には手間と時間が必要ですが、「**日常的な接触により企業実態の把握に努め、入手した情報・データを組織的に共有し、融資・経営改善支援など様々な業務に活用する**」という仕組み・業務サイクルができれば、金融機関全体の業務効率化にもつながります。

　地域金融機関を中心にリレーションシップバンキングへの取組強化が求められていますが、経営改善支援はリレーションシップバンキングの強化にも有効な取組みといえるでしょう（図表1）。

図表1　リレーションシップと経営改善支援

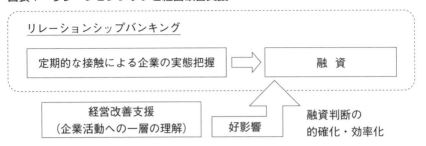

② 顧客満足度の向上

　経営改善提案や情報提供に対する融資先の満足度は、提案内容がニーズに合致しているか否かに大きく左右されます。日常的な接触を通じ、**企業活動を十分に理解したうえで行う提案は、企業のニーズにより即したものとなり、その実行性も高くなる**といえます。

　例えば、業績のよい企業に対する融資を行う場合、工場などをみずに融資を決定してしまうことがあるかもしれません。迅速な対応は企業に喜ばれることですが、中には、「なぜ業績がよいのか」「この企業の強みは何か」ということに興味を示さない金融機関に不満を持つ経営者もいます。

　経営改善支援に取り組むことにより、事業拡大や経営改善に対する意識・意欲の高い企業のニーズに応えることができ、顧客満足度の向上につながることが期待されます。

③ 優良企業との取引基盤強化

　経営改善支援は、業績悪化企業だけでなく、業績に問題ない企業に対しても有効です。財務面をみる限りは、アドバイスできることが思い当たらない企業であっても、非財務からアプローチすれば、金融機関が提案できることは少なくありません。

　長年好業績を維持してきた企業ほど、改善の必要性を十分認識し向上心にも富んでいます。このため、金融機関が投げかけた提案についても、問題意識に合った内容であれば、採用され効果が生まれる可能性が高くなります。

　課題のない企業は存在しません。

優良企業に対する経営改善支援を積極的に行うことは、企業の一層の業績向上に役立つと同時に、金融機関としての取引基盤強化にも直結します。

④　人材の育成

経営改善支援を行うことにより、今まで以上に非財務面の企業活動をみることになります。

金融機関には、財務にも非財務にも詳しく、企業から信頼を勝ち得ている職員が存在します。こうした職員は、必ずしも特別の勉強・経験をしたわけではなく、**「毎日、現場という教材の中から企業活動について学び、『企業をみる眼』を培ってきた」**という職員が多いと考えられます。

経営改善支援を組織的に行うということは、こうした職員の行動をモデルにして、優秀な職員を育てる仕組みを作るということです。

金融機関の職員を育てるのは、融資先であり、融資先と接する現場です。集合研修などは職員に気づき・きっかけ・動機を与えているにすぎません。

日常の業務の中で、財務面と非財務面に詳しい職員を育てることは、中小企業診断士の資格を持つ職員が何名在籍するかといった数字だけでは測れない組織の基盤となる人材を作ることになります。

人材育成は一朝一夕にできるものではありませんが、次の点に留意しながら、計画的・組織的に「企業をみる眼」が備わった人材を育成していくことが、金融機関には必要不可欠です。

○財務分析力を鍛える

まずは、財務をみる力を育てることで、「決算書などから財務上の問題点・優位点を抽出するスキル」を習得させ、企業をみる土台を作ります。

○企業活動の現場や経営者の経営力をみる力を鍛える

企業活動の現場視察・調査や経営者との対話を意識的に行わせるようにします。これにより、企業活動の現状や経営者のひととなり・手腕をみる眼が養われ、「企業活動上の問題点・優位点、企業が取り組むべき課題を抽出するスキル」が身につくことにつながります。

第 II 章

経営改善支援にあたっての基本的スタンス／進め方

1　経営改善支援にあたってのポイント

経営改善の取組みにおいて重要なのは、次の点です。

○対象企業が経営改善の必要性を十分に納得すること
○経営者や社員一人ひとりがやるべきことを着実に遂行すること

経営改善支援にあたっては、この2点が担保されるよう、次の「5つのポイント」を常に意識しなければなりません（図表2-1）。

---
(1)　「帰納法」にのっとって徹底的に事実を把握すること
(2)　「問題」と「課題」の違いを意識すること
(3)　「ストーリー」を明確にすること
(4)　「5W1H」を明確にすること
(5)　「PDCA」を繰り返すこと

図表2-1　経営改善支援にあたっての「5つのポイント」

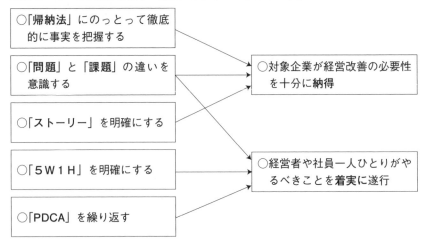

(1) 「帰納法」にのっとって徹底的に事実を把握すること

「帰納法」とは、「具体的な事実」から「あるべき姿（To Be）」を導き出す思考方法です。

対象企業に突き付けられているのは、決して逃げることができない現実（事実）です。この厳然たる現実を克服しなければ、経営改善を成し遂げることができません。企業が実践すべき取組みは、現実からの逃避や現実から乖離した理想を追い求めることではなく、現実を真正面から受け止め、その企業固有の「To Be」をしっかりとらえ、そこに向けて邁進することです。

徹底的に「事実」を把握し、客観的な分析により事実の「根本原因」や「真相」を究明して、「To Be」を導き出す。 そのようなスタンスで取り組めば、実態に即した説得力のある経営改善支援を実施することができます。

「普遍的な理論」から個別の「To Be」を導き出す「演繹法」では、「結論ありき」や「実態からの乖離」を招くおそれがあります。「演繹法」はマクロ経済分析などでは有効かもしれませんが、経営改善支援においては、避けるべき思考方法と筆者は考えます（図表2－2）。

図表2－2　帰納法的思考と演繹法的思考

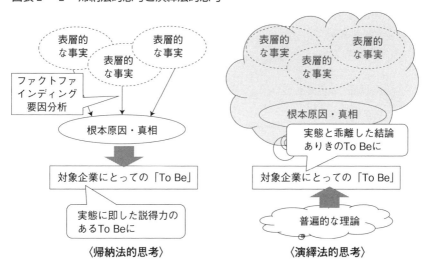

(2) 「問題」と「課題」の違いを意識すること

日常会話の中で、「問題」と「課題」が混同されることがあります。

「問題」とは、「あるべき姿（To Be）」と「現実の姿（As Is）」の間の「**負のギャップ**」のことです。

これに対し、「課題」とは、問題を解決する（理想を現実にする、あるべき姿になる）ために「**やるべきこと（To Do）＝テーマ**」です。

経営改善支援とは、①問題（理想と現実の負のギャップ）を把握し、②問題の根本原因・真相を究明したうえで、③問題を解決するための課題（やるべきテーマ）を設定し、④課題を具体化した解決策を提案して、⑤解決策の実施をサポートすることです（図表２−３）。

すなわち、経営改善支援においては、問題の把握は出発点にすぎず、「いかに根本原因・真相の究明を適切に行い、的確な課題設定ができるか」が勝負どころだといえるのです。

ぜひ、「問題」と「課題」の違いを意識し、「課題の設定」に注力するよう、心がけてください。

図表２−３　「問題の把握」から「課題の設定」までのプロセス

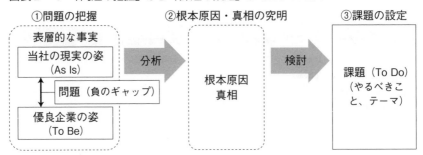

(3) 「ストーリー」を明確にすること

　優れた経営改善計画は、総じて論旨がシンプルで、論理性・整合性が高く、社員やステークホルダーの深い理解・納得が得られるものです。

　経営改善支援においては、各プロセスを進める中で、検討の拡散／深掘り／取捨選択／絞込みという作業を行います（図表2－4、5）。

　ところが、その過程で「論旨が一貫しない」「プロセス間の整合性がない」といったことが、往々にして起こります。

　こうしたことを防ぐためには、論理性・整合性が確保されていることを節目節目で確認し、ストーリー性を担保していくことが重要です。

図表2－4　経営改善支援における「3つのストーリー」

ストーリー	概要・プロセス
1つめのストーリー 「現状の把握」から「課題の設定」に至るストーリー	次のプロセスにおいて、「プロセス間の整合性」や「論旨の一貫性、論理性」があることを確認する。 ① 現状（問題点・優位点）の把握【拡散】 ② 根本原因・真相の究明【深掘り】 ③ 強み・弱み／機会・脅威の明確化【深掘り】 ④ 課題（取組みの方向性）の設定【収束】
2つめのストーリー 「課題の設定」から「具体的な解決策の効果の検証・評価」に至るストーリー	次のプロセスにおいて、「プロセス間の整合性」や「論旨の一貫性、論理性」があることを確認する。 ④ 課題（取組みの方向性）の設定 ⑤ 取組みの方向性の妥当性／実現可能性の分析・検証【取捨選択】 ⑥ 具体的な解決策の設定【絞込み】 ⑦ 具体的な解決策の効果の検証・評価【収束】
3つめのストーリー 全体としてのストーリー	次のとおりプロセス間の整合性を確認し、「現状把握」から「解決策設定・評価」に至る全体で「論旨の一貫性、論理性」があることを確認する。 ・③と⑤の整合性：強み・弱み／機会・脅威の設定が的確に行われているか。 ・②と⑥の整合性：具体的解決策が問題の根本原因や真相に対応しているか。 ・①と⑦の整合性：具体的解決策の効果により問題が解決されるか。

第Ⅱ章　経営改善支援にあたっての基本的スタンス／進め方

図表2−5　経営改善支援における「3つのストーリー」

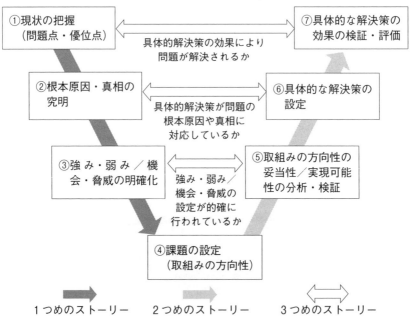

【事例】

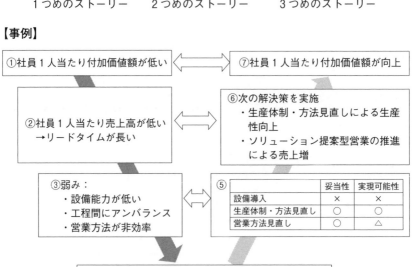

(4) 「5W1H」を明確にすること

本章の冒頭、「経営者や社員一人ひとりがやるべきことを着実に遂行することが重要」と申し上げました。

やるべき人が、やるべき時期に、やるべき場所で、やるべき方法により、やるべき事を、所期の目的どおりに取り組むよう、「5W1H」が明確にされた経営改善計画を策定することが必要です（図表2－6）。

図表2－6　経営改善支援における「5W1H」

5W1H		概　要
WHY	目的・理由	経営改善の取組みの「目的・趣旨」を標榜し、ぶれたり、誤解・齟齬が生じないようにする。
WHO	実施体制	経営改善の取組みの「当事者・ステークホルダー、実施体制・役割分担」を明確にし、権限と責任の所在を明らかにして、ムダ・重複・遺漏を排除するとともに、当事者間、当事者・ステークホルダー間の協調・連携を図る。
WHAT	実施内容	経営改善の取組みの「実施内容（経営改善計画に基づく事業展開の具体的内容など）」を明確にし、具体性・網羅性・的確性を確保する。
WHERE	実施場所	経営改善計画に基づく事業展開や経営資源の活用／強化・改善に関する取組みの「実施場所」を明確にし、環境整備などを実施して円滑な計画遂行を実現する。
WHEN	実施時期	経営改善計画に基づく事業展開や経営資源の活用／強化・改善に関する取組みの「実施時期・スケジュール・期限」を明確にし、効率性・着実性を確保する。
HOW	実施方法	経営資源の活用／強化・改善に関する取組みなどの「具体的な方法・プロセス」を明確にし、経営改善計画に基づく事業展開が効率的・効果的に行われるようにする。

(5) 「PDCA」を繰り返すこと

経営改善の取組みが計画どおりに進捗することはまれで、ほとんどのケースで軌道修正を余儀なくされます。

経営改善支援においては、「計画どおりに進まない」「途中で計画の変更がある」という前提で、あらかじめ次のような態勢整備を行うことが重要です。

> ○ 計画の遂行・管理体制の整備、進捗管理・課題管理などの実施
> ○ 成果目標・見込み／評価指標の設定、定期的な確認
> ○ 計画の改善に係る検討・立案／改善の実施

そのうえで、「P（Plan、計画の策定）→ D（Do、計画の遂行）→ C（Check、計画の検証・評価）→ A（Action、計画の改善）→」を繰り返し行い、経営改善の着実な実施や取組みのブラッシュアップを図っていくことが必要です。

また、P（計画の策定）／D（計画の遂行）／C（計画の検証・評価）／A（計画の改善）の各プロセスの中でも、「P→D→C→A→」を繰り返し行い、各プロセスの着実な実施やブラッシュアップを図っていくことも有効です（図表2-7）。

図表2-7　経営改善支援における「PDCA」サイクル

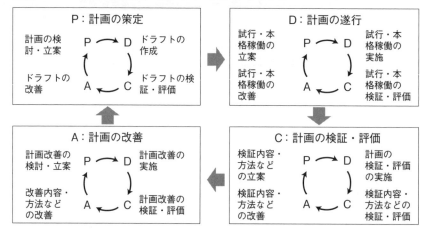

2　課題／解決策の検討プロセス

　前節では、「徹底的に事実を把握し、問題の根本原因・真相を究明し、的確な課題設定や解決策の立案を行い、ストーリー性を確保することにより、納得性の高い経営改善計画が策定される」「５Ｗ１Ｈを明確にし、PDCAサイクルを定着させることにより、経営改善の取組みの着実性が高まる」といった話をしました。

　本節では、これを踏まえ、帰納法的なアプローチによる課題／解決策の検討の進め方についてお話をします（図表２－８）。

図表２－８　課題／解決策の検討プロセス

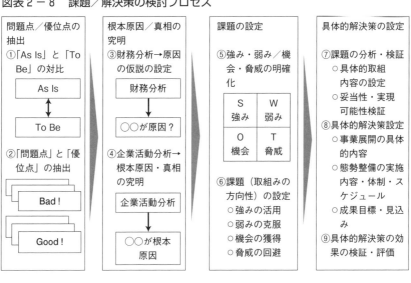

(1) 問題点／優位点の抽出

「問題点／優位点の抽出」とは、財務諸表などに基づき、対象企業の問題点（あるべき姿（To Be）と現実の姿（As Is）の間の負のギャップ）と優位点（To BeとAs Isの間の正のギャップ）を抽出することです。

具体的には、対象企業の財務諸表と同業の優良企業の平均財務諸表を対比し、同業他社より劣っている財務指標と優れている財務指標を抽出して、問題点と優位点を明確にします（図表2-9）。

図表2-9　問題点／優位点の抽出

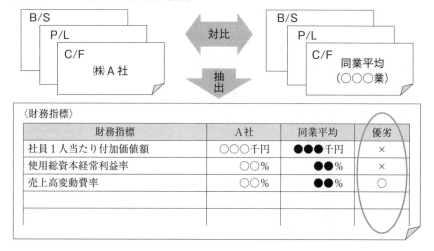

(2) 根本原因／真相の究明

次に、抽出された「問題点／優位点」について、「なぜ劣っているのか／優れているのか」を分析し、根本原因や真相を究明します。

分析方法としては、財務指標を深掘りする「財務分析」と、社内データや統計データ、工場・店舗などの実地調査や関係先への問合せなどに基づく「企業活動分析」があります。

これらの分析により、「問題点／優位点の根本原因は何か」「問題点／優位点の真相は何か」を明らかにしていきます。

【事例1－1】

① 問題点／優位点の抽出

「社員1人当たり付加価値額」が同業他社よりも低く、「付加価値生産性が低い」ということが対象企業Aの問題点。

② 根本原因／真相の究明

以下の分析を行った結果、「工程間にアンバランスがあり、長時間の待機・手空きが発生している」という根本原因・真相が導き出された。

1) 財務分析

社員1人当たり付加価値額を「売上高付加価値額比率」と「社員1人当たり売上高」に分解したところ、「社員1人当たり売上高」が同業他社に比べて低い（生産・販売効率が悪い）ことが判明。

2)－1 企業活動分析（定量分析）

「生産・販売効率が悪いのは、生産方法に問題があるのではないか」という仮説を立て、リードタイムを分析したところ、リードタイムの中で「待機・手空き時間」が占める割合が高いことが判明。

2)－2 企業活動分析（定性分析）

「待機・手空き時間が長いのは、工程や要員配置に問題があるのではないか」という仮説を立て、工場内の各加工工程や要員配置を調査・分析したところ、組立工程の中のある工程がボトルネックになって加工が滞留し、工程間に仕掛品が発生していることが判明。

(3) 課題の設定

問題点／優位点の根本原因・真相が明らかになったところで、いよいよ「課題の設定」を行うことになります。

課題の設定は、次の手順で行います。

---
① 機会・脅威／強み・弱みの明確化
　1) 外部環境／内部環境における現状の優位点・問題点の抽出
　2) 今後の外部・内部環境の見通し、機会・脅威／強み・弱みの設定
② 課題（取組みの方向性）の設定
　1) 事業展開の方向性の設定（機会の獲得／脅威の回避）
　2) 態勢整備の方向性の設定（強みの活用／弱みの克服）

---

① 機会・脅威／強み・弱みの明確化
　1) 外部環境／内部環境における現状の優位点・問題点の抽出

まず、財務分析／企業活動分析の結果を踏まえて外部環境／内部環境の現状を分析し、現状の優位点・問題点を抽出します。

具体的には、図表2－10の観点から対象市場・分野における需要・供給の現状を、図表2－11の観点から対象企業の経営資源における現状をそれぞれ分析し、外部環境／内部環境における優位点・問題点を抽出します。

図表2－10　外部環境における優位点・問題点の抽出

	観点	優位点	問題点
需要	市場・需要の規模	大きい／拡大	小さい／縮小
	市場・需要の多様性／深度	多様性／深度あり 多様化／深化の余地あり	多様性／深度なし・乏しい 多様化／深化の余地なし・乏しい
	ライフサイクル	生成・導入期／成長期	成熟期／衰退期
供給	同業者との競合／新規先の参入	激しくない	激しい／激化している
	代替品・サービスの出現	あまりない	多い／増えている
	サプライチェーン	仕入先・販売先との取引関係は良好	仕入先・販売先との取引関係が悪い／悪化

図表2-11 内部環境における優位点・問題点の抽出

	観点	優位点	問題点
製商品・サービス	機能・性能・効用	優れている/独自性あり 多様性・拡張性等あり	劣っている/独自性なし 多様性・拡張性等なし
	品質・供給力・価格力	均質性・安定性・耐久性が優れている 小口・多頻度・短納期・安定供給ができる 価格対応力あり	均質性・安定性・耐久性が劣っている 小口・多頻度・短納期・安定供給ができない 価格対応力なし
社員	スキル・モチベーション等	高い	低い/低下している
	年齢構成	バランスがとれている 中堅・若手が多い	偏っている 高齢化している
設備	機能・性能等	機能・性能が高い 最新鋭の設備がそろっている 自動化・省力化・IT化/省エネ化・燃費向上が進展	機能・性能が低い 老朽化・陳腐化している 自動化・省力化・IT化/省エネ化・燃費向上が停頓
	稼働状況	稼働率が適正 余剰設備がない	稼働率が低い/高過ぎる 余剰設備がある
体制・方法	経営管理	体制/補佐陣が強固 経営手腕が優秀 後継者が有能	体制/補佐陣が脆弱 経営手腕が欠如・凡庸 後継者が不在・凡庸
	労務管理	残業が適正 余剰人員がいない	残業が過多・増加 余剰人員が多い
	共通	権限・責任/役割分担が明確 業務が特定部署に偏らない 連携・コミュニケーションが緊密・円滑 ナレッジが可視化・組織化 マニュアルや作業標準が徹底 見込み・見積りが適切	権限・責任/役割分担が不明確 業務が特定部署に偏在 連携・コミュニケーションが不足 ナレッジが属人的 マニュアルや作業標準がない・不徹底 見込み・見積りが不適切
	企画・設計・開発	企画・設計・開発力が高い 企画・設計・開発方法が効率的・効果的 有力なパートナー/ネットワークがある	企画・設計・開発力が低い 企画・設計・開発方法が非効率、効果的でない パートナー/ネットワークがない
	仕入・外注・購買管理	有力な仕入・外注先あり ムダな仕入・外注なし 商品の確保が容易	有力な仕入・外注先なし ムダな仕入・外注が多い 商品の確保が困難

	観点	優位点	問題点
体制・方法	生産・加工	作業内容が適切 独自の製法・技術を保有 生産・加工時間が短い 要員配置・工数配分・工程間バランス・レイアウト・作業動線が適切 ムダな作業・手戻り・横持ちなし 品質管理が適切	作業内容に問題あり 製法・技術が凡庸 生産・加工時間が長い 要員配置・工数配分・工程間バランス・レイアウト・作業動線に問題あり ムダな作業・手戻り・横持ちが多い 品質管理が杜撰／過剰
	販売・提供	独自の販売方法・技術を保有 需要・ニーズを適切に把握 ソリューション提案を実践 受注・販売が平準化 広告宣伝が効果的 稼働率・回転数が高い 顧客対応が適切 立地良好・商圏とマッチ 品揃え・サービス内容が適切 陳列・レイアウトが効率的・効果的	販売方法・技術が凡庸 需要・ニーズの把握が不十分 ソリューション提案ができない 受注・販売の繁閑が著しい 広告宣伝の効果が低い 稼働率・回転数が低い 顧客対応に問題あり 立地悪い・商圏とミスマッチ 品揃え・サービス内容に問題 陳列・レイアウトに問題あり
	物流・輸送	輸送経路／積載／保管／仕分・梱包作業が効率的・効果的	輸送経路／積載／保管／仕分・梱包作業が非効率、問題あり

2) 今後の外部・内部環境の見通し、機会・脅威／強み・弱みの設定

次に、外部環境／内部環境における今後の見通しを検討し、経営改善が実施される3～5年後の「外部環境における機会（Opportunities）・脅威（Threats）」「内部環境における強み（Strengths）・弱み（Weaknesses）」を設定します。

外部環境／内部環境における現状の優位点・問題点は、あくまで現時点までのものであって、将来にわたって固定されるものではありません。内外情勢の変化、イノベーションの進展、対象市場・分野における顧客・消費者／サプライチェーンの変化に伴い、需要・供給に構造的な変化が生じたり、経営資源における優位性が劣化・剥落したりすることが想定されます。

それゆえ、現状の優位点・問題点をベースに、外部環境／内部環境の今後の見通しを分析し、経営改善を実施する3～5年後における「機会・脅威」「強み・弱み」を的確かつ明確に設定することが必要になるのです。

② 課題（取組みの方向性）の設定

前節(2)でも申し上げましたが、「課題」とは「問題を解決するために『やるべきこと（To Do）』、テーマ」です。もう少しブレイクダウンすると、「やるべきこと」は、次の2つの取組みによって構成されます。

> ○問題を解決するためにやるべき「事業展開」（機会の獲得／脅威の回避）
> ○前記事業展開のためにやるべき「態勢整備」（強みの活用／弱みの克服）

1) 事業展開の方向性の設定（機会の獲得／脅威の回避）

問題を解決するためにやるべき事業展開は、次の5つの方向性に分類されます。

> ⅰ) 既往事業の拡充【機会の獲得】
> ・既往市場・分野での取組拡大
> ・既往サプライチェーンの強化
> ⅱ) 新事業への進出【機会の獲得】
> ・新市場・分野での需要獲得
> ・新規サプライチェーンの構築
> ⅲ) 既往事業の縮小・撤退／見直し【脅威の回避】
> ・既往市場・分野での取組縮小／既往市場・分野からの撤退
> ・既往サプライチェーンの見直し
> ・競合の回避
> ⅳ) 事業転換（ⅱとⅲ）の取組みの組合せ）
> ⅴ) 現状維持

「事業展開の方向性」は、対象とする市場・分野における**「今後の需要・供給見通し」**と**「対象企業の競争力」**によって規定されます（図表2-12）。

図表２−12　とるべき事業展開の方向性

		今後の需要・供給見通し		
		需要過多	需要・供給均衡	供給過多
対象企業の競争力	競争力が強い 競争優位	「機会」あり ↓ 既往事業の拡充 新事業への進出	現状維持	「脅威」あり ↓ 既往事業の縮小・撤退 ／見直し
	競争力が拮抗			
	競争力が弱い 競争劣位			

　大雑把にいうと、需要の増加などにより、今後「**需要過多（需要の大きさが供給を上回る）**」となる見通しの市場・分野については「**機会**」が存在するため、「競争力が弱い／競争劣位にあるため、機会を獲得できない」というケースを除き、**既往事業を拡充したり、当該市場・分野に新規進出するという事業展開（機会の獲得）**が妥当といえます。

　逆に、需要の減少などにより、今後「**供給過多（需要の大きさが供給を下回る）**」となる見通しの市場・分野については「**脅威**」が存在し、「競争力が強い／競争優位にあるため、競合先を排除できる」というケースを除き、**当該市場・分野から撤退したり、取組みを縮減したり、あるいは既往事業の見直しを行ったりするという事業展開（脅威の回避）**が得策です。

　また、「今後も需要と供給が均衡し、競争力も競合先と拮抗したまま」「今後、需要過多となるが、競争力が弱い／競争劣位にある」あるいは「今後、供給過多となるが、競争力が強い／競争優位にある」といったケースは、現状維持を図ることになるでしょう。

　このように、明らかになった**問題点／優位点の根本原因・真相**を踏まえつつ、「今後、外部環境（需要・供給）がどのように変化するか」を見極め、「対象とする市場・事業・分野における対象企業の競争力」を客観的に評価すれば、「**事業展開の方向性（機会を獲得するか／脅威を回避するか）**」はおのずと決まってくるのです。

2) 態勢整備の方向性の設定（強みの活用／弱みの克服）

導き出された事業展開を実現するため、前記で設定された「経営改善が実施される3～5年後の強み・弱み」を踏まえつつ、次の手順で「態勢整備の方向性」を設定します。

○事業展開に必要な経営資源の特定
○必要な経営資源における強み・弱み／課題・制約事項の確認
○事業展開に必要な態勢整備の方向性の設定

設定された事業展開を実現するため、まず、「どのような経営資源を確保しなければならないか」を明確にします。

具体的には、事業展開に必要な体制・方法／製商品・サービスなどを特定します（図表2－13）。

図表2－13　必要な経営資源の確保等の検討

必要な経営資源	態勢整備の方向性	
	活用	導入／強化・見直し
体制・方法／要員		
技術・ナレッジ		
設備・システム		
製商品・サービス		
取引先		
資金		

次に、必要な経営資源における「3～5年後の強み・弱み」「課題・制約事項」を確認し、それらを踏まえつつ、次の観点から現状の経営資源の活用／強化・見直しの可能性について検討し、態勢整備の方向性（強みの活用／弱みの克服）を設定します。

○既往経営資源が活用できるか【強みの活用】
○既往経営資源の強化・見直し／新たな経営資源の導入・構築／外部資源の活用ができるか【弱みの克服】

以上、「課題の設定」についてみてきましたが、事例に沿って「おさらい」してみましょう。

【事例1-2　化粧品製造業者における経営改善の取組み】
企業名：A社　　業種：化粧品製造業（美容品・化粧品の製造）
事業所：本社工場、東京・大阪・名古屋営業所
財務上の優位点：売上高売上総利益率が同業他社より高い
財務上の問題点：１人当たり付加価値額が同業他社より低い
① 　機会・脅威／強み・弱みの明確化
1)　外部環境／内部環境における現状の優位点・問題点の抽出
【外部環境】
　総務省統計局の家計調査年報によると、２人以上世帯における年間平均化粧品支出金額（2016年）は約35,000円で、10年前に比べて約3,000円増加している。
　製品別にみると、ファンデーション・口紅・アイメークアップといったメーキャップ化粧品の出荷が減少する一方、美容への関心の高まりや高齢化を背景に、化粧水・クレンジングクリームといった基礎化粧品や日焼け止め・シャンプー、染毛料、男性用皮膚化粧品、薬用化粧品の出荷が増加している。
　また、国内の化粧品製造販売業者は、堅調な国内消費と中国・香港・台湾・韓国や東南アジア向けの輸出増加を背景に、2011年以降、増加の一途をたどっている。

優位点
・美容意識の高まりや高齢化を背景に基礎化粧品などの需要が増加
・所得水準の上昇を背景にアジアでの需要が急速に増加
問題点
・メーキャップ化粧品を中心に国内消費が減少
・高級化粧品を中心に欧米諸国からの輸入品が増加し、競合が激化

【内部環境】
○財務上の優位点：売上高売上総利益率が同業他社より高い
ⅰ) 財務分析
　売上原価について同業他社と比較したところ、原材料費率・外注加工費率、労働分配率（＝労務費／限界利益）がそれぞれ低く、高採算であることが判明。
ⅱ) 企業活動分析
　社内の生産・販売管理資料により販売単価や研究開発費について分析し、販売先やパートナー企業へヒアリングしたところ、高採算の原因は、「取扱製品の機能・性能が競合製品に比べて優れ、ブランド力も高く、高価格の設定が可能なこと」「製品開発における有力なパートナーが存在し、効率的・効果的に研究開発を進められること」だと判明。
●財務上の問題点：１人当たり付加価値額が同業他社より低い
ⅰ) 財務分析
　付加価値分析を行ったところ、同業他社に比べて「１人当たり売上高が低いこと（注）」「設備生産性が低いこと」が判明。
（注）売上高付加価値額比率は同業他社より高かった。
ⅱ) 企業活動分析
　社内データに基づき生産数量の分析、リードタイムの分析を行ったところ、「同業他社に比べて月間生産量が少ないこと」「生産・加工時間、手空き・待機時間が長いこと」「販売・物流時間が長いこと」が判明。
　こうした結果を受けて工場の実地調査を行ったところ、「月間生産量が少ない」「生産・加工時間、手空き・待機時間が長い」原因は、「設備が老朽化し、精度・性能が落ちていること」「工程間で要員配置・加工能力にアンバランスがあること」だと判明。
　また、東京・大阪・名古屋の各営業所の実地調査を行ったところ、「販売・物流時間が長い」原因は、「他社との競合が激しく、現行販売ルートでは受注量・成約率が上がらないこと」であると判明。

> 優位点
> ・機能・性能面で高い競争力を有する製品を取り扱っていること
> ・高いブランド力を有する製品を取り扱っていること
> ・研究開発における有力なパートナーがいること
>
> 問題点
> ・老朽化し加工能力が落ちた設備を抱えていること
> ・適切な要員・設備配置が行われていないこと
> ・現行の販売方法・ルートでは販売の増加が期待できないこと

2)　今後の機会・脅威／強み・弱みの設定

【外部環境の変化】

　今後の需要については、美容への関心の高まりや高齢化を背景に、基礎化粧品、薬用化粧品や美容品の需要が拡大するとともに、多様化・高度化することが見込まれる。

　また、供給については、国内の化粧品製造販売業者や海外の高級ブランド品メーカーとの競合が激しくなること、ドラッグストア・コンビニエンスストアでの販売やエステティックサロン・美容室など業務用での販売、ネット・通信販売のウェイトが高まるなどサプライチェーンが大きく変革することが予想される。

【内部環境の変化】

　基礎化粧品などの需要の多様化・高度化が進展し、競合製品における機能・性能・効用の向上／新製品・代替品の参入増加が予想され、現行製品の競争力が剥落するおそれがあり、今後、効率的・効果的な研究開発の実施やブランド力を活かした他社との差別化の推進が必要となる。

　また、競合の激化に伴いコストダウン要請が強まることが予想され、能力増強／合理化・効率化を推進し、生産性向上を図る必要がある。

　ただ、新技術などの導入、自動化・IT化や生産体制・方法の見直しを実施する場合、「相応のノウハウと技能を持ったベテラン社員が自動

化・IT化についていけない」「若手スタッフを中心にスキルアップが必要だが、一人前になるのに5年はかかる」といったことが危惧される。

さらに、サプライチェーンが大きく変革する中、百貨店・スーパーなど現行販売ルートでの競合激化、販売の減少／採算悪化が予想される。

		今後の見通し	現状	今後
外部環境		美容への関心の高まりや高齢化を背景に、基礎化粧品などの需要が拡大／多様化・高度化	優位点	機会
		エステティックサロン・美容室など業務用需要が拡大	―	機会
		メーキャップ化粧品を中心に国内消費は引き続き減少	問題点	脅威
		高級化粧品を中心に欧米諸国からの輸入品が増加し、競合が激化	問題点	脅威
		ドラッグストア・ネット販売での取扱拡大などサプライチェーンが大きく変革	―	脅威
内部環境		高いブランド力を有する製品を取り扱っている	優位点	強み
		研究開発における有力なパートナーがいる	優位点	強み
		機能・性能面で有する現行製品の競争力が剥落する	優位点	弱み
		老朽化し加工能力が落ちた設備を抱えている	問題点	弱み
		適切な要員／設備配置が行われていない	問題点	弱み
		現行の販売方法・ルートでは販売増加が期待できない	問題点	弱み
		新技術の導入／自動化・IT化などに対し現行社員のスキルでは対応できない	―	弱み

② 課題（取組みの方向性）の設定

1) 事業展開の方向性の設定（機会の獲得／脅威の回避）

設定された「今後の機会／脅威」を踏まえ、次のとおり事業展開の方向性を設定。

今後の機会／脅威	事業展開の方向性
機会 ・美容への関心の高まりや高齢化を背景に、基礎化粧品などの需要が拡大／多様化・高度化 ・エステティックサロン・美容室など業務用需要が拡大	**機会の獲得** ○新たな美容・化粧品の開発／需要の獲得 ○業務用需要の獲得（エステティックサロン等向け販売の拡大、エステ・メーキャップサロン事業への進出）
脅威 ・メーキャップ化粧品を中心に国内消費は引き続き減少 ・高級化粧品を中心に欧米諸国からの輸入品が増加し、競合が激化 ・ドラッグストア・ネット販売での取扱拡大などサプライチェーンが大きく変革	**脅威の回避** ○百貨店・スーパー向け販売の見直し（低採算先の販売縮小、不採算先からの撤退） ○取扱製品の見直し（低採算製品の縮小、不採算製品の廃止） ○価格競争力の向上

2) 態勢整備の方向性の設定（強みの活用／弱みの克服）

設定された「事業展開の方向性」「今後の強み／弱み」を踏まえ、次のとおり「必要な経営資源の確保／態勢整備の方向性」を設定。

事業展開の方向性
○新たな美容・化粧品の開発／需要の獲得
○業務用需要の獲得（エステティックサロン等向け販売の拡大、エステ・メーキャップサロン事業への進出）
○百貨店・スーパー向け販売の見直し（低採算先の販売縮小、不採算先からの撤退）
○取扱製品の見直し（低採算製品の縮小、不採算製品の廃止）
○価格競争力の向上

今後の強み（○）・弱み（●）
①製品のブランド力が高い
②有力な研究開発パートナーがいる
❶現行製品の機能・性能面で競争力が剥落
❷設備が老朽化／加工能力が低下
❸要員／設備配置が不適切
❹現行の販売方法・ルートでは販売増加が期待できない
❺現行社員のスキルでは新技術／自動化・IT化などに対応できない

	必要な経営資源	経営資源確保／態勢整備の方向性	
		活用	導入／強化・見直し
社員	・企画・開発要員 ・製品の製造要員 ・製品の販売要員 ・新サービス要員	○中堅の製造／販売要員の活用	❺企画・開発要員／新サービス要員の採用・育成 ❺製造／販売要員の育成
製商品・サービス	・ブランド ・現行製品 ・新製品 ・新サービス	①ブランド力の活用	❶現行製品の機能等拡充 ❶新たな美容・化粧品／サービスの開発
設備	・製造工場・設備 ・生産・販売管理システム ・新サービスの店舗・設備	○現行工場・製造設備（老朽化していないもの）の活用	❷自動化設備／生産・販売管理システムの導入 ❷❸工場の増改築 ●新サービス店舗・設備の新設
体制・方法	・研究開発パートナー ・生産体制・製法 ・販売ルート ・新サービスの提供体制・方法	②研究開発パートナーの活用	❷❸生産体制の再構築／新たな製法・技術の導入 ❹販売ルートの見直し ●協力・提携企業へのアウトソーシング（新サービス）

(4) 具体的解決策の設定

前項で「課題（やるべきこと）の設定」が行われたところで、円滑かつ着実に「やるべきこと」を実行するための「具体策」を設定し、経営改善計画の策定に必要なコンテンツを完成させます。

具体的解決策の設定は、次の3つのプロセスを経ます。

---

① 事業展開／態勢整備の「妥当性・実現可能性」の分析・検証
　1) 具体的な取組項目・内容／実施体制・方法等の設定
　2) 事業展開／態勢整備の「妥当性」の分析・検証
　3) 事業展開／態勢整備の「実現可能性」の分析・検証
　4) 具体的取組みの取捨選択／修正・再設定
② 妥当性・実現可能性を踏まえた「具体的解決策」の設定
　1) 実施する事業展開／態勢整備の取りまとめ
　2) 事業展開／態勢整備の成果目標・見込みの設定
③ 具体的解決策の「全体効果」の検証・評価
　1) 収支改善効果の検証・評価
　2) バランスシート／資金繰り改善効果の検証・評価

---

① 事業展開／態勢整備の「妥当性・実現可能性」の分析・検証
　1) 具体的な取組項目・内容／実施体制・方法等の設定

前項で課題（事業展開／態勢整備の方向性）の設定を行いましたが、具体的解決策の検討にあたり、まず、事業展開／態勢整備に関する具体的な取組項目を列挙し、各項目に係る取組内容／実施体制・方法・スケジュールを設定します。

取組内容／実施体制・方法・スケジュールの設定にあたっては、その後の妥当性／実現可能性の分析・検証のことを考慮し、図表2-14に示す「5W1H」を明確にすることが重要です。

図表2－14　取組内容／実施体制・方法等の明確化

5W1H		明確にする事項
WHY	目的・理由	○　事業展開／態勢整備に関する「目的・趣旨・理由」
WHO	実施体制	○　事業展開／態勢整備に関する次の事項 ・当事者・ステークホルダー ・実施体制・役割分担／権限と責任の所在 ・当事者間、当事者・ステークホルダー間の連携
WHAT	実施内容	○　事業展開／態勢整備に関する「具体的な実施内容（具体性・網羅性・的確性を確保）」
WHERE	実施場所	○　事業展開／態勢整備に関する取組みの「実施場所」
WHEN	実施時期	○　事業展開／態勢整備に関する取組みの「実施時期・スケジュール・期限」
HOW	実施方法	○　事業展開／態勢整備に関する取組みの「具体的な方法・プロセス」

2）　事業展開／態勢整備の「妥当性」の分析・検証

　事業展開／態勢整備の「妥当性（すべきかどうか）」については、「**目的・趣旨との整合性**」「**効果創出の妥当性**」をみます。

　「目的・趣旨との整合性」とは、「『経営改善の目的・趣旨』と『事業展開の方向性（機会の獲得・脅威の回避）／態勢整備の方向性（強みの活用・弱みの克服）』が整合しているか」ということです。

　例えば、経営改善の目的・趣旨として「事業の縮小均衡を図りつつ合理化・効率化を進め、コストダウンを図る」と標榜しているにもかかわらず、事業展開の方向性として「既存事業の拡充」を掲げ、態勢整備の方向性として「能力増強を図り、コストアップを厭わず収益増をねらう」ということであるとすると、目的・趣旨と事業展開／態勢整備の方向性が矛盾することになります。こういう場合には、「目的・趣旨が本当に妥当なものか」「課題の設定が誤っているのではないか」と疑う必要があります。

　また、「効果創出の妥当性」とは、「具体的な事業展開や態勢整備により、どれだけ収益が向上するか／コストが削減されるか」「経営改善計画に伴う設備投資の効果はどれだけ見込めるか（投資額が何年で回収されるか）」ということです。

　例えば、「設備増強により年間1億円の売上増、10百万円の経常利益増を期待しているのに、売上増は年間50百万円、経常損益はトントンである」と

いう場合は、「収益向上が期待されず、投資額の回収見込みもない」ということになります。また、「大幅な人員削減により年間20百万円の固定費削減を見込んでいたが、よくよく試算すると、外注費が年間18百万円増加する」という場合は、「人員削減の実施の是非や優先順位を再考しなければならない」ということになるでしょう。

3) 事業展開／態勢整備の「実現可能性」の分析・検証

事業展開／態勢整備の「実現可能性（できるかどうか）」については、「**事業展開（機会の獲得／脅威の回避）の蓋然性**」「**態勢整備（強みの活用／弱みの克服）の蓋然性**」をみます。

「蓋然性」とは、「実現する確実性」のことです。「かなりの確度で実現する」ということであり、「実現できるかもしれない」「実現の可能性がある」では「蓋然性がある」とはいえません。

経営改善は、博打ではありません。一か八かや奇をてらった取組み、夢物語は不要なだけでなく、害悪ですらあります。経営改善は、地道に着実に進めなければならず、取組みの「蓋然性」は不可欠です。

事業展開／態勢整備に係る各取組項目について、次の点を踏まえて「蓋然性（事業展開／態勢整備が確実にできるか）」の有無を分析・検証します。

○事業展開の具体的取組みの蓋然性が認められるか
- ・事業展開の具体的内容が、対象市場・分野における今後の需要／供給見通しからみて実現可能か
- ・事業展開の実施体制／方法・プロセス／スケジュールからみて円滑かつ着実に遂行できるか

○態勢整備の具体的取組みの蓋然性が認められるか
- ・必要な経営資源（体制・方法／要員／技術・ナレッジ／設備・システム／製商品・サービス／取引先／資金）を確保できるか
- ・経営資源における「課題／制約事項」をクリアできるか
- ・経営資源の活用／強化・改善を円滑かつ着実に遂行できるか

---

4) 具体的取組みの取捨選択／修正・再設定

事業展開／態勢整備に係る具体的取組みについて、「妥当性（目的・趣旨との整合性、効果創出の妥当性）」「実現可能性（取組みの蓋然性）」を分析・検証した結果を踏まえ、「取組みの取捨選択／修正・再設定」を行います。

具体的には、両者のいずれも認められる場合は「採用」、両者のいずれも認められない場合は「除外」、両者のいずれかが認められない場合は取組内容などの修正・再設定を行い、「妥当性」「実現可能性」の再検証を行います（それでも認められなければ除外）。

② 妥当性・実現可能性を踏まえた「具体的解決策」の設定

1) 実施する事業展開／態勢整備の取りまとめ

前記①で妥当性・実現可能性が確認された複数の「事業展開に係る具体的取組み」「態勢整備に係る具体的取組み」を組み合わせ、「具体的解決策」を設定します（図表2－15）。

図表2－15 「具体的解決策」の設定（クロスSWOT分析表）

事業展開 態勢整備 実施体制・方法・スケジュール	強みの活用	弱みの克服
	・既往人材の活用 ・既往製商品・サービスの活用 ・既往設備の活用 ・既往体制／方法の活用 ・既往取引先の活用・関係強化	・人材の確保・育成 ・製商品・サービスの強化 ・設備の増強 ・体制／方法の強化・再構築 ・合理化・効率化
機会の獲得 ・新市場・需要の獲得 ・既往市場・事業・分野への取組拡大 ・サプライチェーンの構築・強化	【既往事業の拡充】	【新事業への進出】
脅威の回避 ・既往市場・事業・分野からの撤退・縮減 ・競合関係の回避 ・サプライチェーンの見直し	【事業転換】	【既往事業の縮小・撤退／見直し】

具体的解決策には、「５Ｗ１Ｈ」を踏まえ、次の事項を盛り込みます。

> ○ 事業展開／態勢整備の目的・趣旨【WHY】
> ○ 事業展開（注１）の具体的内容【WHAT】
> 　（注１）　既存事業の拡充／新事業への進出／既往事業の縮小・撤退・見直し／事業転換／現状維持
> ○ 態勢整備（経営資源の活用／強化・改善（注２））の具体的内容【WHAT】
> 　（注２）　人材の確保・育成／製商品・サービスの強化／設備の増強／体制・方法の強化・再構築／合理化・効率化
> ○ 事業展開／態勢整備の実施体制・方法・スケジュール
> 　　　　　　　　　　　　　　　　　【WHO・WHERE・HOW・WHEN】

2）　事業展開／態勢整備の成果目標・見込みの設定

具体的取組みに係る実施内容／体制・方法・スケジュールの詳細設定ができたところで、本項①2)で分析した「効果創出」を参考に、事業展開／態勢整備の実施による収益向上／コストダウンの目標・見込みや投資効果の目標・見込みなどを詳細に設定します。

収益向上／コストダウンの目標・見込みの設定にあたっては、収入・支出に係る「単価」「数量」やそれらを決定する項目について、できるだけ定量的に目標・見込み値を設定することが重要です（図表２－16）。

以上、具体的解決策の設定が完了したところで、本節(2)で明らかになった問題点の「根本原因・真相」と突き合わせ、「具体的解決策が、問題の根本原因・真相の解決に結びつくこと」を確認します。

③　具体的解決策の「全体効果」の検証・評価

いよいよ、経営改善計画の策定に向けた最終工程です。

前記②2)で設定した「事業展開／態勢整備の成果目標・見込み」を合算し、「収支見通し」「資産・負債・資金繰り見通し」として総括して、「収支改善効果」「バランスシート／資金繰り改善効果」を検証・評価します。

そして、本節(1)で抽出した「問題点」と突き合わせ、「具体的解決策の効果により、問題の解決につながっていること」を検証・確認します。

第Ⅱ章　経営改善支援にあたっての基本的スタンス／進め方

図表2－16　コスト／成果目標・見込みの設定項目（例）

	単　価	数　量
収入	競合品等の価額× 競合品等との優劣度合い× 品質・供給面でのニーズ充足度× （1－値引き率）	1顧客当たり年間需要量×顧客数×成約率
		年間就業時間÷製品1単位当たりリードタイム×（1－不良率）×（1－返品率）
		1店舗1日（1回）当たり販売・サービス提供能力×1日当たり稼働率（1日当たり回転数）×年間営業日数×店舗数
支出	単位当たり費用（注1）× （1－値引き率）	年間商品販売見込量÷（1－見込不良率）
		年間原材料消費見込量÷歩留り÷（1－見込不良率）
	単位数量当たり費用（注2）×（1－値引き率）	年間利用・消費量÷（1－見込不良率）
	単位時間当たり費用（注2）×（1－値引き率）	年間利用・消費時間
	1人当たり月固定給・福利厚生費平均	延べ社員数
	時間当たり超勤手当平均	平均月間超勤時間×延べ社員数
	1人当たり賞与計算ベース賃金平均	平均支給月数×平均社員数
	1回当たり研修費（採用費）	年間研修（採用活動）回数
	1月・日・時間・回当たり固定費×（1－値引き率）	年間消費・利用月・日・時間・回数
地代家賃等	現行費用＋費用増加分－費用減少分	
支払利息	既往分（平均残高×平均利率）＋新規分	

（注1）　仕入原価、原材料費。
（注2）　外注加工費、製造経費・販売管理費（変動費）。

1）収支改善効果の検証・評価

「収支の改善効果」は、いうまでもなく「売上・収入がいかに増えるか」「コストがいかに減るか」「収入増・コスト減の結果、利益がいかに増えるか」を定量的に計算したものです。

　具体的には、売上高／費用を「単価」と「数量」に分解し、事業展開／態勢整備の実施により「単価がどれだけアップするか／ダウンするか」「数量がどれだけ増加するか／減少するか」を、製商品・サービス／事業／店舗等別に算定し、「単価×数量」で収支の改善効果を検証・評価します。

2) バランスシート／資金繰り改善効果の検証・評価

「バランスシート／資金繰りの改善効果」は「資産・負債の圧縮により、借入金の削減／自己資本の向上（債務超過解消を含む）や資金繰り改善、使用総資本回転率の向上がいかに図られるか」を定量的に計算したものです。

特に、売掛債権（受取手形＋売掛金）についてはサイトの短縮化や現金回収割合の増加、棚卸資産（原材料＋仕掛品・製品＋商品）についてはリードタイム（仕入時間＋生産・加工時間＋販売・物流時間＋準備・段取り・手空き・待機・手戻り・横持ち・移動時間）の短縮化や歩留り向上、不良在庫の削減などにより、「どれだけ圧縮できるか」を検証・評価することが重要です。

第 III 章

経営改善支援の実務 Step 1
——問題点／優位点の抽出

問題点／優位点の抽出 → 根本原因／真相の究明 → 課題の設定 → 具体的解決策の設定

1 「As Is」と「To Be」の対比

　前章では、経営改善計画の策定にあたっての検討プロセスを概括しました。

　本章以降では、「問題点／優位点の抽出→根本原因／真相の究明→課題の設定→具体的解決策の設定」の各プロセスの進め方について、もう少し詳しくみていきたいと思います。

　「経営改善」とは、「経営の悪いところを改めて、よくすること」です。

　「悪いところ」とは、「あるべき姿（To Be）と現実の姿（As Is）の間の負のギャップ」、すなわち「問題点」のことです。

　したがって、「経営改善」とは「経営上の問題点を解決し、あるべき姿にしていくこと」にほかなりません。

　それゆえ、経営改善の検討は「経営上の問題点は何か」を正確に認識・把握するところから始めなければなりません。

　では、「経営上の問題点」はどのように認識・把握されるのでしょうか。

　例えば、「後継者がいない」ということは、経営上の重要かつ深刻な問題点になります。60歳を過ぎた多くの経営者は、後継者問題に頭を悩ませていることと思います。

　しかし、「喫緊の課題であり、早急に後継者問題を解決しなければならない」と認識している経営者は少ないかもしれません。おそらく、多くの経営者は「体調などに問題はなく、暫くは現体制を継続できるだろう」と考えているでしょう。

　後継者問題のように長期的に解決しなければならない課題も、必要に応じて経営改善計画に盛り込むべきですが、経営改善の取組みにおいて優先すべきは「**すでに顕在化し、業績悪化を招いている問題点の早期解決**」です。

　したがって、対象企業の財務諸表・指標（As Is）と優良な同業者の平均財務諸表・指標（To Be）を対比して、「劣っている点（問題点）は何か」という事実・現状を認識・把握するところから始めることが重要です。

また、問題点の把握と同時に「優れている点（優位点）」を把握することも必要です。問題点の把握は、**「解決すべき点は何か」**を正確にとらえることを目的としますが、優位点の把握は、**「問題の解決のために活用できる点は何か」**を的確にとらえることを目的とします。

　問題点が「事業の弱みの結果」であるのに対し、優位点は「事業の強みの結果」です。この後の分析において、「弱さの源泉」を抽出して「弱みの克服」という課題（テーマ）の設定を行うとともに、「強さの源泉」を抽出して「強みの活用」という課題を設定することになりますので、優位点を正確に把握することも問題点の把握と同等に重要かつ不可欠なものとなります。

　なお、財務指標を比較する場合、対象企業の構造的な問題点・優位点を把握する必要があります。したがって、**直近3～5期の平均データを採用し**、短期的・一時的・スポット的な要素を排除することが望ましいといえます。

2 問題点と優位点の抽出

対象企業の問題点／優位点を浮き彫りにするためには、次の観点で財務指標をみることが重要です。

---

(1) 時間や経営資源を「効率的」「効果的」に使っているか
(2) 経営・企業活動の「安全性」が確保されているか

---

(1) 時間や経営資源を「効率的」「効果的」に使っているか

いうまでもなく、時間は地球上の全てのものに平等に与えられています。1日24時間、1年365.25日は、あらゆる企業が公平に活用できる唯一の資源です。

また、ヒト・モノ・カネ・情報といった経営資源を「いかに確保できるか」は企業によって差が生じますが、「いかに活用するか」は企業の裁量によって「いかようにもなる」ものです（もちろん、法令上の制約はありますが）。

全く同じ時間・期間に、全く同じ経営資源を使って、全く同じ事業を営んでも、企業活動の結果に優劣が生じる場合があります。それは、「時間や経営資源の効率的・効果的な活用」に差があるからです。

「時間や経営資源の効率的な活用」とは、**「時間や経営資源の制約の中で、いかに多くの生産・販売ができるか（効率性）」**ということです。

また、「時間や経営資源の効果的な活用」とは、**「時間や経営資源の制約の中で、いかにもうけることができるか（採算性）」**ということです。

「時間や経営資源が効率的・効果的に活用されているか」をみる指標としては、次のものがあげられます。

財務指標	算式
社員1人当たり付加価値額	＝付加価値額（限界利益）÷平均社員数
使用総資本経常利益率	＝経常利益÷使用総資本
在庫回転期間	＝棚卸資産残高÷月売上高
売掛債権回転期間	＝(受取手形残高(割引・譲渡手形を含む)＋売掛金残高)÷月売上高
社員1人当たり労務費・人件費 （工具1人当たり労務費）	＝労務費・人件費÷平均社員数 （＝労務費÷平均工具数）
労働分配率	＝労務費・人件費÷付加価値額
売上高変動費率	＝変動費÷売上高
売上高固定費率	＝固定費÷売上高

① 社員1人当たり付加価値額

「社員1人当たり付加価値額」は、「時間や経営資源が効率的・効果的に活用されているか」をみるうえで最適な指標の1つといえます。

代表的な経営資源である「ヒト」は、機械・設備などの他の経営資源と全く性質を異にします。すなわち、能力開発や経験・ナレッジの蓄積により、その能力が無限に向上する可能性がある半面、マルクス経済学でいうところの「労働力の再生産」が不可欠で、稼働時間が制約されます（24時間365.25日働かせるわけにはいかない）。

したがって、「社員1人当たり付加価値額が高い」ということは、**「社員一人ひとりが、限られた時間の中で各自の能力・知識・経験を活かし、機械・設備などのあらゆる経営資源を活用して、効率的・効果的に仕事を行った結果、高い付加価値を生むことができた」**ということを示しているのです。

次節で詳述しますが、社員1人当たり付加価値額は「社員1人当たり売上高×売上高付加価値額比率」と分解されます。

「社員1人当たり売上高」は「限られた時間の中で、いかに多くのアウトプット（成果物）を得たか」を表す指標で、「効率性」の高低を計ることができます。また、「売上高付加価値額比率」は「限られた時間内に生産・販売を行う中で、いかに多くの利益を得たか」を表す指標で、「採算性」の高低を計ることができます。

このように、社員1人当たり付加価値額を分解することによって、「対象企業は時間や経営資源の『効率的活用』と『効果的活用』のいずれに優劣があるのか」ということを明らかにすることができるのです。

② 使用総資本経常利益率、在庫回転期間、売掛債権回転期間

「使用総資本経常利益率」も、時間や経営資源が効率的・効果的に活用されているかをみるうえで有効な指標です。

使用総資本は、企業活動に投入した資本の合計（他人資本＋自己資本）であり、企業活動で運用した資産、活用した経営資源の合計でもあります。

したがって、「使用総資本経常利益率が高い」ということは、「1年365.25日という限られた時間の中で、限られた資本（資産・経営資源）を投入・活用して、効率的・効果的に企業活動を行った結果、高い経常利益を得ることができた」ということを意味します。

こちらも次節で触れますが、使用総資本経常利益率は「使用総資本回転率×売上高経常利益率」と分解されます。

「使用総資本回転率」とは「売上高÷使用総資本」のことで、「1年間で、『原材料等仕入→生産・加工→販売・物流→資金回収→』という企業活動のサイクルを何回行って、アウトプットを得たか」を表す指標で、時間や経営資源の「効率的活用」ができているかどうかを示しています。また、「売上高経常利益率」はいうまでもなく時間や経営資源の「効果的活用」ができ、採算性が高いかどうかを表しています。

使用総資本回転率を高めるためには、投入された資本が「在庫」という形で滞留することをできるだけ減らしたり、販売してから代金を回収するまでの期間をできるだけ短くしたりすることが必要です。

「在庫回転期間」「売掛債権回転期間」について、同業種・同業態の他社平均に比べ長い場合には、不良在庫・不良債権の存在が疑われるほか、仕入、生産・加工、販売・物流、回収が効率的に行われていない可能性が高いといえますので、これらの指標を確認することが有効です。

③ 社員1人当たり労務費・人件費、労働分配率

「社員1人当たり労務費・人件費」「労働分配率」は、社員1人当たり付加価値額と関連した指標になります。

労務費・人件費は、雇用期間の就労の対価として支払われる固定部分（固定給・賞与・福利厚生費）と就労時間によって支払われる変動部分（超勤手

当）に分かれますが、大雑把にいうと「同業者平均に比べて社員1人当たり労務費・人件費が高い場合は、固定給などが割高、あるいは、延べ就労時間が長い」ということができます。ただし、同業種・同一地域・同一規模であっても、事業内容や社員のスキルレベル・年齢構成、パート割合などによって大きく異なりますので、同業者平均との単純な比較はできません。

そこで、図表3－1に示す「社員1人当たり労務費・人件費／付加価値額の4パターン」に分けて、経営資源「ヒト」が効率的・効果的に使われているかをみることが重要です。

図表3－1　社員1人当たり労務費・人件費／付加価値額の分析

		社員1人当たり労務費・人件費	
		対象企業＜同業者	対象企業＞同業者
社員1人当たり付加価値額	対象企業＞同業者	【 i のケース】 ○労働分配率が低く、企業活動が効率的・効果的	【ⅲのケース】 ○労働分配率が低い場合、割高な固定給などに見合った成果を獲得 ○労働分配率が高い場合、就労時間が長く企業活動が非効率
	対象企業＜同業者	【ⅱのケース】 ○労働分配率が低い場合、就労時間が短く企業活動が効率的 ○労働分配率が高い場合、スキル不足などから成果が僅少	【ⅳのケース】 ○労働分配率が高く、企業活動が非効率・不採算

i　社員1人当たり労務費・人件費は低いが、付加価値額が高い場合

　同業者に比べて社員1人当たり労務費・人件費は低いが、付加価値額が高い場合、労働分配率は同業者よりも低く、「限られた人員を活用し、若手を中心に能力を十分に発揮させ、生産・販売といった企業活動が効率的・効果的に行われている」ことがうかがわれます。

ⅱ　社員1人当たり労務費・人件費／付加価値額とも低い場合

　同業者に比べて社員1人当たり労務費・人件費／付加価値額とも低い場合、次のようなことが考えられます。

【同業者に比べて労働分配率が低い場合】

　社員1人当たりの就労時間が短く、企業活動が効率的に行われている。

【同業者に比べて労働分配率が高い場合】
　社員のスキル・経験不足などから成果（売上高、利益率）があがらず、企業活動が効果的に行われていない。

ⅲ　社員1人当たり労務費・人件費／付加価値額とも高い場合
　同業者に比べて社員1人当たり労務費・人件費／付加価値額とも高い場合、次のようなことが考えられます。

【同業者に比べて労働分配率が低い場合】
　経験豊富で高スキルの社員が割高な固定給などに見合った成果をあげ、企業活動が効果的に行われている。

【同業者に比べて労働分配率が高い場合】
　社員1人当たりの就労時間が長く、企業活動が効率的に行われていない。

ⅳ　社員1人当たり労務費・人件費は高いが、付加価値額が低い場合
　同業者に比べて社員1人当たり労務費・人件費は高いが、付加価値額が低い場合、労働分配率は同業者よりも高く、企業活動が非効率で、効果的に行われていないことが危惧されます（最も残念なケース）。

④　売上高変動費率、売上高固定費率
　変動費・固定費というと「損益分岐点」を思い浮かべる方も多いでしょう。売上高変動費率、売上高固定費率の話に入る前に、「損益分岐点」について少し触れてみたいと思います。
　損益分岐点とは、「収支トントン（利益＝±0）になる売上高の水準」のことで、損益分岐点売上高は「固定費÷（1－売上高変動費率）」と表されます。「何のことやら」とお考えの方がいるかもしれませんので、図解してみましょう（図表3－2）。
　例えば、損益分岐点売上高が100百万円で、内訳が固定費30百万円、変動費70百万円（売上高変動費率70％）だとします。
　このケースにおいては、人件費削減などにより固定費が5百万円低減すれば、損益分岐点売上高は83百万円（＝25÷（1－70％））に減ります。また、外注費削減などにより売上高変動費率が70％から60％に下落すれば、損益分岐点売上高は75百万円（＝30÷（1－60％））に減ります。

図表3-2 損益分岐点

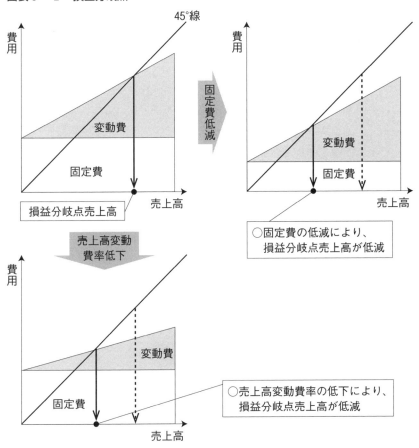

　少し見方を変えてみましょう。前記ケースにおいて、従前と同額の売上高を計上したとすると、固定費5百万円削減の場合は利益5百万円（＝100－25－100×70％）、売上高変動費率10％ダウンの場合は利益10百万円（＝100－30－100×60％）を計上できるということになります。

　まあ、趣味・嗜好の問題ですが、「売上高が100百万円から75百万円に減少する見通しなので、売上高変動費率を10％引き下げましょう」とみるより、「売上高変動費率を10％引き下げれば、10百万円の黒字になる」とみるほうが、何となく前向きな感じがしませんか。

「売上高をいかに確保できるか」ということと、「固定費・変動費をいかに削減できるか」ということは、全く別のテーマです。固定費・変動費を削減しても、それ以上の売上高の減少を余儀なくされ、収支がさらに悪化するかもしれません。それゆえ、「損益分岐点がいくらか」「損益分岐点を下げるために固定費や売上高変動費率をどれくらい下げなければならないか」という話は、あまり生産的であるとはいえません。本書では、これ以上「損益分岐点分析」の話をすることは控えたいと思います。

だいぶ話が逸れてしまいました。変動費・固定費の話に戻りましょう。

変動費とは「売上高（生産高・販売高）に連動する費用」、固定費とは「売上高の変動にかかわらず発生する一定額の費用」のことで、大雑把にいうと、図表3－3のように分類されます。

図表3－3　変動費と固定費

	具体的な科目
変動費	仕入原価（期首商品棚卸高＋商品仕入高－期末商品棚卸高）、原材料費（期首原材料棚卸高＋原材料仕入高－期末原材料棚卸高）、外注加工費、製造経費（減価償却費、地代家賃・賃借料を除く）、荷造運搬費、販売手数料　等
固定費	労務費・人件費、減価償却費、地代家賃・賃借料、販売費・一般管理費（荷造運搬費、販売手数料を除く）、支払利息　等

なお、期間当たり定額で支払われる外注加工費や電力料の基本料金、歩合給など同じ科目の中で変動費と固定費が混在するケースがあります。財務諸表上では区別できませんが、必要に応じて台帳・補助簿などで内訳を確認すると、問題点／優位点がより明確になります。

もう少し細かくみていきましょう。

売上高は、「売上単価×売上数量」と分解されますが、変動費・固定費も「単位当たり費用×投入・消費・利用量」と分解されます。

ここでポイントとなるのは、投入・消費・利用量の「単位」です。

	投入・消費・利用量の単位
変動費	個・ロット・m・kg・t・㎡・㎥・ℓ・kw　等
固定費	月・日・時間・分、回、人・グループ　等

変動費と固定費では単位が異なりますが、変動費の単位が売上数量の単位と符合していることがわかると思います。

変動費が売上高と連動するのは、単位が符合しているからなのです。

他方、固定費は時間・期間によって課されるものが多く、例えば、1日の間で全く生産・販売が行われなくても、工場や店舗を構え、設備の電源を入れ、人員を配置していれば、電気料や人件費、固定資産税、地代家賃・賃借料などが発生します。こうした固定費は売上数量にかかわらず一定期間経営資源を利用することによって発生するため、売上高に連動しないのです。

では、なぜ「売上高固定費率」を指標として採用するのでしょうか。

それは、「固定費といえども、売上高に応じて適切な水準に変動させるべきで、同業他社と比較して売上高固定費率が高い場合は、ムダで不要な費用があると考えられる」からです。

このように、売上高変動費率、売上高固定費率を同業他社と比較することにより、対象企業において、「時間や経営資源が効率的・効果的に活用されているか」をみることができるのです。

(2) 経営・企業活動の「安全性」が確保されているか

どんなに高収益であっても、資金繰りが破綻すれば、企業経営は立ち行かなくなります。また、借入金の返済に追われ、金策に走り回っているようでは、健全な経営など望めません。

経営環境の急変があっても、資金繰りに窮することなく、余裕を持って企業活動を行うためには、財務の安全性を高めなければなりません。

資金ショートを回避するためには、次の方策が有効です。

---

① 支払手形を振り出さない
② 手元流動性を高める
③ 月々の借入金などの返済額を減らす

第Ⅲ章 経営改善支援の実務 Step 1 ——問題点／優位点の抽出 49

① 支払手形が振り出されていないか

いうまでもありませんが、振り出した手形が不渡りになった場合、銀行取引停止処分になり、金融機関からの資金調達ができなくなって、企業は倒産に追い込まれます。

したがって、振り出した手形の決済は最優先で行わなければならず、経営者や経理担当者にとっては非常に強いプレッシャーになるとともに、月々の返済負担も大きくなります。

これまでの商慣習で支払手形を振り出している企業が少なくありませんが、安全性を高めるため、借入金を導入して「手形払いから現金払いへ」と切り替えていくことが非常に重要です。

② 手元流動性が一定水準以上か

しっかり資金繰り計画を立てていても、業績不振の販売先が倒産したり、売上代金の回収ができないといったことが突発的に起こることがあります。また、業種柄、迅速に高額・大量の仕入を行うため、常に一定額以上の現預金を手元に置いておかなければならないといったケースもあるでしょう。

効率性の観点とは裏腹になりますが、企業活動を安全かつ円滑に進めていくためには、一定水準以上の手元流動性を確保する必要があります。

手元流動性が適切かどうかをみる指標としては、「手元流動性比率＝現預金÷月売上高」「当座比率＝当座資産÷流動負債」などがあります。

手元流動性比率は、「一定期間売上や回収がなくても、現預金の取り崩しにより支払・返済が可能かどうか」をみる指標です。

「主力販売先の倒産により、売掛債権が焦げ付くだけでなく、新たな販売先を構築しなければならない」

「自然災害や戦争・サイバーテロの発生により、工場や店舗が罹災・操業停止を余儀なくされた」

こうした突発事態になった場合、復旧・再建や資金調達に一定期間を要することを想定し、「どれくらいの現預金を確保しておけば、当座の企業活動を維持・継続できるか」という観点で、個別企業ごとに適正な手元流動性比率を設定することが求められます。

業種・業態によって手元流動性比率の平均水準は異なりますが、一般的に「月商1～2カ月分程度」が適正であると考えられます。

　当座比率も類似の指標ですが、「手元の現預金と売掛債権の回収資金により買掛債務などの支払を行う」という原則論に立って、「流動負債を上回る当座資産（現預金＋受取手形＋売掛金）があるか」をみます。

　したがって、当座比率は「100％以上」が適正な水準であり、100％を下回る場合には、借入金を導入して手元流動性を高めたり、支払手形の削減などを進めることが求められます。

③　月々の借入金などの返済額が適正か

　余裕を持った資金繰りを実現するためには、長期借入金を導入し、あるいは返済条件を緩和して、月々の返済負担や資金調達に係る事務負担を軽減することが不可欠です。

　債務償還年数（＝（短期・長期借入金－正常運転資金）÷キャッシュフロー）が5年を超えるような場合は、月々の借入金の返済額（短期借入金の返済を含む）がキャッシュフローを上回っていることが予想されます。収支改善によりキャッシュフローを増加させるとともに、長期借入金の導入などにより資金繰り負担の軽減を図る必要があります。

　また、資金化に長期を要する固定資産を導入する場合は、自己資本や長期借入金など返済負担がない、あるいは長期間かけて返済する資金で賄うことが重要です。固定長期適合率（＝固定資産÷（固定負債＋自己資本））をみることにより、「固定資産への投資が、いかに自己資本や固定負債で賄われているか」を確認することができます。

　固定長期適合率は「100％以下」が望ましく、100％を超えている場合には長期資金の導入や増資を検討する必要があります。

　以上、効率性・採算性・安全性の観点からみるべき財務指標を紹介してきましたが、図表3－4に示すような形で、対象企業と同業者（優良企業）平均を比較して、劣っている指標と優れている指標を抽出し、「財務上の問題点／優位点は何か」という事実を明確にすることが不可欠です。

　なお、以後の財務分析のことを考慮し、必要に応じて優劣のない指標につ

いても抽出して分析対象にしましょう。

図表3－4　問題点（劣っている指標）／優位点（優れている指標）の抽出

財務指標		直近3～5期の平均データ		
		対象企業	同業者平均	優劣 （○or×）
付加価値 生産性	社員1人当たり付加価値額 （千円／人）			
	使用総資本経常利益率（％）			
費用の 適切性	社員1人当たり労務費・人件費 （千円／人）			
	工員1人当たり労務費（千円／人）			
	労働分配率（％）			
	売上高変動費率（％）			
	売上高固定費率（％）			
財務の 効率性	在庫回転期間（カ月）			
	売掛債権回転期間（カ月）			
財務の 安全性	手元流動性比率（カ月）			
	当座比率（％）			
	債務償還年数（年）			
	固定長期適合率（％）			

【余談】
　担当先の資金ニーズが乏しいとお嘆きの営業担当の方々へ。
　あらためて担当先の財務諸表をよくみてみましょう。
　特に、「安全性」に関する指標に問題がある企業には、必ず「潜在的な運転資金ニーズ」があります。
　また、「効率性」「採算性」に関する指標が悪化している企業には、経営資源（ヒト、取扱製商品・サービス／設備／事業体制・方法）になんらかの問題が発生しており、「潜在的な課題」があると考えられます。
　もちろん、こうした企業にはリスクがありますが、財務上の問題点を把握し、経営者と改善に向けたディスカッション／課題の設定を行う中で、設備・運転資金のニーズを掘り起こすことができるかもしれません。
　ぜひ、実践してみてください。

第 IV 章

経営改善支援の実務 Step 2
──根本原因／真相の究明

問題点／優位点の抽出 → **根本原因／真相の究明** → 課題の設定 → 具体的解決策の設定

1 財務分析

　財務上の問題点・優位点が抽出されたところで、次に財務分析および企業活動分析を行い、問題点・優位点の「根本原因」や「真相」を究明します。

　問題点・優位点の「根本原因／真相」の究明とは「外部環境（需要・供給）および内部環境（経営資源）において『**何が、どうして、どのように劣っているのか／優れているのか**』を明らかにすること」をいいます。

　本節では、図表4－1に示す指標を使って財務分析を行い、問題点・優位点の「原因」に係る仮説を設定します（図表4－2）。

図表4－1　財務分析指標

財務指標	財務分析指標
社員1人当たり付加価値額	＝売上高付加価値額比率（付加価値額÷売上高）×社員1人当たり売上高（売上高÷平均社員数）
	＝設備生産性（付加価値額÷有形固定資産）×労働装備率（有形固定資産÷平均社員数）
使用総資本経常利益率	＝売上高経常利益率（経常利益÷売上高）×使用総資本回転率（売上高÷使用総資本）
社員1人当たり労務費・人件費	＝1人当たり時間当たり労務費・人件費×1人当たり年間延べ就労時間
売上高変動費率	売上高仕入原価率（＝仕入原価(注1)÷売上高）
	生産収入原材料費率（＝原材料費÷生産収入(注2)）
	生産収入外注加工費率（＝外注加工費÷生産収入(注2)）
	生産収入製造経費率（＝製造経費÷生産収入(注2)）
	売上高荷造運搬費率（＝荷造運搬費÷売上高）　等
売上高固定費率	売上高販売管理費率（＝販売管理費÷売上高）
	売上高広告宣伝費率（＝広告宣伝費÷売上高）
	売上高地代家賃賃借料率（＝地代家賃賃借料÷売上高）
	売上高交際費率（＝交際費÷売上高）　等
在庫回転期間	原材料在庫回転期間（＝原材料在庫÷月売上高）
	仕掛品在庫回転期間（＝仕掛品在庫(注3)÷月売上高）
	製商品在庫回転期間（＝製商品在庫÷月売上高）
売掛債権回転期間	受取手形回転期間（＝受取手形(注4)÷月売上高）
	売掛金回転期間（＝売掛金÷月売上高）

（注1）　仕入原価＝商品仕入高－商品仕入値引・返品額＋期首商品在庫－期末商品在庫
（注2）　生産収入＝製品売上高＋期末製品・仕掛品在庫－期首製品・仕掛品在庫
（注3）　建設業の未成工事支出金を含む。
（注4）　割引・譲渡手形を含む。

図表4－2　財務分析による問題点（優位点）の原因仮説の設定

【財務指標／財務分析】		【問題点（優位点）の原因仮説】
社員1人当たり付加価値額が少ない（多い）	売上高付加価値額比率が低い（高い）	○売上単価が低い（高い） ○単位当たり変動費が高い（低い） 　・仕入原価が高い（低い） 　・原材料費が高い（低い） 　・外注加工費が高い（低い） 　・製造経費が高い（低い） 　・荷造運搬費が高い（低い）
	社員1人当たり売上高が少ない（多い）	
	設備生産性が低い（高い）	
	労働装備率が低い（高い）	
使用総資本経常利益率が低い（高い）	売上高経常利益率が低い（高い）	○売上数量が少ない（多い） ○仕入・外注量等が多い（少ない） ○固定費的な変動費が多い（少ない） ○設備の能力が低い（高い） ○設備・外注の効率的・効果的活用ができていない（できている） ○設備更新／自動化・省力化が停頓（進展） ○労務費・人件費単価が高い（低い） ○就労時間が長い（短い） ○単位当たり固定費が割高（割安） 　・1回当たり広告宣伝費が割高（割安） 　・単位当たり地代家賃借料が割高（割安） 　・1回当たり交際費が割高（割安） ○固定費対象のサービス等の利用・消費量が過多（適切） ○広告宣伝・接待交際回数が過多（適切） ○賃借面積・数量が過多（適切） ○固定費の支出効果が低い（高い）
	使用総資本回転率が低い（高い）	
社員1人当たり労務費・人件費が高い（低い） 工員1人当たり労務費が高い（低い）		
労働分配率が高い（低い）		
売上高変動費率が高い（低い）	売上高仕入原価率が高い（低い）	
	生産収入原材料費率が高い（低い）	
	生産収入外注加工費率が高い（低い）	
	生産収入製造経費率が高い（低い）	
	売上高荷造運搬費率が高い（低い）	
売上高固定費率が高い（低い）	売上高販売管理費率が高い（低い）	
	売上高広告宣伝費率が高い（低い）	
	売上高地代家賃借料率が高い（低い）	
	売上高交際費率が高い（低い）	
売上高支払利息割引料率／平均金利が高い（低い）		○流動・固定・繰延資産が過多（適切） ○不良・回収長期化債権が多い（ない） ○回収サイトが長い（短い） ○手形回収割合が多い（少ない） ○在庫が過多（適切） 　・ムダな仕入・消費が多い（少ない） 　・歩留りが低い（高い） 　・仕入・生産・販売・物流時間が長い（短い） 　・生産・受注・販売ロットが多い（少ない） 　・納入頻度が少ない（多い） 　・不良・長期滞留在庫が多い（ない）
在庫回転期間が長い（短い）	原材料在庫回転期間が長い（短い）	
	仕掛品在庫回転期間が長い（短い）	
	製商品在庫回転期間が長い（短い）	
売掛債権回転期間が長い（短い）	受取手形回転期間が長い（短い）	
	売掛金回転期間が長い（短い）	
手元流動性比率・当座比率が低い（高い）		○現預金が過少（適切） ○流動負債が過多（適切） ○借入金が過多（適切） ○自己資本が過少（適切）
債務償還年数が長い（短い）		
固定長期適合率が高い（低い）		

(1) 「社員1人当たり付加価値額」の深掘り

社員1人当たり付加価値額は、「売上高付加価値額比率×社員1人当たり売上高」と分解されます。

「売上高付加価値額比率」は、付加価値額（＝売上高－変動費）の売上高に対する比率で、採算性を表す指標になります。「売上高付加価値額比率が低い」ということと「売上高変動費率が高い」ということは表裏一体ですので、「同業者に比べて売上高付加価値額比率が低い」場合は、同業者に比べて「売上単価が低い」「変動費の支出が多い」ことが原因として考えられます。

これに対し「社員1人当たり売上高」は、効率性を表す指標になります。「同業者に比べて社員1人当たり売上高が少ない」場合は、同業者に比べて「売上単価が低い」「売上数量が少ない」ことが原因として考えられます。

また、社員1人当たり付加価値額は、「設備生産性×労働装備率」と分解されます。

「設備生産性」は「一定の設備でいかに多くの付加価値を創出しているか」を、「労働装備率」は「社員がいかに多くの設備を駆使しているか」をそれぞれ示しています。

したがって、「同業者に比べて設備生産性が低い」場合は、同業者に比べて「設備能力が低い」「設備の活用が非効率、効果的ではない」「アウトソーシングや外部サービスの活用が非効率、効果的ではない」ことなどが原因として考えられます。

また、「同業者に比べて労働装備率が低い」場合は、「同業者に比べて自動化・省力化が進んでいない、労働集約的である」「設備が老朽化している」ことなどが考えられます。

(2) 「使用総資本経常利益率」の深掘り

使用総資本経常利益率は、「売上高経常利益率×使用総資本回転率」と分解されます。

「売上高経常利益率」は、経常利益（＝売上高－変動費－固定費）の売上高に対する比率で、前掲の売上高付加価値額比率と同様、採算性を表す指標になります。ただ、「売上高経常利益率＝１－売上高変動費率－売上高固定費率」なので、「同業者に比べて売上高経常利益率が低い」場合は、同業者に比べて「売上単価が低い」「変動費の支出が多い」ことに加え、「固定費の支出が多い」ことも原因として考えられます。

また、「使用総資本回転率」は効率性を表す指標で、「一定の使用総資本でいかに多くの売上高を計上しているか」を示しています。言い換えれば、「いかに少ない資本・資産で一定の売上高を確保できるか」ということです。

できるだけ少ない資本・資産で成果をあげるためには、「仕入→生産・加工→販売・物流→資金回収のサイクルをできるだけ短くすること」「アウトソーシングや外部サービスの活用、設備の賃借などにより固定資産への投資を極力抑えること」によって、流動資産・固定資産を圧縮しなければなりません。逆にいえば、「同業者に比べて使用総資本回転率が低い」場合は、「同業者に比べて流動資産・固定資産が多い」ことが原因と考えられます。

(3)　「売上高変動費率」「売上高固定費率」の深掘り

売上高変動費率・売上高固定費率については、費目ごとに分解して同業者と比較し、どの費目が「問題点・優位点の原因になっているのか」をみます。

変動費のうち原材料費、外注加工費、製造経費に関しては、製品の生産額に連動しますので、売上高に対する比率ではなく、生産高（生産収入＝製品売上高＋期末製品・仕掛品在庫－期首製品・仕掛品在庫）に対する比率をみます。

「同業者に比べて売上高仕入原価率、生産収入原材料費率が高い」場合には、同業者に比べて「単位当たり仕入原価、原材料費が割高」「仕入・原材料投入量が多い」ことが原因と考えられます。

「同業者に比べて生産収入外注加工費率が高い」場合には、同業者に比べて「単位当たり外注加工費が割高」「外注量が多い」「固定費的な外注費が多い」ことが原因と考えられます。

また、「同業者に比べて生産収入製造経費率、売上高荷造運搬費率などが高い」場合には、同業者に比べて「単位当たり製造経費などが割高」「製造経費の対象となるサービスなどの利用・消費量が多い」「固定費的な製造経費などが多い」ことが原因と考えられます。

　固定費については、売上高と連動せず、固定費の対象となる経営資源やサービスなどの利用・消費量（時間・回数など）に連動します。

　それゆえ、例えば「同業者に比べて売上高広告宣伝費率が高い」場合には、同業者に比べて「1回当たり広告宣伝費が割高」「広告宣伝回数が多い」「効果的な広告宣伝が行われていない」ことが原因と考えられます。

　「同業者に比べて売上高地代家賃賃借料率が高い」場合には、同業者に比べて「1坪（㎡）当たり地代家賃、設備1台当たり賃借料が割高」「賃借面積が広い、賃借台数などが多い」「遊休・未活用の資産／効率的に活用されていない資産が多い」ことが原因と考えられます。

　また、「同業者に比べて売上高交際費率が高い」場合には、同業者に比べて「1回当たりの接待交際費が割高」「接待交際の回数が多い」「効果的な接待交際が行われていない」ことが原因と考えられます。

(4)　「在庫回転期間」の深掘り

　在庫の在高は、単位当たり原価に加え、原材料消費量・歩留り、生産／販売量、仕入／生産／販売・物流日数、納入頻度に影響されます。

　したがって、「同業者に比べて原材料在庫回転期間が長い」場合には、同業者に比べて「単位当たり原材料費が割高」「ムダな原材料仕入・消費が多い」「歩留りが低い」「仕入にかかる日数（受け入れてから生産・加工に投入されるまでの保管期間を含む）が長い」といったことが原因であると考えられます。

　「同業者に比べて仕掛品在庫回転期間が長い」場合には、同業者に比べて「単位当たり製造原価が割高」「生産ロットが多い」「1ロットの生産時間が長い」といったことが原因として考えられます。

　また、「同業者に比べて製商品在庫回転期間が長い」場合には、同業者に

比べて「単位当たり製造・仕入原価が割高」「受注・販売ロットが多い」「納入頻度が少ない」「販売・物流日数が長い」といったことが原因だと考えられます。

なお、在庫の中に、「不良化している在庫」「長期間滞留している在庫」「粉飾による架空の在庫」が含まれている可能性があります。同業者に比べて極端に在庫回転期間が長い場合には、不良在庫などの存在を疑い、次の企業活動分析で確認することが重要です。

(5)　「売掛債権回転期間」の深掘り

受取手形（割引・譲渡手形を含む）や売掛金は、次のように分解されます。

○受取手形：Σ各販売先への月売上高×サイト×手形回収割合
○売掛金：Σ各販売先への月売上高×サイト

「サイト」とは、売掛金の場合、「締日から決済日までの期間」のことで、例えば、「10日〆の翌月末払い」の場合は「50日」になります。また、受取手形の場合、「手形振出日（売掛金の決済日）から手形決済日までの期間」のことです。

したがって、「同業者に比べて受取手形回転期間が長い」場合には、同業者に比べて「平均サイトが長い」「手形回収割合が多い」ことが原因と考えられます。

また、「同業者に比べて売掛金回転期間が長い」場合には、「同業者に比べて平均サイトが長い」ことが原因と考えられます。

なお、在庫と同様、売掛債権の中に、「回収不能・長期化している不良債権」「粉飾により架空計上された売掛債権」「融通手形（不良債権化する可能性が高い貸付金）」などが含まれる可能性があります。同業者に比べて極端に売掛債権回転期間が長い場合には、勘定科目明細や補助簿・伝票などの内部書類により不良債権などの有無を確認することが重要です。

2 定量的な企業活動分析

財務分析などにより設定された「問題点／優位点の原因仮説」を踏まえ、定量的／定性的な「企業活動分析」を行い、問題点／優位点の「根本原因（外部・内部環境上の問題点／優位点の原因）」や「真相（外部・内部環境上の何が、どのように劣っているのか／優れているのか）」を特定します（図表４－３）。

「定量的な企業活動分析」としては、次の分析があります。

---

(1) 生産・販売単価／数量の分析
(2) リードタイム／不良率／返品率の分析
(3) 稼働率・回転数の分析
(4) 労務費・人件費の分析
(5) 原単位／歩留りの分析

---

(1) 生産・販売単価／数量の分析

① 生産・販売単価

社内の生産・販売管理資料によって生産・販売数量を把握し、生産収入・売上高から生産数量・販売数量を除して「生産・販売単価」を算出します。

生産・販売単価は、次の要素によって決定されます。

○製商品・サービスの競争力
○同業他社、新規参入先、代替品、仕入先、販売先との競合度合い

「製商品・サービスの競争力」とは、「競合する製商品・サービスと比較して「機能・性能・効用」「品質・供給力・価格力」でどれだけ優位性があるか」ということです。

また、「同業他社、新規参入先、代替品、仕入先、販売先との競合度合

図表 4 − 3　問題点（優位点）の原因仮説を踏まえた企業活動分析

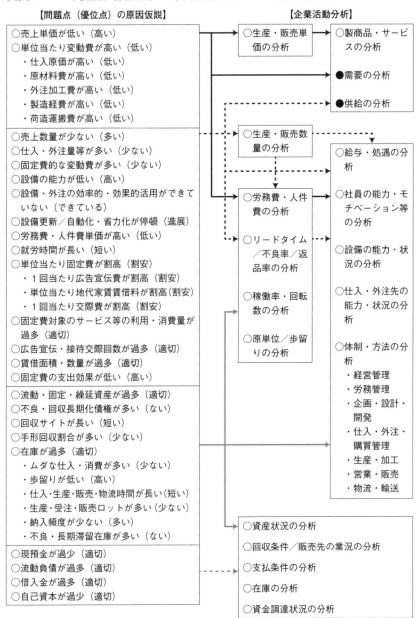

第Ⅳ章　経営改善支援の実務 Step 2 ──根本原因／真相の究明

い」とは、「対象とする市場・分野における『需要』に対し、『供給』がどのような状況で、競合度合いがどれだけ強いか」ということです。

「同業者に比べて生産・販売単価が低い」場合には、同業者に比べて「製商品・サービスの競争力が低い」「対象とする市場・分野における競合が激しい」ことが考えられます。

こうした仮説を踏まえ、定性的な企業活動分析（製商品・サービスの分析、需要の分析、供給の分析）により、「製商品・サービスの競争力」や「同業他社などとの競合度合い」の現状把握を行います。

② 生産・販売数量

生産・販売数量は、次の算式で決定されます。

ケース		算式
需要＜供給（供給過多）の場合		1顧客当たりの年間需要量×顧客数×成約率
需要＞供給（需要過多）の場合	製造業等	年間就業時間÷リードタイム×（1－不良率）×（1－返品率）
	小売・サービス業	年間販売・サービス提供能力×稼働率（回転数）

「需要＜供給（供給過多）」の場合、生産・販売数量は対象企業の生産・販売能力によらず、「どれだけの需要を獲得できるか」によります。

生産・販売数量を増やすためには、営業や広告宣伝を効率的・効果的に行い、「顧客の開拓」「需要の掘り起こし」「受注・販売の獲得」を着実に進めなければなりません。

「同業者に比べて生産・販売数量が少ない」場合には、「製商品・サービスの競争力が弱い」ことに加え、「同業者に比べて営業や広告宣伝が効率的・効果的に行われていない」ことが考えられるので、「営業・販売体制／方法の分析」により、営業や広告宣伝の実態把握を行う必要があります。

(2) リードタイム／不良率／返品率の分析

① リードタイム

「需要＞供給（需要過多）」の場合、生産・販売数量は対象企業の生産・販売能力によることになります。

製造業などの場合、年間生産・販売数量は「(年間就業時間÷リードタイム)×(1－不良率)×(1－返品率)」と表すことができます。

リードタイムとは製品1単位当たりの生産・販売時間のことで、例えば、製品Aのリードタイムが1.5分／個（注1）、年間就業時間が144,000分（注2）だとすると、不良率・返品率考慮前の年間生産・販売数量は96,000個（＝144,000÷1.5）になります。

(注1) 1ロット10,000個の生産・販売に250時間かかるとすると、1個の生産・販売に1.5分（＝250×60÷10,000）かかる計算になる。
(注2) ＝8時間／日×60分×25日／月×12カ月

リードタイムは、次表に示すとおり分解されますが、各プロセスの所要時間を短縮するとともに、ムダな時間（手空き・待機・手戻り・横持ち・移動時間）を削減することにより、リードタイムが短くなり、生産・販売数量を増加させることができます。

時　間	定　義
企画・設計・開発	企画・設計・開発に係る作業を実施している時間
仕入・外注・購買管理	仕入・外注・購買管理に係る作業を実施している時間
生産・加工	生産・加工に係る作業を実施している時間（外製分を含む）
販売・物流	販売・物流(保管・仕分・輸送)に係る作業を実施している時間
準備・段取り	生産・加工等を始める前の準備・段取り作業の時間
手空き	生産・加工等を開始した後の作業をしていない時間（待機時間等を除く）
待機	前工程の作業完了を待っている時間
手戻り	問題が発生し、前工程に戻すことにより発生する浪費時間
横持ち	複数ある同一工程間を移動する時間
移動	次工程に移動する時間

リードタイムの分析の結果、「同業者に比べてリードタイムが長い」ことがわかった場合には、まず「どのプロセスが長いのか」を明確にします。

そのうえで、「社員の能力・モチベーション等の分析」「設備の能力・状況の分析」「仕入・外注先の能力・状況の分析」「体制・方法の分析」を行い「当該プロセスの所要時間が長い原因は何か」を明らかにします。

② 不良率

不良率とは、仕入・外注・購買管理／生産・加工／物流・輸送の工程において発生した不良品の比率で、「不良率＝不良品数量÷生産数量等」と計算されます。

プロセス	不良品の発生工程	不良品の検知
仕入・外注・購買管理	仕入・外注先における生産・加工／保管・仕分・輸送工程	対象企業における原材料・外注品・商品受入れ時の検収
生産・加工	対象企業における生産・加工工程	対象企業における生産・加工工程内／完了後の検査
物流・輸送	対象企業・物流業者における保管・仕分・輸送工程	販売先における製品受入れ時の検収

不良品の発生により、手戻り・待機・再準備・再段取りなどの発生、原価・物流コストのムダの発生、販売先の信用低下を招くことから、抑止対策を徹底する必要があります。

「同業者に比べて不良率が高い」場合には「どのプロセスの不良率が高いのか」を把握したうえで、「体制・方法の分析（仕入・外注・購買管理／生産・加工／物流・輸送）」を行い、「当該プロセスの不良率が高い原因は何か」「不良品の検知がどのように行われているか」を明確にする必要があります。

③ 返品率

返品率とは販売後に返品された製商品の比率で、「返品率＝返品数量÷販売数量」と計算されます。

「同業者に比べて返品率が高い」場合には、「どの製商品／販売先の返品率が高いのか」を把握したうえで、「製商品の分析」とともに「営業・販売体制／方法の分析」を行い、「当該製商品／販売先において返品率が高い原因は何か」を明確にすることが必要です。

(3) 稼働率・回転数の分析

次に、小売・サービス業のケースについてみてみましょう。

小売業・飲食店・旅館などの場合の販売数量は「1日（1回）当たり販売・サービス提供能力×1日当たり稼働率（回転数）×年間営業日数」と表すことができます。

稼働率とは「設備がいかに遊休せず稼働しているか」を表す指標で、「1日当たり生産・販売数量実績÷1日当たり生産・販売能力」で求められます。

例えば、客室数50室、収容人数70人のビジネスホテルがあり、1日平均35室、45人が利用しているとすると、客室稼働率70％（＝35÷50）、定員稼働率64％（＝45÷70）となります。

また、回転数とは「1日の中で客室・席が何回利用されたか」を示す指標で、「1日当たり販売・サービス提供延べ人数（室・席数）÷1回当たり販売・サービス提供能力」という算式で求められます。

例えば、席数150席のレストランで、1日平均延べ400人が利用しているとすると、客席回転数は2.7回／日（＝400÷150）となります。

「同業者に比べて稼働率・回転数が低い」場合には、「どの設備・店舗の稼働率・回転数が低いのか」を明らかにしたうえで、「需要の分析」「供給の分析」のほか、「社員の能力・モチベーション等の分析」「設備の能力・状況の分析」「体制・方法の分析（生産・加工／販売・サービス提供）」を行います。そして、「当該設備・店舗の稼働率・回転数が低い原因は何か」を明らかにする必要があります。

(4) 労務費・人件費の分析

社員1人当たり労務費・人件費は「1人当たり時間当たり労務費・人件費×1人当たり年間延べ就労時間」と分解されます。

1人当たり時間当たり労務費・人件費は、業種・職種・地域などによる影響を受けるほか、社員の年齢／スキル・知識・経験などが考慮されて設定されます。「同業者に比べて1人当たり時間当たり労務費・人件費が高い」場

合には、「社員の平均年齢が高い／高齢化している」「人材の確保・定着が難しい」「過剰なスキル・経験を有している」「パートなどの活用が進んでいない」といったことが原因と考えられます。

また、「同業者に比べて1人当たり年間延べ就労時間が長い」場合には、企業活動が効率的に行われていないことが考えられ、リードタイムの分析などを行い、体制・方法などの定性分析を行う必要があると考えられます。

なお、前章第2節(1)③でも触れましたが、社員1人当たり労務費・人件費と付加価値額を組み合わせて効率性・採算性を分析するにあたり、単価（時間当たり労務費・人件費）／数量（年間延べ就労時間）との関係性も分析し、生産・販売体制／方法などにおける問題点／優位点を抽出することが重要です。

(5) 原単位／歩留りの分析

① 原単位

売上高変動費率のうち、生産収入原材料費率／生産収入外注加工費率／生産収入製造経費率が高い場合には、原単位の分析を行うことが重要です。

原単位とは、「製品1単位の生産に要する原材料費・外注加工費・製造経費」のことで、「原単位＝（原材料費／外注加工費／製造経費）÷生産数量」という算式で求められます。

同様の製品を生産しているにもかかわらず「同業者に比べて原単位が高い」場合は、「原材料費などの単価が高い」「原材料投入・消費量／外注量／製造経費に係るサービスなどの利用・消費量が多い」ことなどが考えられます。

このうち「単価が高い」場合には、「仕入・外注・購買管理、仕入・外注先に問題がある」ことなどが考えられ、「仕入・外注先の能力・状況の分析」「仕入・外注・購買管理体制／方法の分析」を行う必要があります。

また「原材料投入量／外注量／利用・消費量が多い」場合には、上記問題のほか、「効率的・効果的な外注・外部サービス利用が行われていない」「設備の老朽化が進んでいる」「省エネ化などが進んでいない」などの問題があ

ることが考えられます。

② 歩留り

「原材料投入量が多い」場合には、歩留りの分析を行うことも重要です。

歩留りとは、「原材料がいかに効率的・効果的に利用されているか」を表す指標で、「原材料消費量÷原材料投入量」という算式で求められます。例えば、10㎡の鉄板から1枚0.8㎡の円盤を10枚打ち抜いたとすると、歩留りは80％（＝0.8×10÷10）になります。残り20％の端材はスクラップとして引き取られますが、円盤を打ち抜くことはできないので、当該部分はムダになります。すなわち、10㎡投入しても8㎡しか消費されないということです。

この歩留りを高めることによって、原材料費を下げる（原材料投入量を減らす）ことが可能になります。

3 定性的な企業活動分析

「定性的な企業活動分析」としては、次の分析があります。

---

(1) 外部環境分析
　① 需要の分析
　② 供給の分析
(2) 内部環境分析
　① 製商品・サービスの分析
　② 給与・処遇の分析
　③ 社員の能力・モチベーション等の分析
　④ 設備の能力・状況の分析
　⑤ 仕入・外注先の能力・状況の分析
　⑥ 体制・方法の分析（経営管理／労務管理／企画・設計・開発／仕入・外注・購買管理／生産・加工／営業・販売／物流・輸送）
　⑦ 資産状況の分析
　⑧ 回収条件／販売先の業況／支払条件の分析
　⑨ 在庫の分析
　⑩ 資金調達状況の分析

---

(1) 外部環境分析

① 需要の分析

　「生産・販売単価／数量の分析」の結果を踏まえ、対象企業がターゲットとする市場における需要と供給の分析を行います。

　年間需要金額は、次の算式で求められます。

年間需要金額＝単位当たり製商品・サービス価額×年間消費・利用量

> 【事例2−1　缶ビールの年間需要金額】
> 　@350円の缶ビールを成人1人当たり年間平均20缶消費とすると、缶ビールの年間需要金額は7,000億円（＝@350円×20缶／人×1億人）となる。このとき、「単位当たり製商品・サービス価額」は@350円、年間消費・利用量は20億缶となる。
>
> 【事例2−2　国内旅館の年間邦人宿泊需要金額】
> 　国内旅館について、1泊当たりの平均宿泊単価が@15,000円で、1人当たり年間平均0.5泊とすると、国内旅館の年間邦人宿泊需要金額は9,000億円（＝@15,000円×0.5泊／人×1.2億人）となる。

需要の分析にあたっては、このように「需要単価」と「需要量」に分けて分析しますが、次表に示すように、できるだけターゲットとする製商品・サービスや消費者・利用者を絞り込んで分析することが重要です。

項目	ターゲットの絞込み
需要単価	製商品・サービスの用途・仕様／機能・性能・効用／品質・供給・価格レベルなどの絞込み
需要量	消費者・利用者の地域・国家／年齢・性別・職業・学歴・趣味嗜好／出身地・家族構成・所得水準などの絞込み

また、ターゲットとする市場や製商品・サービスのライフサイクルを分析することが必要です。

ライフサイクルのステージ別に「需要の規模／多様性・深度」「同業者との競合／新規・代替品の参入」の特徴をみると、次表のとおり整理されます。

ライフサイクル	需要				供給			
	規模		多様性・深度		同業者との競合		新規・代替品参入	
	現状	今後	現状	今後	現状	今後	現状	今後
生成・導入期	小	拡大	無	有	無	有	無	有
成長期	中	拡大	有	有	有	有	有	有
成熟期	大	縮小	有	無	有	有	有	無
衰退期	中	縮小	無	無	有	無	無	無

需要の規模に関しては、生成・導入期はまだ小さいが、成長期にかけて拡大し、成熟期にピークを迎え、衰退期にかけて縮小することになります。

また、生成・導入期はまだ需要の多様性・深度がみられませんが、成長期にかけて多様化・深化し、成熟期以降、多様化・深化が止まります。

② 供給の分析

ターゲットとする市場の供給金額は需要金額と一致し、理論上、次表のようになります。

	単 価	数 量
需要	(Σ製商品・サービス1単位の消費・利用から得られる満足度の価額)÷消費・利用者数	1人当たり製商品・サービスの年間消費・利用量×消費・利用者数
供給	(Σ各供給者(注)における製商品・サービス1単位の生産・販売・提供に係る付加価値額)÷供給者数	1社当たり製商品・サービスの年間販売・提供量×供給者数

(注) 製商品・サービスの生産・販売・提供を行う事業者をいう。

需要単価を規定する「満足度」には、製商品・サービスの機能・性能・効用や品質・供給力に対する満足度のほか、割高だが「希少だ」「今すぐ消費・利用したい」という理由で消費・利用することにより得られる優越感・充足感も含まれます。

また、供給単価（販売単価）を規定する「生産・販売・提供に係る付加価値額」には、持続的な生産・販売・提供のために必要な経常的財務支出（設備更新など）や将来の投資・事業展開に向けた内部留保（設備・研究開発積立金など）も含まれます。

当然のことながら、消費者・利用者によって「満足度の価額」は異なり、供給者によって「創出する付加価値額」は異なりますが、「消費者・利用者全体の満足度の価額合計」と「供給者全体の付加価値額合計」は一致することになります。

言い換えれば、「供給者によって内部環境が異なるため、個別の希望供給単価は異なるが、実際の供給単価は需要単価や競合先の供給単価に大きく影響される」ということです。

供給量（販売量）についても需要量と一致しますが、「対象企業における

供給量＝総需要量－競合先の供給量」と規定されることになります。

　ここでいう「競合先」とは、「既往の同業他社」のほか、「新規参入先」「代替品・サービスの供給者」「対象市場へ展開する仕入先・販売先」が含まれます。後述しますが、こうした「ファイブフォース」の動向いかんで今後の対象企業の販売量のシェアが規定され、競合により販売単価の引下げを余儀なくされる可能性がありますので、こうした分析も必要になります。

　さらに、対象市場のライフサイクルについても供給サイドから分析しなければなりません。

　前掲①の表に示すとおり、生成・導入期には同業者との競合はほとんどみられませんが、成長期にかけて競合が増え、成熟期には競合激化を余儀なくされます。

　また、新規先や代替品・サービスの参入に関しては、生成・導入期は特段みられませんが、成長期にかけて参入が増え、成熟期には過当競争になります。

(2)　内部環境分析

①　製商品・サービスの分析

　販売単価が同業者に比べて低い場合、「製商品・サービスの競争力が低い」ことが考えられ、製商品などの競争力を分析・評価する必要があります。

　製商品・サービスの競争力は、製商品・サービスの「機能・性能・効用」「品質・供給力・価格力」によって決まります。

　1)　機能・性能・効用

　まず、製商品・サービスの「機能・性能・効用」に関してみてみましょう。

　次表に示すとおり、製商品・サービスの「機能」とは「製品などに期待・要求する作用・働き」のこと、「性能」とは「製品などに期待・要求する性質・能力」のこと、「効用」とは「製品などを消費・利用することにより得られる便益・満足」のことです。

	定義	例示	
		スマートフォンの場合	温泉旅館の場合
機能	製品等に期待・要求する作用・働き	電話、メール・SNS、写真・動画撮影、テレビ、動画・音声配信、インターネット、GPS 等	部屋（洋・和室、バス・トイレ・洗面所、寝具、テレビ・冷蔵庫、冷暖房・空調・加湿等）、宴会場・会議室、料理・飲み物、風呂（貸切・露天・サウナ等）、娯楽施設・土産物店、ロビー、浴衣・アメニティグッズ 等
性能	製品等に期待・要求する性質・能力	メモリ容量、受発信速度・エリア、バッテリー、音質・画質、サイズ・重量 等	部屋の面積・明るさ・温度・湿度・眺望・遮音性、料理の品数・美味しさ・提供方式、風呂の面積・形態、温泉の泉質・効能・温度・提供方式 等
効用	製品等を消費・利用することにより得られる便益・満足	多様な方法で円滑にコミュニケーションができる データを記録・保存できる 多様な情報を入手・発信できる ブランド力がある 等	家族やプライベートで寛ぐことができる 法人やグループで懇親することができる 料理や温泉を堪能できる 日本文化に触れられる 等

　消費者・利用者は、製商品・サービスが有する「機能」「性能」を消費・利用することによって「効用」を得、当該製商品・サービスに一定の対価を支払うことになります。すなわち、「提示された製商品・サービスの価額が、得られる効用にふさわしいかどうか」によって、当該製商品・サービスの消費・利用の是非を決定するわけです。

　また、消費者・利用者が製商品・サービスの機能・性能・効用を評価する場合、機能などの「独自性」「多様性」「拡張性」「持続性」「将来性」を同時に評価することになります。

　機能などの「独自性」とは、「競合品や代替品にはない機能などが備わっていること」です。「対象企業が取り扱う製品には、他の競合品などにはない独自の機能がある」といった場合には、「当該製品には独自性がある」ということになります。

　機能などの「多様性」とは、「競合品や代替品に比べて機能などの範囲が広いこと／項目が多いこと」をいいます。前表の温泉旅館の例でいえば、「温泉の効能が多岐にわたる」「浴場が室内の大衆風呂だけでなく、露天風呂や貸切風呂、サウナなどがある」といったことが該当します。

機能などの「拡張性」とは、「競合品や代替品に比べて機能などの向上を享受できること」をいいます。同表のスマートフォンの例でいえば、「搭載されたOS（オペレーティングシステム）は、今後、機能拡張により新たなアプリケーションの利用が可能になる」といった場合には、「拡張性がある」と評価できます。

　機能などの「持続性」とは、「競合品や代替品に比べて機能などの内容・レベルが保持される期間が長いこと」をいいます。パソコンのOSでいえば、「OSの保守・サポート期限は○○年○月まで、その後の延長はない」という場合は、「持続性がある」とはいえません。

　また、機能などの「将来性」とは、「競合品や代替品に比べて機能などを享受できる期限が長いこと」をいいます。今や国内ではほとんど見かけなくなりましたが、ブラウン管テレビは将来性がない製品の代表例といえます。

  2）　品質・供給力・価格力

　次に製商品・サービスの「品質・供給力・価格力」をみてみましょう。

　製商品・サービスの「品質」とは、「製商品・サービスの機能・性能・効用が期待・要求水準どおり享受できる確からしさ」で、「品質が高い」とは「機能などが期待・要求水準どおり享受できる蓋然性が高いこと」をいいます。

　製商品・サービスの「品質」の評価にあたっては、次表の観点で分析することが重要です。

ポイント	観点
均質性	製商品・サービスの間で品質の差異がないこと
安定性	製商品・サービスを一定期間利用しても品質の変化がないこと
耐久性	製商品・サービスを想定環境下で使用しても品質の劣化がないこと

　例えば、「パソコンを同時に1万台導入したが、製品間で機能・性能の差異はなかった」「行きつけの理容室は、いつ行っても、誰が担当しても、同じ内容・水準のカットをしてくれる」といったケースは、「均質性が高い」といえます。

また、「〇〇社製の自動車は、10年間利用しても、当初の性能がほとんど変わらない」といった場合は、「安定性が高い」と評価されます。
　あるいは、「このダイバーズウオッチは、どんなに高水圧の環境下の潜水作業で使用しても、機能・性能が劣化しない」といったケースは、「耐久性が高い」といえるでしょう。
　製商品・サービスの「供給力」は、次表の観点で分析します。

ポイント	観　点
スピード	製商品・サービスをいかにタイムリーに供給できるか
供給単位	製商品・サービスを小口・多頻度でも過不足なく供給できるか
安定性	いかなる状況・環境下であっても製品などを供給できるか

　供給のスピードについては、「注文すれば、即日あるいは翌日の午前中までに納品する」「予約なしで行っても、10分以内にサービスを受けられる」といった短納期の対応が可能かどうかをみます。
　供給単位に関しては、「製品1個／1ロット10個から納品する」「1日2回納品する」など、小口・多頻度の供給が可能かどうかを評価します。
　また、供給の安定性については、例えば優先供給契約を締結し、「被災時などであっても必要な製商品・サービスを必要量、指定の期間内に指定の場所に供給する」といった対応が可能かどうかをみます。
　最後に、製商品・サービスの「価格力」についてみてみましょう。
　「価格力」をみる場合、次表の2つの観点から分析することが重要です。

ポイント	観　点
価格弾力性	価格変更が行われても需要が大きく変動しないか
価格対応力	価格引下げやコストダウン要請に応じられるか

　「価格弾力性」とは、「価格変更に対する需要の増減度合い」のことです。例えば、米など生活必需品の場合、天候などの影響で価格上昇があったとしても、「米の消費を抑える」ということになりにくく、需要量が大きく減少するということはありません。逆に、宝飾品の場合、貴金属の価格が上昇すれば、投資用を除き需要量が一時的に減少することが考えられます。

このように、製商品・サービスによって価格弾力性が異なるので、取り扱う製商品・サービスの価格弾力性が高いのか、低いのかを見極めておく必要があります。

また、「価格対応力」とは、「価格競争やコストダウン要請があった場合に、吸収できるか否か」のことです。

先ほど、「実際の供給単価は需要単価や競合先の供給単価に大きく影響される」といいましたが、販売単価は「製商品・サービスの競争力」「同業他社、新規参入先、代替品、仕入先、販売先との競合度合い」によって決定されます。

同業他社との競合などの結果、価格引下げやコストダウンを余儀なくされることがありますが、そうした場合においてもある程度利益を確保しなければなりません。

「価格引下げやコストダウンを余儀なくされても、一定の利益を確保し、持続的な生産・販売・提供が可能である」という場合には、「価格対応力がある」と評価されます。

② 給与・処遇の分析

同業者に比べて「社員1人当たりの労務費・人件費が高い」「労働分配率が高い」場合、次のような問題が原因であると考えられます。

○給与体系・水準や処遇の問題
○社員の能力・モチベーション等の問題
○労務管理／生産・加工／営業・販売等の体制・方法の問題

ここでは、まず「給与体系・水準や処遇」に係る分析・評価についてみていきたいと思います。

労務費・人件費は、一般的には「固定費」に位置づけられますが、労務費・人件費の適正化を図るためには、次の2点を踏まえて給与体系・水準や処遇を見直すことが重要です。

○社員の能力・モチベーションを最大限引き出すこと
○付加価値額の増減に連動させること（労務費・人件費の変動費化）

　社員の能力・モチベーションを引き出すためには、年功序列の給与体系から「業績／能力行動の客観的評価に基づく給与体系」「職能／責任・権限に基づく給与体系」へ転換することが有効です。

　その際、「納得性の高い評価基準の設定」「客観性・透明性の高い評価方法の設定／適正運用」「職能／責任・権限、各職位に期待・要求されるスキルの内容・水準の明確化」「信賞必罰の昇進・昇格」の実施が不可欠です。

　また、労務費・人件費を付加価値額の増減に連動させるためには、「成果給の導入、固定給との割合の見直し」「合理化・効率化への取組みの賞与への反映」などの方策が有効です。

　こうした観点から、現行の給与体系・水準や処遇に関する問題点を抽出してみましょう。

③　社員の能力・モチベーション等の分析

　ロバート・カッツは、マネージャーが必要とする能力として、「テクニカルスキル（業務遂行能力・業務知識）」「ヒューマンスキル（対人関係能力）」「コンセプチュアルスキル（概念化能力）」の3つを提唱しています。

　この「カッツ・モデル」をもう少し上層（経営者）・下層（担当者）に広げてみると、図表4－4のような感じになります。

図表4－4　3つの能力（テクニカル／ヒューマン／コンセプチュアルスキル）

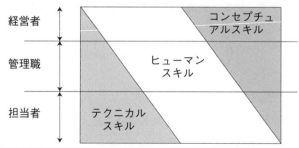

（出典）　眞﨑大輔監修・トーマツイノベーション編著『人材育成ハンドブック』（ダイヤモンド社）77頁に掲載の図を筆者が加工

テクニカルスキルとは「業務遂行上必要となる専門的な知識・スキル（技術・能力）」で、主として担当者から管理職に必要とされるスキルです。

コンセプチュアルスキルとは「物事の本質を論理的にとらえ、的確に企画・構想・立案するスキル」で、主として管理職から経営者に必要とされます。

そして、ヒューマンスキルとは「人間関係を維持・構築するためのスキル」で、コミュニケーション能力、折衝・調整能力、気配り・協調能力、リーダーシップなどが該当します。このヒューマンスキルは、担当者から経営者まで、すべての階層・職位で必要とされるスキルといえます。

以上の3つのスキルが必要とされるウェイトを階層別にみると、担当者層においてはテクニカルスキルとヒューマンスキルが必要とされ、管理職層においてはテクニカルスキル／ヒューマンスキル／コンセプチュアルスキルがバランスよく必要になります。これに対し、経営者層になると、テクニカルスキルはさほど必要とされず、より高いレベルのコンセプチュアルスキルが必要となります。

こうした観点から、対象企業における各層のスキルを分析・評価し、理想像との間に乖離があるかどうかをみることが重要です。

そして、社員のスキルレベルが低い場合には、次の人材確保・育成策が適切に行われているかどうか分析・評価する必要があります。

○採用活動（求人、面接・評価など）
○能力開発（OJT、研修、自己啓発）
○人材定着のための活動（人材活用、処遇など）

次に、社員のモチベーションとモラルについてみてみましょう。

モチベーションとは、「業務に対する意欲・やる気」のことで、能力が高くてもモチベーションが低ければ、効率的・効果的に成果をあげることができません。社員のモチベーションを上げるためには、次のような動機づけが重要ですが、モチベーションが低い場合には、こうした動機づけの方策に問題がある可能性があります。

> ○ 適切な評価（業績評価／能力行動評価）
> ○ 適切な業務・役割／権限・責任の付与
> ○ 評価に基づく処遇（昇進・昇格、異動）
> ○ 福利厚生／職場環境の向上

　また、モラルとは、「倫理観、道徳意識」のことです。いくら能力が高くても、モラルが低い社員は、コンプライアンス違反を引き起こし、業務の混乱、業績悪化や対外的な信用失墜を招くおそれがあるため、社員のモラルを高め維持することが不可欠です。
　社員のモラルが低い場合には、次の取組みに問題がある可能性がありますので、こうした観点から分析・評価することも重要といえます。

> ○ 経営理念や行動規範の周知徹底
> ○ コンプライアンスや規律性に対する意識向上

④　設備の能力・状況の分析
　業務や作業を行う主体は、「設備かヒトか」あるいは「社内か社外か」ということになります。すなわち、「設備がやらなければヒトがやる」「社内（内製）でできなければ社外（外製）でやる」という役割分担で業務や作業は実施されます。
　生産性やコスト負担に問題がある場合、それは「設備の問題なのか」「社員の問題なのか」「社内の体制・方法の問題なのか」「仕入・外注先などの問題なのか」を見極めなければなりません。
　まず、「設備に問題がないか」をみるための「設備の能力・状況の分析」についてみてみましょう。

　1）　設備の機能・性能
　設備の機能とは「設備を使用して行う業務・作業の内容・方法」のこと、設備の性能とは、「設備を使用して行う業務・作業の性質・能力」のことを

いいます（次表参照）。

	機　　能	性　　能
生産・加工設備	加工（切断・曲げ・絞り・穿孔・プレス・溶接・切削・成形・鋳造・鍛造・焼成等）、組立（組付け・搬送等）、表面処理（研磨・めっき・塗装等）、検査　等	加工対象・範囲（素材・大きさ・容量等）、時間当たり加工・組立数量、精度　等
物流・販売設備	ピッキング、搬送、保管・保存、陳列、計算・入出金（請求・領収）、商品・入出庫管理　等	時間当たり作業数量、1施設当たり収容・保管量　等
宿泊設備	宿泊室・トイレ・洗面所、ロビー、会議室・宴会場、浴場、飲食店　等	1日当たり宿泊室数・収容人数　等

　設備の能力・状況の分析を行うにあたり、「保有・活用する設備の機能・性能が具体的にどうなのか」、すなわち「保有する設備を使って『どんな業務・作業』を『どの程度』実施できるのか」を把握しなければなりません。

　設備の機能・性能の分析は、需要とのフィット・アンド・ギャップの分析、設備の稼働状況の分析のベースになるので、しっかり行うことが大切です。

2）　設備の稼働状況

　設備の稼働率などの分析結果を踏まえ、次の点を分析・評価します。

○稼働レベルが適切か

○稼働にムダ・ムラがないか

　設備が「オーバーフローになっている」「低稼働である」「遊休化している」という状況では、稼働レベルが適切であるとはいえません。

　また、「生産・加工などを開始するまでの設備の準備・段取り時間が長い」「複数設備を使用する際、設備間に滞留が発生する」「稼働の時期・時間帯にムラがあり、繁閑の差が大きい」という場合は、設備の稼働にムダ・ムラがあるといわざるをえません（次表参照）。

第Ⅳ章　経営改善支援の実務 Step 2――根本原因／真相の究明

	事象	生産性・コストへの影響
稼働レベル	オーバーフローになっている	・準備・段取り／手空き／待機時間の長期化 ・労務費・人件費／地代家賃賃借料／租税公課／光熱費など固定費の増加
	低稼働である／遊休化している	
稼働のムダ・ムラ	準備・段取り時間が長い	
	設備間の滞留がある	
	時期・時間帯で繁閑がある	

　このように、設備が円滑かつ効率的に稼働していない場合、準備・段取り時間などが長期化したり、労務費・人件費など固定費が増加したりと、生産性の低下やコストの増大を招くことになるので、稼働状況の分析により、設備が適切に稼働しているかどうかを見極めることが重要です。

3）　コストパフォーマンス

　設備が老朽化・陳腐化していると、性能の劣化により生産性が低下（生産・加工時間などが長期化）するとともに、維持・メンテナンスに係る修繕費や消耗品費などが嵩むことになります。

　また、燃費が悪い／省エネ化が進んでいない設備があると、燃料費・電力料・光熱費などが嵩んできます。

　生産性やコスト低減の足枷になっている設備がないかどうかを分析することも必要です。

事象	生産性・コストへの影響
設備が老朽化・陳腐化している	・性能が劣化し生産性が低下 ・修繕費／消耗品費などが嵩む
設備の燃費が悪い／省エネ化が進んでいない	・燃料費が嵩む ・電力料・光熱費などが嵩む

4）　自動化・省力化・IT化状況

　先ほど、「業務や作業を行う主体は『設備かヒトか』であり、設備がやらなければヒトがやる」と申し上げましたが、特に単純で定型的な作業や肉体的・精神的負担の重い作業はヒトには向きません。こうした作業は機械（RPA（注）などを含む）に置き換え、効率性を上げなければなりません。

　　（注）　Robotic Process Automation。ソフトウェアのロボット技術により定型的な事務作業を自動的に行う仕組み。

　あるいは、業務・作業の「コアの部分（判断・意思決定や企画立案など）」

についてはヒトが行うにしても、そうしたヒトが行う業務・作業を効率的・効果的に遂行するためには、パソコンなどを活用することが有効かつ不可欠といえます。

次表に示すような特性を考慮し、自動化・省力化・IT化の状況を分析・評価し、「ヒトと機械の間で『効率的・効果的な役割分担・相互連携』が構築されているか」を見極めることが大切です。

領域	ヒト	機械
得意領域 可能領域	・創造的な業務・作業（企画・構想・立案） ・判断・意思決定	・単純で定型的な作業 ・迅速・正確な計算・作図・加工・検査などの作業
不得意領域 不可能領域	・肉体的・精神的負担の重い作業	・経験のない／自らの意思決定が必要な業務・作業

⑤　仕入・外注先の能力・状況の分析

先ほど、「業務や作業を行う主体は『社内か社外か』ということであり、『社内（内製）でできなければ社外（外製）でやる』という役割分担で業務や作業は実施される」といいました。

もう少し正確にいうと、「『社内でやったほうが効率的・効果的なこと』『社内でしかできないこと』を内製し、『社外でやったほうが効率的・効果的なこと』『社内ではできないこと』を仕入・外注にする」ということになります（図表4－5）。

図表4－5　内製／仕入・外注の判定

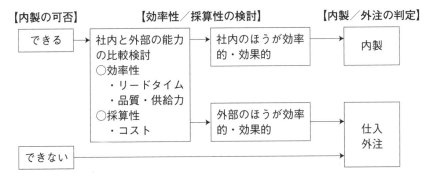

社内のみならず、仕入・外注先の能力を正確に把握し、社内と仕入・外注先における効率性／採算性を比較検討して、内製と仕入・外注のいずれが効率的・効果的かを見極め、「内製にするか」「仕入・外注にするか」を決定しなければなりません。

　その際のポイントは次の3点になります。単純に生産・加工時間や原価などを比較するだけでなく、今後を踏まえて総合的に判断することが重要です。

○リードタイムの検討にあたっては、生産・加工／販売・物流／準備・段取り時間のみならず、企画・設計・開発／仕入・外注・購買管理／手空き・待機・手戻り・横持ち・移動時間を考慮すること
○採算性の検討にあたっては、現行収益のみならず、持続的な生産・販売・提供のために必要な経常的財務支出（設備更新等）なども考慮すること
○現行の効率性・採算性にこだわらず、コアコンピタンスを見極め、今後の事業展開の方向性を最優先に考えること

　次に、仕入・外注先の状況について分析してみます。
　ここでいう「状況」とは、次の3点のことです。

○仕入・外注先の経営状況、今後の見通し
○仕入・外注先との取引状況、今後の見通し
○仕入・外注先の同業者の状況、今後の見通し

　「仕入・外注先の経営状況」の分析とは、「仕入・外注先を取り巻く外部環境や内部環境がどのようになっているか」「そうした中で、仕入・外注先の財務／企業活動状況は現状どのようになっているか、今後どのようになる見通しなのか」「内外環境が変化する中、仕入・外注先の事業方針はどのようになっているのか、今後どう変わるのか」といったことをみることです。

「仕入・外注先との取引状況」の分析とは、「仕入・外注先との取引内容、取引量・金額、取引条件は現状どのようになっているか、今後どのようになる見通しなのか」といったことをみることです。
　こうした「経営状況・取引状況」の分析を踏まえ、仕入・外注先との取引における問題点を明確にすることが必要です。
　また、「仕入・外注先の同業者における経営状況はどのようになっているのか、今後の見通しはどうか」「仕入・外注先と他社との取引内容や取引条件はどのようになっているのか」といったこともみる必要があります。
　仕入・外注先の見直しを検討していく中で、新規仕入・外注先の構築の妥当性・実現可能性を判断する材料にしたり、既往仕入・外注先との取引条件の見直し交渉の材料にすることもできるので、必要に応じ分析・評価してみてください。
　以上、仕入・外注先の能力・状況の分析についてみてきましたが、ヒト（社員）・設備と並ぶ有力な経営資源であり、対象企業の事業を大きく左右する要素になるため、こうした分析を通じて仕入・外注先における問題点を明確にし、解決に向けた課題設定をしっかり行うようにしましょう。

⑥　体制・方法の分析
　経営管理／労務管理／企画・設計・開発／生産・加工／仕入・外注・購買管理／営業・販売・サービス提供／物流・輸送に係る「体制」「方法」を分析・評価して、生産性やコストに係る問題点／優位点を抽出します。
　「体制」とは「業務を円滑・着実に遂行するための組織・仕組み」のことで、次表の観点から生産加工体制などを分析・評価します。

分析項目	主な分析の着眼点
指揮命令系統	・責任と権限の範囲が明確にされているか ・意思決定ライン・プロセスが明確にされているか ・ルールに基づき実施が徹底されているか
ステークホルダー	・社内／社外のステークホルダーが明確にされているか ・ステークホルダーとの連絡・折衝・調整が円滑・適切に行われているか
分掌・役割分担／コミュニケーション	・各部署／各社員の業務分掌・役割分担が明確にされているか ・部署間／社員間の連携・コミュニケーション体制が明確にされているか ・ルールに基づき実施が徹底されているか
要員配置・人材育成	・業務量・レベルを踏まえ適材適所の要員配置が行われているか ・各社員のスキル・経験、資質・適性を踏まえた人材育成が行われているか ・スキルアップに最適の人材育成法が適用されているか ・柔軟に配置換えや相互サポートができる態勢になっているか
管理・業務遂行	・進捗管理／問題管理／課題管理／品質管理／要員管理／コスト管理／コミュニケーション管理が適切に行われているか ・PDCAが定着・徹底されているか ・管理体制・ツールが整備されているか
サプライチェーン（注）	・優良な仕入・外注・購買先／受注・販売先があるか ・仕入・外注・購買先／受注・販売先との連携・コミュニケーション体制／役割分担が明確になっているか ・仕入・外注・購買先／受注・販売先の管理が適切に行われているか

（注）　原材料投入から生産・加工・流通を経て製品・サービスが消費者に届くまでのプロセスのつながりのこと。

また、「方法」とは「業務を円滑・着実に遂行するためのやり方」のことで、「業務内容・プロセス／方法・方式」「技術・技能／ナレッジ」「内製／外注」といった切り口で営業・販売方法などを分析・評価します。

分析項目	主な分析の着眼点
業務内容・プロセス・方法・方式	・顧客の需要・ニーズに適合した業務内容となっているか ・顧客の需要・ニーズ、品質・リードタイム、コストなどからみて最適のプロセス／設備配置となっているか ・品質・リードタイム、コストなどからみて最適の生産・加工／受注・販売／サービス提供方法／方式となっているか ・複数のプロセス間／方式間に連接性・整合性があるか、バランスがとれているか
技術・技能ナレッジ	・優れた独自技術／知的財産権／ブランドを有しているか ・技術がデジタル化・形式知化されているか ・知識・経験値がデータ化／ナレッジ化されているか ・技能・ノウハウが社内で共有されているか ・技術・技能・ナレッジが十分活用されているか
内製・外注	・得意分野（効率性・採算性が高い分野）を内製化しているか ・不得意分野（効率性・採算性が低い分野）を外注化しているか

1) 体制の分析
   i) 指揮命令系統

　指揮命令系統が不明確な場合、迅速・的確な意思決定ができなかったり、ミスや不祥事が発生したりと、業務の円滑かつ着実な遂行が妨げられることがあります。中小企業・小規模事業者の場合、経営者が全ての業務に関与し、全ての事項に係る意思決定を行うこともあるでしょう。しかし、会社の規模がある程度大きくなったり、業務内容が多様・煩雑になってくると、経営者1人で何でもこなすことが難しくなってきます。また、部下や後進の育成という観点からも、経営者が何でもやるというのは望ましくありません。

　筆者の経験上、1人の管理スパン（部下の細かい行動まで目が行き届く範囲）は20人くらいが限界で、業務範囲や管理監督する社員の数が拡大し、管理スパンを超えるような状況になった場合には、経営者の責任と権限を他の取締役や管理職に移さなければなりません。

　このように、経営や業務運営を他の取締役や管理職と分担する場合には、「責任と権限の範囲」「意思決定ライン・プロセス」を明確に定め、それに基づいて迅速に意思決定を行い、円滑かつ的確に経営や業務運営を実施していくことが不可欠です。

　「責任と権限の範囲」の制定とは、業務／人事・労務／経理・財務／購買・調達などに関して「決裁者は誰なのか」「決裁事項は何か」を定めることです。

　また、「意思決定ライン・プロセス」の制定とは、各決裁事項について「担当者／確認者／決裁者が誰なのか」「決裁フロー・プロセスはどのようにするのか」を定めることです。

　しっかりした内規を定める必要はないかもしれませんが、なんらかの形で可視化し全社的に共有することが必要で、社員一人ひとりが当該ルールに基づいて仕事を進めることが重要といえます（図表4－6）。

図表4－6　意思決定のライン・プロセス

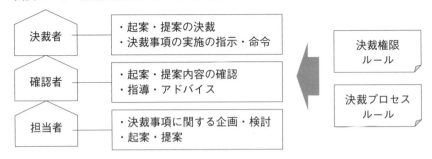

ii) ステークホルダー

ステークホルダーとは「対象企業の経営・業務運営における関係者」のことです。

具体的なステークホルダーは企業によって異なりますが、一般的には次表に掲げるような者がステークホルダーになります。

	ステークホルダー（主なもの）	
	社　内	社　外
経営管理 労務管理	全部署	株主、金融機関、税理士・社会保険労務士等
企画・設計・開発 仕入・外注・購買 管理	生産・加工／営業・販売・サービス提供／物流・輸送部署	大学・パートナー等、 仕入・外注・購買先
生産・加工 営業・販売・サービス提供 物流・輸送	全部署	仕入・外注・購買先、 受注・販売先、 物流・輸送業者、 設備メーカー・システム会社等

体制の分析を行ううえで、まず、「社内／社外のステークホルダーは具体的に誰なのか」「当該ステークホルダーとの具体的な関係／役割分担はどうなっているのか」を明確にすることが必要です。

ステークホルダーが明確になっていない場合には、経営、業務運営・遂行のみならず、経営改善の取組みについても円滑・着実に進められないリスクがありますので、ステークホルダーを明確にし、対象企業との間で共通認識を形成することが重要です。

そして、「当該ステークホルダーとの間で連絡・折衝・調整が円滑・適切に行われているか」を見極める必要があります。

ⅲ) 分掌・役割分担／コミュニケーション

前記 ⅰ)指揮命令系統でも触れましたが、意思決定における「縦の分掌」とあわせて、横断的な業務遂行における「横の分掌・役割分担」を明確にすることが、業務を効率的・効果的に進めていくうえで不可欠です（図表4－7）。

図表4－7　分掌・役割分担と意思決定ライン

			分掌・役割分担					
			社内					社外
			経営管理	企画・設計・開発	生産・加工	営業・販売	物流・輸送	
意思決定ライン	経営者	決裁／指示・命令			取締役会			
	管理職	確認／指導・アドバイス	部内会議		幹部会議			
	担当者	企画・検討			担当者ミーティング			

分掌・役割分担に重複がある場合には「業務・作業の重複／横持ちや権限・縄張り争いといったムダ」が、もれがある場合には「業務・作業の抜け／もれ、円滑遂行の阻害といった問題」が、過不足がある場合には「部署間／担当者間の業務・作業の繁閑の差や滞留」が、それぞれ発生します。

こうした非効率やトラブルが生じないよう、「各部署・担当者の分掌・役割分担が適切に設定され、明確化・共通認識化され、分掌・役割分担に基づく業務遂行が徹底されているか」を確認することが必要です。

また、横断的な業務において、円滑かつ着実に業務を遂行していくためには、部署内およびステークホルダーとの緊密な連携・コミュニケーションが必要です。それゆえ、あらかじめ「どういう目的で（WHY）、誰が（WHO）、どういう事項・内容について（WHAT）、いつ（WHEN）・どこで（WHERE）・どういう方法により（HOW）、連携・コミュニケーションを行うか」を具体

的に定め、それに基づいて横断的な取組みを実施することが重要といえます。体制の分析にあたっては、「連携・コミュニケーションのルール・態勢が明確に設定され、実施が徹底されているか」についても確認しましょう。

「ムダな会議が多い」とよくいわれますが、連携・コミュニケーションは効率的・効果的に実施することが重要です。図表4－8を参考に「目的に応じて適切に連携・コミュニケーションが行われているか」についてもみてみましょう。

図表4－8　連携・コミュニケーション

具体的方法	会議・打合せ	メール・社内SNS・掲示板
メリット／デメリット	○Face to Faceでディスカッションを行い、迅速に合意形成・意思決定ができる ×参加メンバーの時間・場所を拘束する ×議事メモなどの作成が別途必要	○参加メンバーの時間・場所を拘束しない ○コミュニケーション内容が記録・保存される ×合意形成・意思決定には向かない
目的／内容	・合意形成・意思決定 ・指示／アドバイス（新規・非定型）	・情報共有 ・指示／アドバイス（左記以外）
参加者	・経営者・社員 ・社外のステークホルダー	・経営者・社員 ・社外のステークホルダー
時期／場所	・定期／不定期（就業時間中） ・会議室（電子・テレビ会議を含む）	・不定期（24時間365日） ・メール・社内SNS・掲示板上

iv)　要員配置・人材育成

業務の効率的・効果的な遂行を確保するためには、「業務量・要求スキルレベルを踏まえた適材適所の要員配置が行われること」が不可欠です。

要員配置の現状分析にあたっては、まず、各業務に係る作業項目を洗い出し、所要作業量／スキルレベルを整理します。

	作業項目・内容	所要作業量（人月）	所要スキルレベル
経営管理			
企画・設計・開発			
仕入・外注・購買管理			
生産・加工			
営業・販売・サービス提供			
物流・輸送			

次に、各業務における現行要員の投入工数／スキルレベルを分析し、次表に整理して「To Be（あるべき姿）」と「As Is（現状）」の対比を行い、「ギャップ」を把握します。

	作業量・投入工数（人月）		スキルレベル	
	所要	現状	所要	現状
経営管理				
企画・設計・開発				
仕入・外注・購買管理				
生産・加工				
営業・販売・サービス提供				
物流・輸送				

以上の分析の結果、次表の左欄に該当する場合は、右欄に掲げる改善策を実施する必要があります。

	要員配置の現状	実施すべき改善策
作業量・工数	要員過多（所要＜現状）	・他業務への配置換え
	要員不足（所要＞現状）	・他業務からの要員受入れ ・人材の確保（新卒・中途採用）／アウトソーシングの活用
スキルレベル	要員過多（所要＜現状）	・他業務への配置換え
	要員不足（所要＞現状）	・他業務からの要員受入れ ・能力開発

人材育成については、社員一人ひとりの「資質・適性」を踏まえ、「将来の具体的人材像」を描いたうえで、中長期的に取り組むべき「能力開発」を個別・具体的に設定することが肝要です。

したがって、次の観点から人材育成の現状を分析し、問題点を把握します（図表4－9、10）。

○ 社員一人ひとりの「資質・適性」「過去のキャリア」「スキル・知識・経験レベル」が把握されているか
○ 社員一人ひとりについて「将来の具体的人材像」「キャリア形成・能力開発プラン」が設定されているか
○ 前記を踏まえ「具体的な能力開発の方法」が適切に設定されているか
○ 前記に基づき適切に人材育成が行われ、成果をあげているか

図表4-9 各社員の現状把握

	資質・適性	過去のキャリア	スキル・知識・経験レベル
社員A			
社員B			
社員C			

図表4-10 各社員のキャリア形成・能力開発

	将来の具体的人材像	キャリア形成プラン	能力開発プラン
社員A			
社員B			
社員C			

能力開発の方法は、次の3つに大別されます。

○ **OJT**：日常業務の中で、上司・先輩が指導・アドバイスを行い、スキル・知識の習得／向上を図ること
○ **研修**：社内あるいは外部の研修・勉強会の受講を通じて、スキル・知識の習得／向上を図ること
○ **自己啓発**：通信教育の履修／セミナーの受講／資格の取得などを通じて、スキル・知識の習得／向上を図ること

スキル区分	概　要	人材育成方法		
		OJT	研修	自己啓発
テクニカルスキル	業務遂行上必要となる専門的な知識・スキル	○	○	○
ヒューマンスキル	人間関係を維持・構築するためのスキル	○	○	△
コンセプチュアルスキル	物事の本質を論理的にとらえ的確に企画・構想・立案するスキル	○	△	×

【凡例】○：有効である、△：あまり有効ではない、×：有効ではない

このうち、最も有効な能力開発方法はOJTであるといえますが、円滑かつ効果的にOJTを行うためには、次の事項の実施が必要で、容易ではありません。したがって、レディーメイドの外部研修や自己啓発とうまく組み合わせることが重要といえるでしょう。

○指導体制の整備（指導者・チューターの設定）
○指導マニュアル・カリキュラムの整備
○指導に関する評価・管理態勢の整備

限られた人員の中で人材を有効に活用し、業務を円滑に進めていくためには、「多能工化」を図ることが必要です。

多能工とは、多様なスキル・知識を習得し、1人で複数の作業・工程を担当できる社員のことで、セル生産方式の導入やリカバリ／相互サポート態勢の強化には不可欠です。

また、社員にとっても、モチベーションの向上につながりますので、こうした観点からも多能工化は有効な方策であるといえます。

v) 管理・業務遂行

経営、業務運営や経営改善計画などのプロジェクトの実施を円滑・着実に行うためには、各種管理の適切な遂行が不可欠です。非管理職の方には難しいかもしれませんが、「社内に管理態勢が構築され、適切に運用されているか」をしっかり確認する必要があります。

「管理」とは、「経営・業務運営などが円滑・着実に行われるよう、モニタリングを行い、必要な手段を使って統御・執行すること」です。

主な管理としては、次表に示すようなものがあげられます。

管理区分	概　要
進捗管理	・業務・作業や計画に基づく取組みに関する進捗状況について確認し、予定と実績の乖離の有無を把握する ・計画・予定との間で乖離（特に遅延）がある場合、原因を究明し、解決策を設定して実施する
問題管理	・業務・作業や計画に基づく取組みに関する問題・障害・トラブルが発生した場合、問題の内容把握、原因究明を行い、解決策を設定・実施して問題の解消を図る
品質管理	・業務・作業や計画に基づく取組みに関して品質が確保されているかどうかを確認し、品質上の問題がある場合は原因を究明し、解決策を設定して実施する
要員管理	・業務・作業や計画に基づく取組みを遂行する人員の就労や健康状況などを把握し、問題がある場合は原因を究明し、解決策を設定して実施する
コスト管理	・業務・作業や計画に基づく取組みに関する予算執行やコストの支出状況を把握し、問題がある場合は原因を究明し、解決策を設定して実施する
コミュニケーション管理	・業務・作業や計画に基づく取組みに関する連携・コミュニケーションが適切に行われているかを確認し、問題がある場合は原因を究明し、解決策を設定して実施する
課題管理	・進捗・問題・品質・要員・コスト・コミュニケーション管理を行う中で「根本的な解決や再発防止に向けて取り組むべき課題（テーマ）」が生じた場合、現状把握、原因・真相究明を行い、根本的な解決策を設定して実施する

　このうち、進捗管理／問題管理／品質管理／要員管理／コスト管理／コミュニケーション管理については、あらかじめ計画／スケジュール／目標などを定め、当該計画などの達成状況をモニタリングし、問題や計画などとのギャップが生じた場合に根本原因・真相を究明し、解決策（暫定策）を設定して対応します。

　これに対し課題管理は、上記管理を行う中で、「根本的な解決や再発防止に向けて取り組むべき課題（テーマ）」が生じた場合に、根本的な解決策や再発防止策を実施するものです。

　特に、経営改善計画を円滑・着実に遂行するためには、こうした管理態勢を構築し、PDCAを徹底していくことが重要になります。

　　ⅵ）**サプライチェーン**

　社外の資源を効率的・効果的に活用して生産性・採算性を上げ、高付加価

値な業務を推進していくためには、優良な仕入・外注・購買先／受注・販売先をつかんでいることが必要です。図表4－11に示すような観点で、仕入・外注・購買先／受注・販売先の評価を行い、サプライチェーンにおける問題点／優位点を把握することが重要です。

図表4－11　仕入・外注・購買先／受注・販売先の評価

	観　点
仕入・外注・購買先	○　対象企業の生産性／採算性の維持・向上に寄与するか ・事業内容／取扱製商品に独自性・優位性などがあるか ・品質・供給力・価格対応力が優れているか ○　経営状況などからみて安全性などに問題がないか ・対象市場・分野において相応の基盤を築いているか ・収支状況・財政状態に問題がないか ・支払条件が妥当であるか
受注・販売先	○　対象企業の売上／利益の維持・増加に寄与するか ・事業内容／取扱製商品に優位性や成長性・将来性があるか ・品質・供給・価格に対する要求が妥当であるか ○　経営状況などからみて安全性などに問題ないか ・対象市場・分野において安定した基盤を築いているか ・収支状況・財政状態が優れているか ・回収条件が妥当であるか、回収に問題がないか

↓

	事業内容／取扱製商品の優位性等	能力／要求水準			経営状況等		
		品質	供給	価格	事業基盤	業況	取引条件
A社							
B社							
C社							
D社							

　加えて、前記ⅲ)でも述べましたが、仕入・外注・購買先／受注・販売先との間の連携・コミュニケーション体制や役割分担が明確にされ、サプライチェーンが円滑・着実に機能していることを確認する必要もあります。
　また、仕入・外注・購買先管理や受注・販売先管理が適切に行われているかどうかの確認も必要です。図表4－12に示すような事項について管理が行われ、採算性や効率性・安全性が確保されていることを確認しましょう。

図表 4 －12　仕入・外注・購買先／受注・販売先の管理

	採算性	効率性・安全性
仕入・外注・購買先	・投入・消費量見込みが適切か ・原価見積りが適切か ・発注単価が適切か ・発注数量が適切か	・原材料・商品の確保が円滑に行われているか ・価格変動の影響をできるだけ回避しているか ・与信判断／枠設定が適切か ・支払条件の設定が適切か ・支払が円滑に行われているか
受注・販売先	・受注・販売量見込みが適切か ・見積りが適切か ・受注・販売単価が適切か ・受注・販売数量が適切か	・受注・販売が平準化されているか ・与信判断／枠設定が適切か ・回収条件の設定が適切か ・回収が円滑に行われているか

2）　方法の分析

　ⅰ）　**業務内容**

　言わずもがなですが、業務内容は顧客の需要・ニーズに適合したものでなければなりません。「対象企業の業務内容が顧客のニーズに適合しているか」「ギャップがある場合、どこに問題があるのか」といった観点から業務内容を分析・評価してみましょう。

　「業務内容が顧客の需要・ニーズに適合している」とは、次の 2 点が充足されていることをいいます。

○販売・提供する製商品・サービスが「顧客の本質的な需要・ニーズ」に適合していること
○販売・提供の方法・手段が「顧客の本質的な需要・ニーズ」を完全に満たすものであること

　「顧客の本質的な需要・ニーズ」とは「顧客が抱える問題や課題を根本的に解決したいという要求」のことで、「店員や営業マンに対して要求する表層的な需要・ニーズ」ではありません。

　顧客は、店員や営業マンが所属する対象企業の事業内容や取扱製商品・サービスを踏まえて相談を行います。それゆえ、顧客が抱える問題や課題を

「部分的」に解決するための要求を店員や営業マンに表明することになります。

しかし、問題・課題を根本的に解決するためには、複数の「部分的な解決」を組み合わせなければならず、顧客にとって大きな負担を余儀なくされます。

したがって、「顧客の本質的な需要・ニーズを的確に把握し、当該需要・ニーズを満たすために必要な製商品・サービスを全て用意し、『問題・課題の根本的な解決』に完全に結びつくような方法・手段によって当該需要・ニーズに応える」という業務のやり方が「理想形」といえます。

ただ、対象企業が「顧客の本質的な需要・ニーズを完全に満たすような製商品・サービスや販売・提供の方法・手段」を全て自前でそろえることは不可能です。

それゆえ、社内の経営資源を整備・強化するとともに、外部資源を有効活用できるよう連携関係を構築することが非常に重要といえます。

事例をみてみましょう。

【事例3　顧客の本質的な需要・ニーズへの対応（印刷業）】
　商業印刷を手がけるA社は、顧客から「新商品の販売促進用のチラシを作成してほしい」という引き合いを受けた。
　ソリューション提案を心がけるA社の営業マンは、「この顧客の本質的なニーズは何だろうか」と考え、「新商品の販促をお考えなら、チラシ以外のプロモーションも検討しましょう」と提案した。
　渡りに船の顧客は、営業マンに対して新商品の販売促進に係る「総合的なプロモーション」の提案を依頼し、**営業マンは「チラシ・パンフレットの作成」のほか、「CMやプロモーションビデオの作成」「販促イベントの実施」「Web（ホームページ、SNSなど）の導入」を顧客に提案**した。
　しかし、A社では「チラシ・パンフレットの印刷」しか内製できないので、「パンフレットの製本」は製本業者のB社、「CM・プロモーショ

ンビデオの作成」は映像制作会社のＣ社、「販促イベントの企画・実施」「テレビなどでのＣＭ放映」は広告代理店のＤ社、「Ｗｅｂの導入」はプロバイダのＥ社にそれぞれ委託し、全体の統括をＡ社で行うことにした。

　このように、顧客の本質的なニーズを見極め、外部の連携先を活用しながら、当該ニーズに総合的に応えたことにより、顧客の受注を着実に取り込み、高付加価値な対応を実現することができた。

　この事例は、取り扱う製品・サービスを拡充して、顧客の本質的な需要・ニーズに応えたというものですが、自らはアレンジャー／コーディネーターとなり、守備範囲を超える部分については連携先・協力会社を活用し、顧客ニーズに応えることにより、顧客／対象企業／連携先・協力会社の「三方よし」が実現した、非常に有効な取組みといえます。

　もう少し、事例をみてみましょう。次は、収益増を図るための経営改善を検討する温泉旅館の事例です。

【事例４　顧客の本質的な需要・ニーズへの対応（旅館業）】
　温泉旅館のＦ社は、個人客から団体客まで全て受け入れることができる大型温泉旅館で、企業の慰安旅行などが盛んな頃は高稼働を誇っていた。
　最近もインバウンド効果で、外国人の団体客から相応に利用してもらっているが、客室稼働は往時ほどではなく、しかも、リピーターから

「外国人のマナーが悪く、寛ぐことができない」といった声があがるなど、客離れが懸念されている。

こうしたことから、F社では**対象顧客の見直し・絞込みを行い、ターゲットとする顧客の本質的な需要・ニーズにきめ細かく対応する**ため、旅館の改装や提供するサービスの拡充を図ることにした。

これまでの宿泊客の声や、コンサルタントのアドバイスを総合すると、「とにかく安く泊まりたい」という外国人客・団体客の声がある一方、「ペットと泊まりたい」という愛犬家・愛猫家の声や、「お忍びで泊まりたい」「おいしい地元料理や地酒を堪能したい」という個人客の声、「子どもや孫と一緒に泊まりたい」「足腰が痛いからベッドで寝たい、ソファや掘り炬燵がほしい」といった家族連れやシニアの声が根強くあることがわかった。

外国人客・団体客も捨てがたいが、宿泊単価や平日の客室稼働、今後の利用拡大のことを考え、**ペットや家族連れの客、個人客やシニア客**をターゲットにし、「**部屋の改装**」「**浴場の拡充**」「**料理の改善・見直し**」を図って、質の高い独自サービスを提供することにした。

具体的には、家族連れやシニア客のために、隣り合う部屋の壁を取り払ったり、部屋の間に直通の出入口を設置して**部屋の大型化**を図り、バリアフリー化を進めるとともに、**洋室部分を拡充してベッドや大型ソファを置いたり、和室に掘り炬燵を設置したり、大型テレビを設置して映画鑑賞やゲームができるようにしたりなど家具・備品の拡充**を図った。

また、お忍びの個人客やペット連れの客のため、「**離れ**」や室内に**ペット専用スペース、貸切風呂・ペット専用浴室を設置し、高級懐石など料理の充実**を図った。

このように、ターゲットとする顧客を絞り込み、当該顧客のニーズにきめ細かく応えられるよう設備やサービスの拡充を図った結果、宿泊単価のアップ、客室稼働率の上昇・平準化が実現した。

この事例は、全ての顧客に対応するという業態を改め、ターゲットの絞込みを行い、ターゲットのニーズに完全に応えられるようサービスの提供方法・手段の見直し・拡充を図ったものです。

　2つの事例のアプローチや対応方法は異なりますが、顧客の需要・ニーズと業務内容の「ギャップ」に気づき、顧客の需要・ニーズに適合するよう業務内容の見直しを行ったものです。

　生産／販売単価・数量が低い場合、業務内容に問題があるケースが少なくなく、「業務内容が顧客のニーズに適合しているか」「ギャップがある場合、どこに問題があるのか」について分析・評価することが重要です。

　　ii) **業務プロセス**

　「生産・販売数量が少ない」「リードタイムが長い」「不良率・返品率が高い」「稼働率・回転数が低い」「原単位・歩留りが悪い」など効率性・採算性に問題がある場合、業務プロセスや業務方法・方式に問題があるケースが少なくありません。そうした場合は、「顧客の需要・ニーズ、品質・リードタイム・コストなどからみて最適のプロセス／設備配置となっているか、最適の生産・加工／受注・販売・サービス提供方法／方式をとっているか」「複数のプロセス間／方式間に連接性・整合性があるか、バランスがとれているか」といった観点で業務プロセス／方法・方式を分析する必要があります。

　業務プロセスの適切性は、次の2つの観点から分析・評価します。

○顧客の需要・ニーズへの対応
　・顧客の需要・ニーズを充足しているか
　・顧客の需要・ニーズに対して過剰な対応となっていないか
○品質・リードタイム・コスト
　・品質に過不足がないか
　・リードタイムにムダがないか
　・ムダなコストがないか

　「業務プロセスは、顧客の需要・ニーズを充足するうえで必要最小限であ

ることが望ましい」といえます。「必要最小限」とは「プロセスの数／所要時間を必要最小限にする」ということです。

顧客の需要・ニーズを充足していることは当然ですが、「顧客の需要・ニーズに対して過剰な対応となっていること」は避けなければなりません。

【事例5　理美容業の多様化】

理美容と一括りでいっても、顧客のニーズは様々である。「フルコースの総合調髪をお願いしたい」「総合調髪に加えてパーマやカラーリングをしてほしい」というニーズがある一方、「カットのみでいい」「洗髪だけやってほしい」「今回は髭剃りだけお願いしたい」といったニーズもある。

それゆえ、多くの理容室が様々なコースを用意するとともに、最近は「カットのみ」「洗髪専門」といった業態が現れ、低価格・短時間の対応を売りにしており、理美容に関する顧客の様々なニーズに応えている。

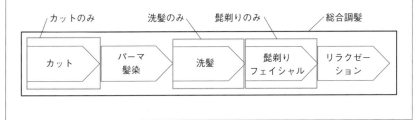

次に、ネジ製造業を例に「必要最小限のプロセスの数／所要時間」についてみてみましょう。

【事例6　ネジ製造業におけるプロセスと内製・外注】

ネジは、一般的に「線材投入→切断→冷間圧造→転造（ねじ切り）→研磨・表面処理」という工程を経て製造される。特に、線材投入から転造までは一連の製造ラインで行われる。準備・段取り時間や待機・移動時間を削減し所要時間を最小化するためには、プロセスの数を極力減らしたり、プロセスが連続的に行われるようにすることが不可欠である。

ただ、特殊な径のネジや高硬度材のネジを製造する場合、「伸線（線材をダイスに通し、引くことにより線径を細くする加工）」や「焼きなまし（鋼材を加熱して軟化させる熱処理）」を行う必要がある。

また、転造・研磨後、ネジの硬度や強靭性を高めるために「焼き入れ・焼き戻し（鋼材を加熱して硬化させたり、粘り強さ・強靭性を高めるために行う熱処理）」を行ったり、防錆・防蝕のためにめっきなどの「表面処理」を行ったりする。

このように、製品に要求される機能・性能によって所要工程が選択されることになるが、品質とリードタイム、コストの兼ね合いで最適のプロセスや内製・外注の設定が行われる。

後で詳しく述べますが、「どの工程を内製し、外注するか」については品質・リードタイム・コストの最適化に大きな影響を及ぼします。

工程ごとに品質・リードタイム・コストの優位性を確認し、3点全てにおいて「内製のほうが優位」であれば「内製化」を、3点全てにおいて「外注のほうが優位」であれば「外注化」を進めるべきということができます。

最後に、「同じ製品を製造する場合、どの製法を選択すべきなのか」について、素形材加工（切削／鋳造／鍛造）を例にみてみましょう。

【事例7　素形材加工における製法の選択】
　切削は、旋盤・マシニングセンタなどの工作機械を使って鉄鋼・非鉄金属などの材料を削り（穿孔・中繰りなどを含む）成形するもので、加工時間は長いが、素材が有する強度・耐久性を維持しつつミクロン単位の精度を出すことができる。
　鋳造は、溶解した鉄鋼・非鉄金属を手作業あるいはダイカストマシン

などを使って鋳型・ダイカストなどに注入・圧入して成形するもので、短時間で大量の製品を相応の精度で製造できるが、高い強度・耐久性が期待できない製法である。

また、鍛造は加熱した鋼材などに対しハンマーなどで打撃を加えて成形と金属組織の強化を図るもので、高強度・高耐久性が実現され、型鍛造（金型を用いて連続的に鍛造を行う製法）の場合には短時間で大量の製品を製造できるが、加工精度が低いという短所がある。

	概　要	リードタイム	品質・精度
切削	工作機械を使用し鋼材などを削って成形する製法	比較的長い	・高強度・高耐久性 ・高精度
鋳造	鋳型に溶解した金属を注入し成形する製法	比較的短い	・低強度・低耐久性 ・中精度
鍛造	加熱した鋼材などに打撃を加えて成形する製法	比較的短い	・高強度・高耐久性 ・低精度

このように、リードタイムや製品の強度・耐久性、加工精度に関して一長一短があるため、製品に要求される品質、受注量・納期、コストに応じて加工方法を選択することになる。

ただ、「受注先からのコストや品質・納期に関する要求水準の引上げ」「イノベーションの進展による各加工方法の精度向上・リードタイム短縮化」を背景に、従来の加工方法にこだわらず、加工方法の転換や複数の加工方法の組合せを進める企業が増えている。

「従来は『オール切削』で対応してきたが、イノベーションの進展を踏まえ、『粗加工は鋳造・鍛造、精密・仕上げ加工は切削』というふうに『加工の複合化』に切り替える」という自動車部品メーカー（重要保安部品を製造）もある（図表4－13）。

このように、「外部環境の変化を踏まえ、加工方法の転換・拡充を図っているか」という観点でも、対象企業の業務プロセスをみることが重要です。

図表4-13　切削・鋳造・鍛造の加工精度とリードタイムの関係（イメージ）

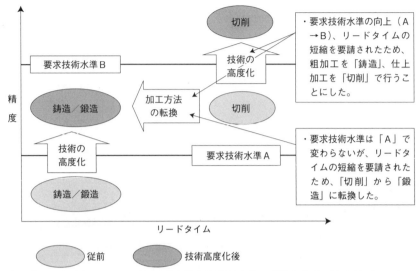

(出典)　中小公庫レポート「わが国自動車部品製造業の現状と今後の方向性（2005年8月）」に掲載の図表19を筆者が加工

ⅲ）業務方法・方式

　ここでは代表的な業務方法・方式を紹介します。「現行の生産／販売方法・方式が、顧客の需要・ニーズへの対応／品質・リードタイム・コストからみて最適なものとなっているか」をみる際の参考にしてください。

【セル生産方式／ライン生産方式】

　セル生産方式とは「1人の工員あるいは少人数のチームが全工程の作業を行い、製品を完成させる方式」のこと、ライン生産方式とは「工程を連続的に行う製造ラインを構築して部品・半製品をラインに流し、各工程で一定の作業を順次行って製品を完成させる方式」のことです。

　一般的に、セル生産方式は「一品ものや小ロット製品の生産」に向いているとされ、ライン生産方式は「大量生産」に向いているとされます。

　リードタイムをみると、セル生産方式は1人で全ての作業を行うため、手空き・待機時間をなくすことができます。他方、ライン生産方式は、工程間のアンバランスや不良品が生じた場合、手空き・待機・手戻りなどが発生

し、非効率化を招くおそれがあります。

　また、ライン生産方式の場合、工員は単一・少数の作業に習熟・特化すればよいのですが、セル生産方式の場合、工員一人ひとりが全工程の作業に習熟しなければならないため、工員のスキルレベルによって、生産性や品質が大きく変わるおそれがあります。

	セル生産方式	ライン生産方式
概　要	1人の工員あるいは少人数のチームが全工程の作業を行い、製品を完成させる方式（一品・小ロット生産向き）	各工程の作業を連続的に行う製造ラインに部品等を流して製品を完成させる方式（大量生産向き）
メリット／デメリット	○手空き・待機時間がなくなり、仕掛品が発生しない ○工員1人の力で製品を完成させることができ、モチベーションの向上につながる ×工員一人ひとりが全工程の作業に習熟しなければならない ×工員のスキルレベルによって、生産性が大きく変わる	○各工員は単一・少数の作業に習熟・特化すればよい ○工員のスキルレベルによらず、一定の生産性を確保できる ×工程間のアンバランスや不良品が生じた場合、手空き・待機・手戻りなどが発生する ×単純作業に終始し、工員のモチベーションが下がる

【セルフサービス方式／フルサービス方式】

　セルフサービス方式は、セルフガソリンスタンド（GS）に代表される販売・サービス提供方式で、工程の一部または全部を顧客自身が行うため、人件費が削減でき、低価格化につながります。

　スーパーマーケットにおける「セルフレジ」や旅館・ホテルにおける「バイキング」「料理の部屋出し／布団の上げ下げの廃止」「セルフチェックアウト」などもセルフサービス化の一環ですが、過剰なサービスを嫌い、低価格を指向する顧客にとっては歓迎されることです。

　他方、フルサービス方式は、フルサービスのGSに代表される販売・サービス提供方式で、工程の全部を店員やスタッフが行うため人件費が嵩みますが、多少高価格でも高品質で効用の高いサービスやきめ細かなサービスを求める顧客に対しては有効な方式といえます。

	セルフサービス方式	フルサービス方式
概　要	工程の一部または全部を顧客自身が行う販売・サービス提供方式	工程の全部を店員やスタッフが行う販売・サービス提供方式
メリット／デメリット	○人件費が削減でき、その分を販売価格に還元できる ×高い効用のサービスが提供できない	○高い効用のサービスが提供できる ×過剰サービスとなり、コストパフォーマンスが下がる

【労働集約型／資本集約型／知識集約型】

　労働集約型は「大量の人員を投入して行う事業形態」で、比較的少額の資本投下で事業ができるため、発展途上国を中心に安価な労働力を活用して収益をあげることができます。しかし、工員のスキルレベルが低く、低付加価値のため、賃金水準が上昇すると利益が確保できなくなります。

　他方、資本集約型は「多額の資本投下により大きな設備を整備して事業を行う形態」で、いわゆる「装置型産業」が該当します。少ない人員で多くの収益をあげることができますが、固定費負担が大きく、低稼働や製品・サービス価格の下落などにより付加価値生産性が低くなると、収支低迷を余儀なくされます。

　このように、従来型（労働集約型・資本集約型）の事業形態では、特に国内において付加価値生産性を維持することが困難になっているため、少額の資本投下で高付加価値な事業ができる「知識集約型」が注目されるようになっています。

　知識集約型は「ナレッジ（情報・知識・経験・ノウハウなど）を集中投入して事業を行う形態」で、可視化・形式知化された知的財産権や高度で専門的な知識・スキル／豊富な経験・ノウハウを有した人材を活用して高付加価値の事業を行うものです。

　有効なナレッジの組織化や有能な人材の確保が不可欠で、かつ、ナレッジの差別化・有効活用ができないと競合にさらされるため、知識集約型への転換は容易ではありませんが、前向きに検討すべきと考えます。

	労働集約型	資本集約型	知識集約型
概　要	大量の人員を投入して事業を実施	多額の資本投下により大きな設備を整備して事業を実施	ナレッジ（注）を集中投入して事業を実施
メリット／デメリット	○少額投資で事業が可能 ×低付加価値のため、賃金が上昇すると利益が低減／損失が発生	○少ない人員で事業が可能 ×固定費負担が大きく、付加価値生産性が低いと利益を生まない	○少額投資で高付加価値な事業が可能 ×ナレッジの差別化ができないと競合にさらされる

（注）　knowledge。組織にとって有益な情報（知識・経験・ノウハウなどを含む）。属人的な暗黙知として存在するケースが多く、業務に活用するため、ナレッジを可視化・形式知化して組織化することが重要。

【ファブレス／OEM】

　ファブレスとは「自社で工場設備を持たず、企画・設計・開発した自社製品の生産をアウトソーシングする製造業の形態」です。機械設備への資本投下がないので、企画・設計・開発や販売に資本や経営資源を集中できますが、「有力な協力工場を確保する必要がある」「製品の生産・加工に係る技術・ノウハウが蓄積されないため、製造原価を適切に見積もることができない／製造を協力工場に依存せざるをえない」といったデメリットもあります。

　また、OEM（Original Equipment Manufacturing）とは「自社の工場設備を使って他社ブランドの製品を製造する形態」で、企画・設計・開発や営業・販売への資源投入をせず、製造に注力することができます。しかし、委託元から加工賃が指定され、効率的に生産しないと利益を確保できません。

　一長一短がありますが、「選択と集中（コアコンピタンスを見極め、経営資源を集中投入すること）」の観点で「どうあるべきか」を検討することは重要であると考えます。

	ファブレス	OEM
概　要	自社で工場設備を持たず、企画・設計・開発した自社製品の生産をアウトソーシングする	自社の工場設備を使って他社ブランドの製品を製造する
メリット／デメリット	○企画・設計・開発や販売に資本投下を集中できる ×製品の生産・加工に係る技術・ノウハウが蓄積されず、製造原価の適切な見積りができない	○企画・設計・開発や営業・販売にコストがかからない ×自社製品がないため、低付加価値を余儀なくされることがある

【御用聞き営業／ソリューション提案営業】

「顧客のニーズの多様化・高度化」「供給サイドにおけるイノベーションの進展／対応力の強化／競合の激化」を背景に、単なる「足で稼ぐ御用聞き」では受注の獲得が難しくなっています。

御用聞き営業は、高度な営業スキルが要求されず、現行の営業マンに努力と汗を要求するだけですみますが、競合先との差別化が図られず、価格競争や成約率の低迷を余儀なくされます。

他方、顧客が抱える問題の解決方法を提案することにより受注を獲得する「ソリューション提案営業」は、高度な営業スキルを要求されたり、外注活用を含めた体制の強化が必要になったりと、導入・定着が容易ではありません。しかし、顧客のニーズ／課題に多角的に応えることができるため、受注単価の引上げや成約率の向上につながります。

ソリューション提案営業は、対象企業の独自性を発揮し、他社との差別化を図ることにも有効なので、積極的に導入すべき営業方法と考えます。

	御用聞き営業	ソリューション提案営業
概　要	取扱製商品に対するニーズを把握し受注を得る営業方法	顧客が抱える問題の解決方法を提案することにより受注を獲得する営業方法
メリット／デメリット	○高度な営業スキルが要求されない ○現行体制の活用ですむ ×競合先との差別化が図られず価格競争を余儀なくされる ×顧客のニーズの一部しか応えられず、成約率が上がらない	○顧客の課題に多角的に応えることにより、受注単価を上げることができる ○顧客のニーズに全面的に応えることができ、成約率が上がる ×高度な営業スキルが要求される ×顧客の課題に多角的に応えるため、外注活用を含め体制を強化する必要がある

【原材料支給／原材料自己調達】

製造業では、受注先から原材料が無償または有償で支給されるケースがあります。

原材料を支給される場合、仕入に係る事務負担が軽減されますが、加工賃が低く抑えられたり、原材料支給額の高騰により採算が悪化したりといったデメリットがあります。

これに対し、原材料を自己調達する場合には、自助努力により原材料費の引下げが可能になりますが、仕入に関する事務負担／資金負担がかかるといったデメリットがあります。

　原材料の支給があるかどうかは受注先によりますので、対象企業において決められることではありませんが、それぞれのメリット／デメリットを認識したうえで、問題点を抽出し、解決方法を検討することが必要です。

	原材料支給		原材料自己調達
	無償支給	有償支給	
概要	受注先から無償で原材料が支給され、加工賃を得る	受注先から有償で原材料が支給されて生産・加工実施	原材料を自前で仕入れて生産・加工実施
メリット／デメリット	○仕入に係る事務・資金負担が軽減 ×加工賃低減により不採算化	○仕入に係る事務負担が軽減 ×加工賃低減、原材料支給額高騰により不採算化	○自助努力により原材料費ダウン・加工賃確保が可能 ×仕入に関する事務・資金負担が必要

ⅳ）技術・技能・ナレッジ

　先ほど、知識集約型のところでナレッジについて付言しましたが、あらためて技術・技能・ナレッジに関する現状把握、課題抽出について触れます。

　技術（technology）は「科学的知識を工学的に応用する方法論」、技能（skill）は「教育・訓練により習得した能力」と一般的に定義されます。

　すなわち、技術は「体系化された知識」であり、組織化・可視化されたものであるのに対し、技能は「属人的な能力」であり、可視化・標準化が難しいものであるといえます。

　また、ナレッジは、文章・図表・数式などによって説明・表現できる「形式知」と、文章などによって説明・表現できない「暗黙知」に分類されますが、技術・技能と同様、形式知が組織化・可視化されているのに対し、暗黙知は属人的なものです。

	組織化	可視化	標準化
技術／形式知	○	○	△
技能／暗黙知	△	×	×

【凡例】○：容易、△：可能、×：困難

こうした特徴を踏まえると、技術・技能・ナレッジの効率的・効果的な業務活用には、次の事項の実施が不可欠であるといえます。

○技術をデジタル化／形式知化すること
○技能／暗黙知をできるだけ可視化、デジタル化／形式知化すること
○可視化された技術／技能／ナレッジを組織内で共有すること
○可視化・組織化された技術／技能／ナレッジを活用して業務の標準化や高付加価値化を図ること

したがって、ナレッジなどを効率的・効果的に業務に活用するためには、活用状況（可視化・組織化・標準化の状況、活用による付加価値創出の状況）を分析・整理し、ナレッジなどに係る課題を明確にすることが重要です。

技術・技能・ナレッジ項目	概要	活用状況	
		組織化等	付加価値創出

v）内製・外注

前掲の「⑤仕入・外注先の能力・状況の分析」ですでに触れましたが、「内製・外注に関するとるべき方針」を再掲すると「『社外ではできないこと』『社内でやったほうが効率的・効果的なこと』は内製、『社内ではできないこと』『社外でやったほうが効率的・効果的なこと』は外注」となります。

「得意分野（効率性・採算性が高い分野・プロセス）を内製化しているか」「不得意分野（効率性・採算性が低い分野・プロセス）を外注化しているか」という観点で、現行の業務プロセスなどを点検し、齟齬の有無を確認することが必要です。

加えて、内製している分野・プロセスが「対象企業における『現状・将来のコアコンピタンス（強さの源泉）』に該当するかどうか」を見極める必要があります。

「対象とする市場・分野」や「対象企業の経営資源」の現況および今後の見通しを踏まえ、「将来にわたって機会の獲得／強みの活用が可能で、高い効率性・採算性を享受できる」と判断される分野・プロセスが「コアコンピタンス」に該当するといえます。

分野 プロセス	効率性	採算性	コアコンピタンス	
			現状	将来

　すなわち、「将来は機会の獲得／強みの活用が難しい」「将来にわたって高い効率性・採算性を維持するのは難しい」ということであれば、内製化すべき分野を絞り込み、協力会社などとの連携を強化してアウトソーシングを進めていくことも有効であるといえるでしょう。

⑦　資産状況の分析

　「固定資産や繰延資産が過多である」といった場合は、資産状況について分析・評価する必要があります。特に、遊休資産がある場合、保有しているだけで租税公課（固定資産税等）・地代家賃・賃借料・支払利息などの固定費が発生するため、看過できません。

　「事業に活用されていない遊休資産がないか」「不良債権や不良資産がないか」という観点で、現地・内部資料調査、対象企業などへのヒアリングを実施し、具体的な問題点を把握しましょう。

科目	不良債権・不良資産の兆し（例）
受取手形	・数期にわたって固定化している／ジャンプしている ・裏付けとなる取引がない（融通手形の受取り）
売掛金／在庫／仮払金	・数期にわたって固定化している／増えている ・裏付けとなる取引がない（売上の架空計上、実質貸付金） ・損金計上されていない（在庫、仮払金・仮払費用）
有形固定資産／無形固定資産・	・減価償却が行われていない／不足している ・利用できない／価値が下落している会員権などがある
投資等／繰延資産	・回収が不能・困難な貸付金などがある

⑧ 回収条件／販売先の業況／支払条件の分析

まず、売掛金・受取手形の「サイト」「手形・現金回収割合」をみます。

また、回収が長期化している販売先について、信用調査情報などに基づき近年の業況を分析し、今後の見通しを検討します。

現行の回収条件や販売先の業況が原因で回収が長期化している場合、借入金などで賄わなければならず、支払利息などが増えるため、回収の促進や販売先の見直しを行う必要があります。

「サイトが長期であったり、手形回収割合が高い販売先はないか」「業況が悪化し、回収が長期化したり困難になっている販売先はないか」という観点で、対象企業へのヒアリングなどを実施しましょう。

売掛債権と同様、買掛債務に係る「サイト」「手形・現金払割合」をみます。

支払手形は、「不渡りによる銀行取引停止処分を回避できる」「資金繰りに係る負担が軽減される」「現金払いによる仕入値引きなどが期待される」といった理由から極力振り出さないことが望ましいといえます。

金融機関などからの資金調達を検討しなければなりませんが、支払手形の振出しをやめるよう対象企業に勧めることが得策です。

⑨ 在庫の分析

在庫の平均在高は、理論上、次表に示す算式により求められます。

	算式
原材料	Σ単位当たり原材料費×（1日当たり原材料消費量÷歩留り）×仕入日数×1／2
仕掛品・製品	Σ単位当たり製造原価×1回当たり生産・加工量×（1回当たり生産・加工日数×1／2＋1回当たり納品日数）×年間納品回数÷365
商品	Σ単位当たり仕入原価×1回当たり受注・販売量×1回当たり販売・物流日数×年間納品回数÷365

【原材料】

　例えば、10万円／t、1.25t／日投入（消費量1t／日÷歩留り80％）の原材料Aの仕入に発注後10日を要する場合、1回当たりの発注額は最低125万円（＝10万円／t×1.25t／日×10日）で、原材料の平均在高は62.5万円（＝125万円×1／2）と計算されます。

　この原材料Aの在庫削減を図るためには、次の取組みが必要となります。

○仕入単価を引き下げる
○消費量を低減する（不良率の引下げを含む）
○歩留りを上げる
○仕入に要する期間を短縮する
○ムダな仕入を抑える／余裕度を下げる

　このうち、「仕入に要する期間」については、短縮することにより1回当たりの発注量を減らすことができ、投入前の原材料保管を抑えられるということです（図表4－14）。

図表4－14　原材料在庫のイメージ

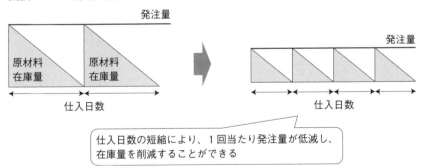

仕入日数の短縮により、1回当たり発注量が低減し、在庫量を削減することができる

【仕掛品・製品／商品】

　原価5,000円／個の製品Ｂを年間48千個受注し、１個当たり１分で生産（480個／日）して、５回に分け完成２日後に納品する場合、製品・仕掛品の平均在高は、最低790万円（＝5,000円／個×（48千個÷５回）×｛(48千個÷５回÷480個／日×１／２）＋２日｝×５回÷365）と計算されます。

　この製品Ｂの製品・仕掛品在庫を削減するためには、次の取組みが必要になります（図表４−15）。

```
○製造原価を引き下げる
○生産・加工日数を短縮する（１日の生産・加工量を増やす）
○納品日数／販売・物流日数を短縮する ┐
○納品回数を増やす                     ├ 製商品の保管量・日数を減らす
○作りだめをしない                     ┘
```

図表４−15　仕掛品・製品／商品在庫のイメージ

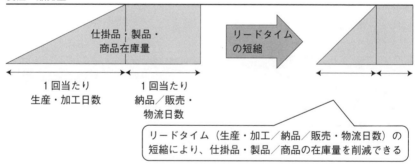

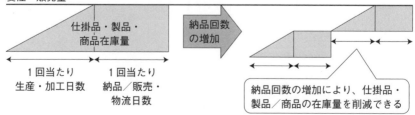

ただし、1回当たり生産日数や納品日数／販売・物流日数が1日を下回るようなケース（超小ロット短納期の場合）には、逆に納品回数は少ないほうがよいので、留意してください。

　在庫が過大の場合、仕入・外注・購買管理／生産・加工／受注・販売・物流に問題があることがうかがわれますが、言い換えれば、「原価の引下げ」「不良率／歩留りの改善」のほか、「リードタイムの短縮」「ムダの排除」「タイムリーな企業活動」といった経営改善を進めることにより、在庫の削減を図ることができるのです。

⑩　資金調達状況の分析

　財務諸表や資金繰り表の分析などにより、「平均金利が高い」「手元流動性が低い」といったことが判明した場合には、資金調達上の問題がありますので、具体的に把握・抽出することが必要です。

　以上の企業活動分析（定量的・定性的）により、「外部環境における問題点／優位点」「内部環境における問題点／優位点」を明らかにすることができます（図表4-16）。

図表4-16　定量分析／外部・内部環境分析による優位点・問題点の導出

【企業活動分析（定量／外部環境分析）】　　　　　　【外部環境における優位点・問題点】

(1)生産・販売単価／数量の分析	①需要の分析	○市場・需要の規模 ・大きい・拡大／小さい・縮小 ○市場・需要の多様性・深度 ・多様性・深度：あり／なし・乏しい ・多様化・深化の余地：あり／なし・乏しい ○ライフサイクル ・生成・導入・成長期／成熟・衰退期
	②供給の分析	○同業者との競合 ・激しくない／激しい・激化 ○新規先／代替品の参入 ・あまりない／多い・増加 ○販売先との関係：良好／悪い・悪化 ・単価：引上げに応じてもらえる／引下げを強いられる ・値引き・返品：あまりない／強いられる ・回収：短縮化／長期化 ・過剰な品揃え／製商品の確保・保管：要求されない／要求される ・商品滞留：ない／余儀なくされる ○仕入・外注先との関係：良好／悪い・悪化 ・単価：引下げに応じてもらえる／引上げを強いられる ・値引き・返品：可能／困難 ・リベート：要求なし／要求あり ・支払：長期化／短縮化

【企業活動分析（定量／内部環境分析）】　　　　　　【内部環境における優位点・問題点】

(1)生産・販売単価・数量の分析 (2)リードタイム／不良率・返品率の分析 (3)稼働率・回転数の分析 (4)労務費・人件費の分析 (5)原単位・歩留りの分析	①製商品・サービスの分析	○機能・性能・効用：優れている／劣っている ・独自性／多様性／拡張性／持続性／将来性：あり／なし ○品質：優れている／劣っている ・均質性・安定性・耐久性：優れている／劣っている ○供給力：優れている／劣っている ・小口供給／多頻度供給／短納期供給／安定供給：できる／できない ○価格力：優れている／劣っている ・価格弾力性：低い／高い ・価格対応力：あり／なし・乏しい

②給与・処遇の分析 ③社員の能力・モチベーション等の分析	○給与・処遇 ・給与体系・水準／業績・能力評価／処遇（昇進・昇格・異動）／人材確保・定着：適切／問題あり ・年齢構成：バランスがとれている／偏っている・高齢化が顕著 ・パート・契約社員：適切に活用／過少・過多 ○社員の能力・モチベーション等 ・テクニカルスキル／ヒューマンスキル／コンセプチュアルスキル：高い／低い ・モチベーション／モラル：高い／低い
④設備の能力・状況の分析 ⑤仕入・外注先の能力・状況の分析	○設備の能力・状況 ・機能・性能：高い／低い ・設備の現況：導入・更新が進展／老朽化・陳腐化 ・自動化・省力化・IT化／省エネ化・燃費向上：進展／停頓 ・稼働率：適正／低稼働・オーバーフロー ・余剰設備：なし／あり ○仕入・外注先の能力・状況 ・能力：優れている／劣っている ・納品：適切／欠品・納期遅れあり ・品質：安定・不良少ない／不安定・不良多い ・価格対応力：あり／なし・乏しい ・経営状況：良好／悪い・悪化 ・取引状況：適切／問題あり
⑥体制・方法の分析	○経営管理・労務管理 ・経営管理体制：強固／脆弱 ・経営手腕：優秀／欠如・凡庸 ・補佐陣：強固／脆弱 ・後継者：有能／不在・凡庸 ・超勤管理：適切／杜撰 ・余剰人員：いない／多い ○共通事項 ・権限・責任／役割分担：明確／不明確 ・業務配分：偏りなし／特定部署・人に偏在 ・連携・コミュニケーション：緊密・円滑／不足 ・技能・ナレッジ：可視化・組織化／属人的 ・マニュアル・作業標準：徹底／ない・不徹底 ・見込み・見積り：適切／甘い・過誤が多い

○企画・設計・開発
　・企画・設計・開発力：高い／低い
　・企画・設計・開発方法：効率的・効果的／非効率・効果的に行われていない
　・有力パートナー・ネットワーク：あり／なし
○仕入・外注・購買管理
　・ムダな仕入・外注・購買：なし／多い
　・仕入・外注・購買価額：割安／割高
　・仕入時間：短い／長い
　・発注ロット：適切／過大・過少
　・有力仕入・外注・購買先：あり／なし
　・原材料等の価格変動：あまりない／激しい
　・原材料等の確保：容易／困難
○生産・加工
　・作業内容：適切／問題あり
　・生産・加工品質：高い／低い
　・製法・技術：独自性あり／凡庸
　・生産・加工時間／準備・段取り時間／手空き・待機時間：短い／長い
　・製造時期：タイムリー／作りだめする
　・得意分野の内製化／不得意分野のアウトソーシング：進展／停頓
　・歩留り：良い／悪い
　・要員配置・工数配分／工程間バランス／レイアウト・作業動線：適切／問題あり
　・ムダな作業・手戻り・横持ち：なし／多い
　・不良品発生率：低い／高い
　・工程内検査：適切／杜撰
　・品質管理：適切／杜撰・過剰
○営業・販売・サービス提供
　・販売方法・技術：独自性あり／凡庸
　・需要・ニーズ把握：適切／不十分
　・ソリューション提案：実践／できない
　・受注・販売状況：平準化／繁閑が顕著
　・広告宣伝：効果的／効果が低い
　・販売時間：短い／長い
　・納品頻度：適切／過少・過多
　・稼働率・回転数：高い／低い
　・顧客の滞留・待ち時間：短い／長い
　・顧客対応／陳列・レイアウト／品揃え・サービス内容：適切／問題あり
　・店舗立地：良い・商圏とマッチ／悪い・商圏とミスマッチ

			○物流・輸送 ・物流・輸送時間：短い／長い ・輸送経路／積載・保管・仕分・梱包：効率的・効果的／非効率・問題あり
		⑦資産状況の分析 ⑧回収条件／販売先の業況／支払条件の分析 ⑨在庫の分析 ⑩資金調達状況の分析	・遊休資産／不良在庫／不良債権・資産：なし／あり・多い ・回収サイト：短い／長い・長期化 ・現金回収割合：多い／少ない・減少 ・販売先の業況：良い／悪い・悪化 ・手形割引・譲渡：容易／困難 ・支払サイト：長い／短い・短縮化 ・現金支払割合：少ない／多い・増加 ・資金繰り：余裕／繁忙化・逼迫 ・取引金融機関からの資金調達：円滑／困難 ・手元流動性：高い／低い

第 V 章

経営改善支援の実務 Step 3
――課題の設定

```
問題点／      根本原因／    課題の設定    具体的解決策
優位点の      真相の究明                 の設定
抽出
```

1　現状の優位点／問題点の抽出

　かなり、長々と「財務分析」「企業活動分析」について触れてきましたが、本章では、究明された「根本原因」や「真相」から、まず外部環境（対象市場・分野の需要・供給）／内部環境（対象企業の経営資源）における**現状の「優位点／問題点」**を特定します。

　このプロセスは、次の「課題の設定」に直結する非常に重要なものですので、予断を交えず、客観的かつ冷徹に判断するよう心がけてください。

(1) 外部環境分析から導き出される現状の優位点／問題点

　「需要の分析」「供給の分析」の結果を踏まえ、市場・需要の規模／多様性・深度／ライフサイクル、新規・代替品の参入／同業者との競合／販売先・仕入先・外注先との関係について該当する項目に☑をつけます。

【市場・需要／ライフサイクル】

優位点	問題点
☐ 規模が大きい／拡大	☐ 規模が小さい／縮小
☐ 多様性／深度あり	☐ 多様性／深度なし・乏しい
☐ 多様化／深化の余地あり	☐ 多様化／深化の余地なし・乏しい
☐ 生成・導入期／成長期にある	☐ 成熟期／衰退期にある

【供給】

優位点	問題点
☐ 同業者との競合は激しくない	☐ 同業者との競合が激しい／激化
☐ 新規・代替品参入はあまりない	☐ 新規・代替品参入が多い／増加
☐ 販売先との関係は良好	☐ 販売先との関係が悪い／悪化
☐ 販売単価引上げに応じてもらえる	☐ 販売単価引下げを強いられる
☐ 販売値引き・返品があまりない	☐ 販売値引き・返品を強いられる
☐ 回収の短縮化に応じてもらえる	☐ 回収の長期化を余儀なくされる
☐ 販売先から品揃えや製商品の確保・保管について要求されない	☐ 販売先から過剰な品揃えや製商品の確保・保管を要求される
☐ 商品の滞留がない	☐ 商品の滞留を余儀なくされる
☐ 仕入・外注先との関係は良好	☐ 仕入先等との関係が悪い／悪化
☐ 単価引下げに応じてもらえる	☐ 単価引上げを強いられる
☐ 仕入・外注値引き・返品が可能	☐ 仕入・外注値引き・返品が困難
☐ リベート要求なし	☐ リベート要求あり
☐ 支払の長期化に応じてもらえる	☐ 支払の短縮化を余儀なくされる

(2) 内部環境分析から導き出される現状の優位点／問題点

「製商品・サービスの分析」「給与・処遇／社員の能力・モチベーション等の分析」「設備の能力・状況の分析」「仕入・外注先の能力・状況の分析」「体制・方法の分析」「資産状況／回収条件・販売先の業況／支払条件／在庫／資金調達状況の分析」の結果を踏まえ、各一覧表の該当項目に☑をつけます。

【製商品・サービス】

優位点	問題点
☐ 機能・性能・効用が優れている	☐ 機能・性能・効用が劣っている
☐ 機能・性能・効用に独自性あり	☐ 機能・性能・効用に独自性なし
☐ 機能・性能・効用に多様性あり	☐ 機能・性能・効用に多様性なし
☐ 機能・性能・効用に拡張性あり	☐ 機能・性能・効用に拡張性なし
☐ 機能・性能・効用に持続性あり	☐ 機能・性能・効用に持続性なし
☐ 機能・性能・効用に将来性あり	☐ 機能・性能・効用に将来性なし
☐ 品質が優れている	☐ 品質が劣っている
☐ 均質性が優れている	☐ 均質性が劣っている
☐ 品質の安定性が優れている	☐ 品質の安定性が劣っている
☐ 耐久性が優れている	☐ 耐久性が劣っている
☐ 供給力が優れている	☐ 供給力が劣っている
☐ 小口の供給ができる	☐ 小口の供給ができない
☐ 多頻度の供給ができる	☐ 多頻度の供給ができない
☐ 短納期の供給ができる	☐ 短納期の供給ができない
☐ 安定供給ができる	☐ 安定供給ができない
☐ 価格力が優れている	☐ 価格力が劣っている
☐ 価格競争を回避できる	☐ 価格競争に陥りやすい
☐ 価格競争下でも利益確保が可能	☐ 価格競争下では利益確保が困難
☐ コストダウン要請に対応できる	☐ コストダウン要請に対応できない

【給与・処遇／社員の能力・モチベーション等】

優位点	問題点
☐ 給与体系が適切	☐ 給与体系に問題あり
☐ 給与水準が適切	☐ 給与水準が高過ぎる・低過ぎる
☐ 業績・能力評価が適切	☐ 業績・能力評価に問題あり
☐ 処遇（昇進・昇格・異動）が適切	☐ 処遇に問題あり
☐ 人材確保が適切	☐ 人材確保に問題あり
☐ 定着率が高い	☐ 定着率が低い
☐ 年齢構成のバランスがとれている	☐ 年齢構成に偏り／高齢化が顕著
☐ パート・契約社員を適切に活用	☐ パート・契約社員が過少・過多
☐ 社員の能力が高い	☐ 社員の能力が低い
☐ テクニカルスキルが高い	☐ テクニカルスキルが低い
☐ ヒューマンスキルが高い	☐ ヒューマンスキルが低い
☐ コンセプチュアルスキルが高い	☐ コンセプチュアルスキルが低い

優位点	問題点
☐ 社員のモチベーションが高い ☐ 社員のモラルが高い	☐ 社員のモチベーションが低い ☐ 社員のモラルが低い

【設備の能力・状況】

優位点	問題点
☐ 設備の機能・性能が高い ☐ 設備の導入・更新が進展 ☐ 自動化／省力化／IT化が進展 ☐ 省エネ化・燃費向上が進展 ☐ 設備の稼働状況が適正 ☐ 余剰設備がない	☐ 設備の機能・性能が低い ☐ 設備が老朽化・陳腐化 ☐ 自動化／省力化／IT化が停頓 ☐ 省エネ化・燃費向上が停頓 ☐ 設備が低稼働／オーバーフロー ☐ 余剰設備がある

【仕入・外注先の能力・状況】

優位点	問題点
☐ 仕入・外注先の能力が優れている ☐ 納品が適切 ☐ 品質が安定／不良品が少ない ☐ 価格対応力がある ☐ 経営状況は良好 ☐ 仕入先等との取引状況が適切	☐ 仕入・外注先の能力が劣っている ☐ 欠品・納期遅れあり ☐ 品質が不安定／不良品が多い ☐ 価格対応力がない・乏しい ☐ 経営状況が悪い／悪化 ☐ 仕入先等との取引状況に問題あり

【体制・方法～経営管理／労務管理～】

優位点	問題点
☐ 経営管理体制が強固 ☐ 経営者の手腕が優秀 ☐ 補佐陣が強固 ☐ 後継者が有能	☐ 経営管理体制が脆弱 ☐ 経営者の手腕が欠如・凡庸 ☐ 補佐陣が脆弱 ☐ 後継者が不在・凡庸
☐ 超勤管理が適切 ☐ 余剰人員がいない	☐ 超勤管理が杜撰 ☐ 余剰人員が多い

【体制・方法～企画・設計・開発～】

優位点	問題点
☐ 権限・責任／役割分担が明確 ☐ 業務が特定部署・人に偏らない ☐ 連携・コミュニケーションが緊密・円滑 ☐ 技能・ナレッジが可視化・組織化 ☐ マニュアルや作業標準が徹底 ☐ 企画・設計・開発力が高い ☐ 企画・設計・開発方法が効率的・効果的 ☐ パートナー／ネットワークが有力	☐ 権限・責任／役割分担が不明確 ☐ 業務が特定部署・人に偏在 ☐ 連携・コミュニケーションが不足 ☐ 技能・ナレッジが属人的 ☐ マニュアル等がない・不徹底 ☐ 企画・設計・開発力が低い ☐ 企画・設計・開発方法が非効率、効果的に行われていない ☐ パートナー／ネットワークがない

【体制・方法〜仕入・外注・購買管理〜】

優位点	問題点
☐ 権限・責任／役割分担が明確	☐ 権限・責任／役割分担が不明確
☐ 業務が特定部署・人に偏らない	☐ 業務が特定部署・人に偏在
☐ 連携・コミュニケーションが緊密・円滑	☐ 連携・コミュニケーションが不足
☐ 技能・ナレッジが可視化・組織化	☐ 技能・ナレッジが属人的
☐ マニュアルや作業標準が徹底	☐ マニュアル等がない・不徹底
☐ 見込み・見積りが適切	☐ 見積り等が甘い／過誤が多い
☐ ムダな仕入・外注・購買がない	☐ ムダな仕入・外注・購買が多い
☐ 割安な仕入・外注・購買が多い	☐ 割高な仕入・外注・購買が多い
☐ 仕入時間が短い	☐ 仕入時間が長い
☐ 発注ロットが適切	☐ 発注ロットが過大・過少
☐ 有力な仕入・外注・購買先がある	☐ 有力な仕入・外注・購買先がない
☐ 原材料等の価格変動があまりない	☐ 原材料等の価格変動が激しい
☐ 原材料等の確保が容易	☐ 原材料等の確保が困難

【体制・方法〜生産・加工〜】

優位点	問題点
☐ 権限・責任／役割分担が明確	☐ 権限・責任／役割分担が不明確
☐ 業務が特定部署・人に偏らない	☐ 業務が特定部署・人に偏在
☐ 連携・コミュニケーションが緊密・円滑	☐ 連携・コミュニケーションが不足
☐ 技能・ナレッジが可視化・組織化	☐ 技能・ナレッジが属人的
☐ マニュアルや作業標準が徹底	☐ マニュアル等がない・不徹底
☐ 見込み・見積りが適切	☐ 見積り等が甘い／過誤が多い
☐ 作業内容が適切	☐ 作業内容に問題あり
☐ 生産・加工品質が高い	☐ 生産・加工品質が低い
☐ 独自の製法・技術を有する	☐ 製法・技術が凡庸
☐ 生産・加工時間が短い	☐ 生産・加工時間が長い
☐ 準備・段取り時間が短い	☐ 準備・段取り時間が長い
☐ タイムリーに製造が行われている	☐ 作りだめをしている
☐ 得意分野の内製化が進展	☐ 得意分野の内製化が進まない
☐ 不得意分野のアウトソーシングが進展	☐ 不得意分野のアウトソーシングが進まない
☐ 歩留りが良い	☐ 歩留りが悪い
☐ 要員配置・工数配分が適切	☐ 要員配置・工数配分に問題あり
☐ 工程間バランスが適切	☐ 工程間にアンバランスがある
☐ ムダな作業・手戻り・横持ちなし	☐ ムダな作業・手戻り・横持ち多い
☐ 手空き・待機時間が短い	☐ 手空き・待機時間が長い
☐ レイアウト・作業動線が適切	☐ レイアウト・作業動線に問題あり
☐ 不良品発生率が低い	☐ 不良品発生率が高い
☐ 工程内検査が適切	☐ 工程内検査が杜撰
☐ 品質管理が適切	☐ 品質管理が杜撰／過剰

【体制・方法〜営業・販売・サービス提供〜】

優位点	問題点
□ 権限・責任／役割分担が明確	□ 権限・責任／役割分担が不明確
□ 業務が特定部署・人に偏らない	□ 業務が特定部署・人に偏在
□ 連携・コミュニケーションが緊密・円滑	□ 連携・コミュニケーションが不足
□ 技能・ナレッジが可視化・組織化	□ 技能・ナレッジが属人的
□ マニュアルや作業標準が徹底	□ マニュアル等がない・不徹底
□ 見込み・見積りが適切	□ 見積り等が甘い／過誤が多い
□ 独自の販売方法・技術を有する	□ 販売方法・技術が凡庸
□ 需要・ニーズを適切に把握	□ 需要・ニーズの把握が不十分
□ ソリューション提案を実践	□ ソリューション提案ができない
□ 受注・販売が平準化	□ 受注・販売の繁閑が顕著
□ 広告宣伝の効果が高い	□ 広告宣伝の効果が低い
□ 販売時間が短い	□ 販売時間が長い
□ 製商品の納入頻度が適切	□ 製商品の納入頻度が過少・過多
□ 客室・席の稼働率・回転数が高い	□ 客室・席の稼働率・回転数が低い
□ 顧客の滞留・待ち時間が短い	□ 顧客の滞留・待ち時間が長い
□ 顧客対応が適切	□ 顧客対応に問題あり
□ 店舗立地が良く商圏とマッチ	□ 店舗立地が悪く商圏とミスマッチ
□ 陳列・レイアウトが適切	□ 陳列・レイアウトに問題あり
□ 品揃え・サービス内容が適切	□ 品揃え・サービス内容に問題あり

【体制・方法〜物流・輸送〜】

優位点	問題点
□ 権限・責任／役割分担が明確	□ 権限・責任／役割分担が不明確
□ 業務が特定部署・人に偏らない	□ 業務が特定部署・人に偏在
□ 連携・コミュニケーションが緊密・円滑	□ 連携・コミュニケーションが不足
□ 技能・ナレッジが可視化・組織化	□ 技能・ナレッジが属人的
□ マニュアルや作業標準が徹底	□ マニュアル等がない・不徹底
□ 見込み・見積りが適切	□ 見積り等が甘い／過誤が多い
□ 物流・輸送時間が短い	□ 物流・輸送時間が長い
□ 輸送経路が効率的・効果的	□ 輸送経路が非効率・問題あり
□ 積載が効率的・効果的	□ 積載が非効率・問題あり
□ 保管が効率的・効果的	□ 保管が非効率・問題あり
□ 仕分・梱包作業が効率的・効果的	□ 仕分作業等が非効率・問題あり

【資産・在庫状況／回収条件・販売先の業況／支払条件】

優位点	問題点
☐ 遊休資産がない ☐ 不良在庫がない ☐ 不良債権・資産がない	☐ 遊休資産がある ☐ 不良在庫が多い ☐ 不良債権・資産が多い
☐ 回収サイトが短い ☐ 現金回収割合が多い ☐ 販売先の業況が良く回収懸念なし ☐ 手形の割引・譲渡が容易	☐ 回収サイトが長い／長期化 ☐ 現金回収割合が少ない／減少 ☐ 回収が長期化／不良債権化 ☐ 手形の割引・譲渡が困難
☐ 支払サイトが長い ☐ 現金支払割合が少ない	☐ 支払サイトが短い／短縮化 ☐ 現金支払割合が多い／増加

【資金繰り／資金調達の状況】

優位点	問題点
☐ 資金繰りに余裕がある ☐ 金融機関から円滑に資金調達 ☐ 手元流動性が高い	☐ 資金繰りが繁忙化・逼迫 ☐ 金融機関からの資金調達が困難 ☐ 手元流動性が低い

以上、企業活動分析によって抽出・特定された「外部環境／内部環境上の優位点・問題点」について、図表５－１を用いて整理します。
　その際、図表５－２に示す観点で優位点／問題点の具体的内容を明確にし、次節の「今後の機会・脅威／強み・弱み」が的確に行われるようにします。

図表５－１　優位点／問題点の具体的内容

項　　目			優位点／問題点	具体的内容
外部環境	需要			
	供給			
内部環境	製商品／サービス			
	給与・処遇／社員の能力・モチベーション			
	設備／仕入・外注先			
	体制・方法	経営管理／労務管理		
		企画・設計・開発		
		仕入・外注・購買管理		
		生産・加工		
		営業・販売・サービス提供		
		物流・輸送		
	資産状況等			

図表５－２　優位点／問題点の具体的内容の明確化

５Ｗ１Ｈ		観　点
WHY	理由原因	・なぜ、優位／問題になっているのか ・優位点／問題点の発生経緯は？
WHO	体制	・当事者は誰か ・ステークホルダーは誰か ・実施体制・役割分担はどうなっているのか ・権限と責任の所在はどうなっているのか
WHAT	内容	・優位点／問題点の具体的内容は？ ・優位点／問題点による具体的効果／影響は？
WHERE	場所	・優位点／問題点は、具体的にどこにあるのか
WHEN	時期	・優位点／問題点の発生時期は？ ・優位点／問題点の期限は（いつまで続くのか等）？
HOW	方法	・優位点の活用／問題点の解消の見通しは？ ・優位点の活用／問題点の解消の具体的方法・プロセスは？

2　今後の機会・脅威／強み・弱みの設定

すでにお話ししましたが、「課題（やるべきこと）」は、今後（例えば経営改善計画に取り組む3〜5年後）を見据えて設定しなければなりません。

すなわち、問題解決に向けてやるべき「**事業展開**」については、対象とする市場・分野における「**今後の需要・供給見通し**」と「**対象企業の競争力の今後の見通し**」を見極め、それを踏まえて設定することが必要です。

また、事業展開を着実に遂行するためにやるべき「**態勢整備**」については、事業展開の方向性を踏まえつつ、「**今後の経営資源の見通し**」を見極めて、具体的取組みを設定しなければなりません。

(1)　今後の需要・供給の見通し

①　今後の需要の見通し

需要の大きさは、「製商品・サービスの単価×顧客・ユーザー数」で求められます。

「製商品・サービスの単価」は、製商品の消費あるいはサービスの利用によって得られる満足度で決定されます。

すなわち、製商品・サービスの機能・性能・効用などの向上により、消費者・利用者の満足度が向上すれば、製商品・サービスの単価は上昇します。

逆に、「製商品・サービスが陳腐化し、機能・性能・効用などが向上しても顧客・ユーザーの満足度が向上しない」「製商品・サービスが成熟化し、機能・性能・効用などが向上する余地が乏しい」といった場合には、他社との競合により、製商品・サービスの単価が下落する可能性があります。

このように、「**製商品・サービスの機能・性能・効用などの向上に対する顧客・ユーザーの潜在的な需要・ニーズ**」や「**製商品・サービスの機能・性能・効用などの向上の余地**」の有無によって、「製商品・サービスの単価」の見通しが決まることになります。

他方、「顧客・ユーザー数」については、顧客・ユーザーの対象範囲を広

げることにより、増やすことができます。

　人口減少に歯止めがかからない中、既往顧客のつなぎ留めだけでは、顧客・ユーザー数の維持すら望めません。

　顧客・ユーザーを増やす、あるいは維持していくためには、海外や他地域に顧客・ユーザーを求めたり、これまでとは異なる属性（年齢層・性別・所得層・指向・嗜好など）の顧客・ユーザーを新たに開拓することが不可欠です（図表5－3）。

図表5－3　今後の需要見通し（イメージ）

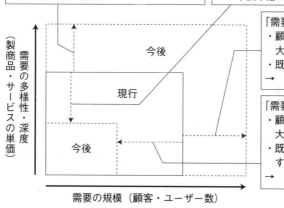

　今後の需要見通しを検討する際、対象とする市場・事業・分野のライフサイクルや成長性・将来性を的確に分析し、次の点をまず見極めましょう。

○既往・顕在需要が維持／減少／成熟化・陳腐化するか
○新規・潜在需要が存在するか／拡大・多様化・深化の余地があるか

そのうえで、「既往顧客の深耕を図り、新規需要・潜在的ニーズが獲得できるか」「今までターゲットにしなかった新規顧客・潜在的ユーザーの需要を掘り起こせるか」を検証しましょう。

	需要の規模	需要の多様性・深度
既存・顕在需要	維持or減少	維持or成熟化・陳腐化
新規・潜在需要	存在するorしない 拡大余地ありorなし	多様化・深化余地ありorなし

② 今後の供給の見通し

供給の大きさは「供給者1社当たりの付加価値額×供給者の数」で求められます。

ここで留意しなければならないのは、需要とは異なり、供給の大きさには「需要の大きさ」という上限（キャップ）があることです。

すなわち、供給の大きさが需要の大きさを上回る（いわゆる過当競争の状況になる）と、需要の大きさと均衡するよう、**「供給者1社当たりの付加価値額が下落する動き」**（価格競争による採算の悪化）、**「供給者の数が減少する動き」**（供給者の淘汰）、あるいは、その両方の動きが供給サイドで起こります。

現状「需要の大きさ＜供給の大きさ（供給過多）」となっている市場・分野については、今後上記の調整（価格競争による採算悪化、供給者の淘汰）が進むため、「ピンチ／脅威が存在する」と考えるのが妥当です。

では、「今後、需要が拡大する」あるいは「今後、需要の大きさは変わらない」というケースにおいて、供給サイドはどのように変化するのでしょうか。

ここでは、マイケル・ポーターが提唱する「ファイブフォース分析」を踏まえ、「5つの競争要因（同業者との競合、新規先／代替品・サービスの脅威、買い手（販売先）／売り手（仕入先）との力関係）」の観点から、今後の供給サイドの変化に係る考察のポイントについて考えてみます（図表5−4）。

ポイントは次の3つです。

○既往同業者との競合や新規業者の参入が、今後どうなるか
○既往製商品・サービスに代わる代替品・サービスが、今後現れるか
○既往サプライチェーン（仕入先→対象企業→販売先）が、今後どのように変化するか

図表5－4　ファイブフォースによる今後の供給見通しの考察

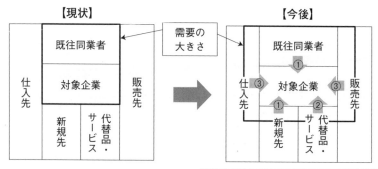

① 既往同業者との競合／新規先の参入
② 代替品・サービスの出現
③ サプライチェーンの変化

「既往同業者との競合や新規業者の参入」については、イメージしやすいと思いますので、ここでの言及は割愛し、「代替品・サービスの出現」「サプライチェーンの変化」について、少し解説したいと思います。

【代替品・サービスの出現】

「代替品・サービス」とは、形態・態様や消費・利用方法が異なるが、既往製商品・サービスと同様の機能・効用があり、既往製商品・サービスに代わって需要を充足することができる製商品・サービスのことです。

固定電話・ポケットベルといった通信機能を持った既往製品が、高度かつ多様な通信・コミュニケーション機能を備えたスマートフォンという代替品の登場によって駆逐されたり、大幅な供給縮小を余儀なくされた例が最もわかりやすいでしょう。

あるいは、インターネットを活用した広告宣伝／販売促進も代替品・サービスの典型例といえるでしょう。

【事例8　インターネットを活用した広告宣伝／販売促進】

　従前の広告宣伝といえば、新聞・雑誌への掲載やチラシの作成・頒布、テレビコマーシャルの放映などであった。

　ところが、インターネットの普及に伴い、ホームページ上にバナー広告を表示したり、Webサイトへのアクセス履歴に基づいて購買動向の分析をしたり、SNSなどを通じて市場・需要分析を行う「デジタルマーケティング」といった新たな方法が登場し、効率的・効果的な広告宣伝／販売促進が可能になっている。

このように、技術革新や新たな製品・サービスの開発の進展に伴い、既往製品・サービスに代わって同様の機能・効用を効率的・効果的に提供し、顧客やユーザーの満足度を向上させる新たな製品・サービスが次々に出現しており、既往製品・サービスの供給業者にとっては、大きな脅威になっているといえます。

【サプライチェーンの変化】

　サプライチェーンとは、「仕入先→対象企業→販売先」という製商品の生産・流通のつながりのことです。

　例えば製造業の場合、原材料や半製品を仕入れて、これを工場内の製造設備に投入して製品の生産・加工を行います。あるいは、自社内に設備や体制が整っていない場合には、生産・加工工程の一部または全部（ファブレスの場合）を外注先に委託します。そして、生産・加工された製品を元請の製造業者や卸売業者などに販売します。

　こうした事業活動、企業間連携の中で付加価値が生み出され、製商品・サービスに結実されるわけですが、このサプライチェーンの「どこで付加価値が生み出されるか」ということが、供給者にとって大きな問題になります。

【事例9　鉄鋼卸における付加価値生産の減少】
　建設向け鋼材の仕入販売を手がけている鉄鋼卸売業C社では、従前、仕入れた鋼材に切断・曲げ・穿孔・溶接といった加工を施したうえで建設業者に製品を納入していた。
　ところが、仕入先において鋼材の切断・曲げまで行い、半製品の状態で納入されることになったため、C社の付加価値生産が減少する見通しになった。

【事例10　自動車部品メーカーにおける付加価値生産の減少】
　完成車メーカーの三次下請の部品メーカーD社では、従前、重要保安部品の切削加工を手がけていた。
　しかし、納品先の二次下請メーカーE社が、今後、部品のアセンブリ（組立加工）だけでなく、切削加工・研磨・めっき・熱処理工程を自社工場で内製化することになったため、E社からの受注が大幅に減少する見通しである。

　事例9は付加価値の源泉が「対象企業から仕入先に」移ったケース、事例10は付加価値の源泉が「対象企業から販売先に」移ったケースです。
　このように、仕入先や販売先が新規に対象企業の事業や市場・分野に参入し、その結果、「供給者1社当たりの付加価値額」が減少するという「サプライチェーンの変化」は、現状でも日常茶飯事ですが、市場の成熟化が進展する中で、今後、仕入先・販売先から「仕事を奪われる」ケースが増えてくると予想されます。
　以上の「今後の需要・供給の見通し」に係る検討を踏まえ、「経営改善計画に取り組む3～5年後の『機会』『脅威』」を設定してみましょう。
　具体的には、前節で特定された「現状の優位点／問題点」を踏まえつつ、上記の「今後の需要・供給の見通し」を考慮し、あらためて該当項目に☑をつけ、「3～5年後の『機会』『脅威』」を特定します（図表5－5）。

図表5－5　「機会」「脅威」の設定

今後の需要／供給の見通し

外部環境		現状		3～5年後	
		優位点	問題点	機会	脅威
需要	需要の規模				
	需要の多様性・深度				
供給	同業者との競合／新規先の参入				
	代替品・サービスの出現				
	サプライチェーンの変化				

【市場・需要／ライフサイクル（3～5年後）】

機　会	脅　威
□ 規模が大きい／拡大	□ 規模が小さい／縮小
□ 多様性／深度あり	□ 多様性／深度なし・乏しい
□ 多様化／深化の余地あり	□ 多様化／深化の余地なし・乏しい
□ 生成・導入期／成長期にある	□ 成熟期／衰退期にある

【供給（3～5年後）】

機　会	脅　威
□ 同業者との競合は激しくない □ 新規・代替品参入はあまりない	□ 同業者との競合が激しい／激化 □ 新規・代替品参入が多い／増加
□ 販売先との関係は良好 □ 販売単価引上げに応じてもらえる □ 販売値引き・返品があまりない □ 回収の短縮化に応じてもらえる □ 販売先から品揃えや製商品の確保・保管について要求されない □ 商品の滞留がない	□ 販売先との関係が悪い／悪化 □ 販売単価引下げを強いられる □ 販売値引き・返品を強いられる □ 回収の長期化を余儀なくされる □ 販売先から過剰な品揃えや製商品の確保・保管を要求される □ 商品の滞留を余儀なくされる
□ 仕入・外注先との関係は良好 □ 単価引下げに応じてもらえる □ 仕入・外注値引き・返品が可能 □ リベート要求なし □ 支払の長期化に応じてもらえる	□ 仕入先等との関係が悪い／悪化 □ 単価引上げを強いられる □ 仕入・外注値引き・返品が困難 □ リベート要求あり □ 支払の短縮化を余儀なくされる

(2) 今後の競争力／経営資源の見通し

① 製商品・サービスの競争力の見通し

前記の「今後の需要・供給の見通し」を踏まえ、対象企業の製商品・サービスの「3～5年後の競争力」を分析し、製商品・サービスに係る「3～5年後の『強み』『弱み』」を特定します。

製商品・サービスの競争力の分析にあたっては、「競合品等の価額」「機能・性能・効用における競合品等との優劣度合い」「品質・供給面でのニーズ充足度」の変化についてみることになります（図表5-6）。

図表5-6　販売単価決定要因の今後の見通し

イノベーションの進展／需要・ライフサイクルの変化／供給構造の変化	
	今後の見通し（例）
同様の機能・性能・効用が得られる競合品等の価額	・合理化・効率化により、競合品等の価額がダウン ・需要縮小に伴う価格競争により価額がダウン ・新規・代替品の参入／同業者との競合激化により価額がダウン
機能・性能・効用における競合品等との優劣度合い	・機能・性能・効用の改善／拡充により、競合品等との優劣の格差が発生／拡大 ・機能・性能・効用に対する需要の変化によりミスマッチが生じ、競合品等との優劣の格差が発生／拡大 ・新たな機能・性能・効用を有する新規・代替品の参入等により、競合品等との優劣の格差が発生／拡大
品質・供給面でのニーズ充足度	・品質・供給力の向上により、競合品等のニーズ充足度がアップ ・品質・供給力に対するニーズの変化により競合品等の充足度がアップ

1) 競合品等の価額

販売単価は、次の算式で求められます。

販売単価＝機能・性能・効用の価額×品質・供給面でのニーズ充足度

「機能・性能・効用の価額」とは、「製商品・サービスの機能・性能・効用から得られる満足度を換算した価額」で、次のとおり表すことができます。

> 機能・性能・効用の価額
> ＝同様の機能等が得られる競合品・サービスや代替品・サービスの価額×機能等における競合品・サービス等との優劣度合い

「同様の機能等が得られる競合品・サービスや代替品・サービスの価額」は、イノベーションの進展／需要・ライフサイクルの変化／供給構造の変化によって今後変動することが想定されます。

すなわち、「同業他社における生産・販売の合理化・効率化」「需要の縮小に伴う価格競争」「新規・代替品の参入／同業者との競合激化」により、競合品等の価額が下落することが考えられます。

2) 機能・性能・効用における競合品等との優劣度合い

「機能等における競合品・サービス等との優劣度合い」とは、「機能・性能・効用に関する競合品等との優劣の程度」のことです。

これに関しても、「イノベーションの進展による競合品の機能・性能・効用の改善／拡充」「機能・性能・効用に対する需要の変化、既往製品とのミスマッチの発生」「新たな機能・性能・効用を有する新規・代替品の参入」といった外部環境変化の影響を受ける可能性があります。

すなわち、既往製品等の改善・拡充などが図られない場合、顧客・ユーザーから「利用できる機能が少ない」「スピードや精度が劣る」「製品を利用しても満足が得られない」といった評価を受ければ、競合品等との優劣度合いが劣化すると危惧されます。

3) 品質・供給面でのニーズ充足度

「品質・供給面でのニーズ充足度」とは、「品質や供給力に関する競合品・サービス等とのニーズ充足度の優劣」のことです。

同様に「競合品等において品質・供給力が向上する」「品質・供給に対するニーズが高度化する」と想定される場合は、対象企業製品に対する品質・供給面でのニーズ充足度が低下すると予想されます。

4) 競争力の変化による販売単価への影響

以上、「同様の機能等が得られる競合品等の価額」「機能等における競合品等との優劣度合い」「品質・供給面でのニーズ充足度」という3つの販売単価決定要因をみてきましたが、これらのファクターは、いずれも外部環境（需要・供給）の変化に大きく影響されます。

すなわち、イノベーションの進展などにより、競合品等の「価額が下落する」「機能・性能・効用／品質・供給力・価格対応力が向上する」と予想される場合、現状のままでは対象企業の製商品・サービスの競争力が相対的に劣化し、販売単価は下落を余儀なくされると考えられます。

5) 競争力の変化による販売数量への影響

販売数量は、供給過多の市場の場合、次の算式で求められます。

販売数量＝1顧客当たりの年間需要量×顧客数×成約率

「1顧客当たりの年間需要量×顧客数」は、「需要の規模」によって規定されます。また「成約率」は、対象とする市場・分野における需要について、競合先（既往同業他社／新規先・代替品／仕入先・販売先）との間で「どのようにシェアするか」によって決定されます。

すなわち、一定の規模を有する需要に対し、「取扱製商品・サービス」と「自社や協力・連携先の生産／販売体制・方法」を武器に競合先と競い合い、「どの程度成約を確保できるか」がポイントになります。

競合品等の「価額が下落する」「機能・性能・効用／品質・供給力・価格対応力が向上する」と予想される現行市場・分野を引き続き対象とする場合は、販売単価と同様、既往製品等の競争力の劣化により販売数量も減少を余儀なくされると考えられます。

6) 新たな市場・分野・顧客等を対象とする場合の競争力の見通し

既往製商品・サービスの競争力劣化に対処するため、「新たな市場・分野や顧客を開拓する場合」「既往の市場・分野や顧客を深耕する場合」は、次のような観点から、あらためて「今後の需要・供給の見通し」を分析する必

要があります。

> ○新たにターゲットとする市場・分野の需要規模（顧客・ユーザー数、顧客・ユーザー1人当たりの年間需要量）はどれくらいか
> ○新たな顧客・ユーザーにおける既往製品等への需要（機能・性能・効用／品質・供給・価格に係るニーズの内容・要求レベル）はどのようなものか
> ○新たにターゲットとする市場・分野における競合先の現状／今後の見通し（企業数・規模、能力・競争力）はどうか
> ○新たにターゲットとする市場・分野への新規・代替品の参入／サプライチェーンの見通しはどうか

そのうえで、「新たな市場・分野などにおける競合品等の価額」「機能等における競合品等との優劣度合い」「品質・供給面でのニーズ充足度」の分析・評価を行い、今後の既往製品等の競争力の見通しを検討します。

以上の「今後の需要・供給の見通し」「今後の製商品・サービスの競争力見通し」に関する分析を踏まえ、「現状の優位点／問題点」がどのように変化するのか検討し、製商品・サービスに関する「3〜5年後の『強み』『弱み』」を特定します（図表5−7の該当項目に☑を付す）。

図表5-7　製商品・サービスに係る「強み」「弱み」の設定

- イノベーションの進展／需要・ライフサイクルの変化／供給構造の変化
- ターゲット市場・分野／顧客の変更（開拓・深耕）

内部環境		現状		3～5年後	
		優位点	問題点	強み	弱み
製商品・サービス	機能・性能・効用				
	品質・供給力・価格力				

【製商品・サービス（3～5年後）】

強み	弱み
□ 機能・性能・効用が優れている	□ 機能・性能・効用が劣っている
□ 機能・性能・効用に独自性あり	□ 機能・性能・効用に独自性なし
□ 機能・性能・効用に多様性あり	□ 機能・性能・効用に多様性なし
□ 機能・性能・効用に拡張性あり	□ 機能・性能・効用に拡張性なし
□ 機能・性能・効用に持続性あり	□ 機能・性能・効用に持続性なし
□ 機能・性能・効用に将来性あり	□ 機能・性能・効用に将来性なし
□ 品質が優れている	□ 品質が劣っている
□ 均質性が優れている	□ 均質性が劣っている
□ 品質の安定性が優れている	□ 品質の安定性が劣っている
□ 耐久性が優れている	□ 耐久性が劣っている
□ 供給力が優れている	□ 供給力が劣っている
□ 小口の供給ができる	□ 小口の供給ができない
□ 多頻度の供給ができる	□ 多頻度の供給ができない
□ 短納期の供給ができる	□ 短納期の供給ができない
□ 安定供給ができる	□ 安定供給ができない
□ 価格力が優れている	□ 価格力が劣っている
□ 価格競争を回避できる	□ 価格競争に陥りやすい
□ 価格競争下でも利益確保が可能	□ 価格競争下では利益確保が困難
□ コストダウン要請に対応できる	□ コストダウン要請に対応できない

② 給与・処遇／社員の能力・モチベーション等の見通し

　給与・処遇／社員の能力・モチベーション等に関する今後の見通しを分析する場合、次の観点から行うことが重要です。

○ 中小企業全般／同業種・業態／同地域における賃金水準／給与・処遇体系の現状と今後の見通し
○ 社員の能力の現状と今後の見通し
○ 社員の意識・やりがい／職業・仕事観の現状と今後の見通し
○ ベテラン職員を中心とする退職の見通し
○ 中途採用やパート・アルバイト採用、契約社員の現状と今後の見通し

以上の分析および前節の「現状の優位点／問題点」を踏まえ、図表5－8の該当項目に☑をつけ、給与・処遇／社員の能力・モチベーション等に関する「3～5年後の『強み』『弱み』」を特定します。

図表5－8　給与・処遇／社員の能力・モチベーション等に係る「強み」「弱み」

・同業者などの賃金水準／給与・処遇体系、採用などの見通し
・社員の能力／意識・やりがいなどの変化の見通し

内部環境	現状		3～5年後	
	優位点	問題点	強み	弱み
給与体系・水準／人材確保				
社員のスキル／モチベーション等				

【給与・処遇／社員の能力・モチベーション等（3～5年後）】

強み	弱み
☐ 給与体系が適切	☐ 給与体系に問題あり
☐ 給与水準が適切	☐ 給与水準が高過ぎる・低過ぎる
☐ 業績・能力評価が適切	☐ 業績・能力評価に問題あり
☐ 処遇（昇進・昇格・異動）が適切	☐ 処遇に問題あり
☐ 人材確保が適切	☐ 人材確保に問題あり
☐ 定着率が高い	☐ 定着率が低い
☐ 年齢構成のバランスがとれている	☐ 年齢構成に偏り／高齢化が顕著
☐ パート・契約社員を適切に活用	☐ パート・契約社員が過少・過多
☐ 社員の能力が高い	☐ 社員の能力が低い
☐ テクニカルスキルが高い	☐ テクニカルスキルが低い
☐ ヒューマンスキルが高い	☐ ヒューマンスキルが低い
☐ コンセプチュアルスキルが高い	☐ コンセプチュアルスキルが低い
☐ 社員のモチベーションが高い	☐ 社員のモチベーションが低い
☐ 社員のモラルが高い	☐ 社員のモラルが低い

③ 設備／仕入・外注先の能力・状況の見通し

　設備／仕入・外注先の能力・状況に係る今後の見通しを検討する場合、次の観点で分析することが必要です。

○設備に係るイノベーション進展の見通し
○既往設備の老朽化・陳腐化の進行見通し
○既往設備の現状および今後の見通しを踏まえた設備の更新／自動化・省力化・IT化／省エネ化・燃費向上の必要性
○今後の事業展開の方向性
○ターゲットとする市場・分野における供給構造の変化の見通し
○対象企業における今後のサプライチェーン・バリューチェーン（注）の再構築方針／内製・仕入・外注方針

（注）　企業の一連の主活動（購買・製造・物流・販売・サービス提供）・支援活動により付加価値が創出されるつながりのこと。

　以上の検討・分析および前節の「現状の優位点／問題点」を踏まえ、図表5-9の該当項目に☑をつけ、設備／仕入・外注先の能力・状況に関する「3～5年後の『強み』『弱み』」を見極めます。

④ 経営管理／労務管理体制・方法の見通し

　経営管理／労務管理体制・方法に係る今後の見通しをみる場合、次の観点で検討しましょう。

○経営者／補佐陣の意欲・健康状態に係る現状および今後の見通し
○後継者の確保・育成に係る現状および今後の見通し
○労務管理の改善に係る取組みの現状および今後の見通し
○今後の事業展開の方向性
○設備の更新／自動化・省力化・IT化の方針
○生産／販売体制・方法などの見直しの方針

図表5-9　設備/仕入・外注先の能力・状況に係る「強み」「弱み」の設定

- イノベーションの進展/老朽化・陳腐化の見通し
- サプライチェーン/バリューチェーン/仕入外注方針の変化
- 事業展開の方向性、生産/販売体制・方法などの見直し方針

内部環境		現状		3～5年後	
		優位点	問題点	強み	弱み
設備	機能・性能				
	老朽化・陳腐化				
	自動化・省力化・IT化				
	省エネ化・燃費向上				
	稼働状況				
仕入・外注先	品質・納品・価格対応力				
	経営状況				

【設備/仕入・外注先の能力・状況（3～5年後）】

強み	弱み
☐ 設備の機能・性能が高い	☐ 設備の機能・性能が低い
☐ 設備の導入・更新が進展	☐ 設備が老朽化・陳腐化
☐ 自動化/省力化/IT化が進展	☐ 自動化/省力化/IT化が停頓
☐ 省エネ化・燃費向上が進展	☐ 省エネ化・燃費向上が停頓
☐ 設備の稼働状況が適正	☐ 設備が低稼働/オーバーフロー
☐ 余剰設備がない	☐ 余剰設備がある
☐ 仕入・外注先の能力が優れている	☐ 仕入・外注先の能力が劣っている
☐ 納品が適切	☐ 欠品・納期遅れあり
☐ 品質が安定/不良品が少ない	☐ 品質が不安定/不良品が多い
☐ 価格対応力がある	☐ 価格対応力がない・乏しい
☐ 経営状況は良好	☐ 経営状況が悪い/悪化
☐ 仕入先等との取引状況が適切	☐ 仕入先等との取引状況に問題あり

　以上の検討および前節の「現状の優位点/問題点」を踏まえ、図表5-10の該当項目にをつけ、経営管理/労務管理体制・方法に関する「**3～5年後の『強み』『弱み』**」を設定します。

図表5－10　経営管理／労務管理体制・方法に係る「強み」「弱み」の設定

・経営者／補佐陣／後継者の現状・今後の見通し
・労務管理の改善に係る取組みの現状・今後の見通し
・事業展開の方向性、生産／販売体制・方法などの見直し方針

内部環境		現状		3～5年後	
		優位点	問題点	強み	弱み
経営管理	体制				
	経営者				
	補佐陣				
	後継者				
労務管理	体制				
	人員				

【経営管理／労務管理体制・方法（3～5年後）】

強み	弱み
□　経営管理体制が強固	□　経営管理体制が脆弱
□　経営者の手腕が優秀	□　経営者の手腕が欠如・凡庸
□　補佐陣が強固	□　補佐陣が脆弱
□　後継者が有能	□　後継者が不在・凡庸
□　超勤管理が適切	□　超勤管理が杜撰
□　余剰人員がいない	□　余剰人員が多い

⑤　生産・加工等に係る体制・方法の見直し

　企画・設計・開発／仕入・外注・購買管理／生産・加工／営業・販売／物流・輸送に係る体制・方法の今後の見通しを分析する場合、次の観点で検討する必要があります。

○イノベーション／IT化の進展の見通し
○サプライチェーン／バリューチェーンの変化の見通し
○上記を踏まえた事業展開の方向性
○既往設備の現状および今後の見通しを踏まえた設備の更新／自動化・省力化・IT化／省エネ化・燃費向上に係る方針
○対象企業におけるサプライチェーン・バリューチェーンの再構築方針／内製・外注化方針

これらのうち、「イノベーション／IT化の進展」について、もう少し詳しくみてみましょう。

【イノベーションの進展】

イノベーション（技術革新）というと非常に広範になりますので、最近の動向を踏まえ、ここでは「オープンイノベーション」「エコシステム」について触れます。

オープンイノベーションとは「外部などから技術やアイデアを取り込むことにより、新しい価値を作り出す革新的な取組み」です（図表5−11）。

図表5−11　オープンイノベーション（例）

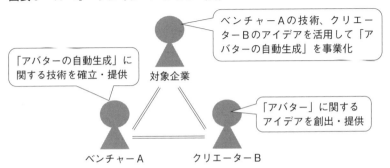

オープンイノベーションの対義語として、「クローズドイノベーション（自社の技術・アイデアを活用して、新しい価値を作り出す革新的な取組み）」がありますが、このクローズドイノベーションは、いわば従来型の技術革新の方法といえます。

研究開発には多額のコストと長大な時間を要しますが、昨今、顧客・ユーザーニーズの多様化・高度化により製品・サービスのライフサイクルが短縮化しており、効率的・効果的な研究開発／事業化が不可欠になっています。

また、多数の研究開発型企業の出現や産学官連携の推進により、外部の先進的な技術を導入できる素地が強化されています。

こうした環境の変化を背景に、自前主義のクローズドイノベーションから外部の先進的な技術・アイデアを導入するオープンイノベーションに転換し、迅速・低コストの研究開発／事業化を実現しようとする動きが強まって

います。

　エコシステムとは、「複数の企業がパートナーシップを組み、互いの技術や経営資源を活用して商品開発や事業展開に取り組む仕組み」のことです（図表5－12）。

図表5－12　エコシステム（例）

【アライアンス（業務提携）】

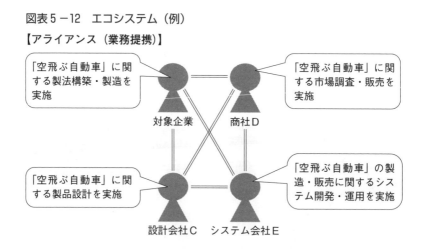

　先ほど申し上げた研究開発だけでなく、生産・販売などの企業活動、特に新たな事業展開を行う場合、多様かつ高度な顧客ニーズに迅速・低コストで対応するためには、「選択と集中」「積極的なアウトソーシング」を推進することが不可欠です。

　自社で設備投資・要員確保を全て行い、生産・販売などに係る全てのプロセスを社内で行うことは、多額な資金を要し、顧客・ユーザーニーズに迅速に応えることも容易ではありません。

　「各プロセスに『強み』を有するプロフェッショナルとの間でアライアンスを組んで連携し、パートナー企業が有する技術・経営資源を相互利用して、一体的に事業を展開する」

　「各企業は、コア事業に自社の経営資源を集中的に投入し、コアコンピタンスに磨きをかけ、さらに強化することに専念する」

こうした取組みにより社内外の資源を最大限活用し、多様かつ高度な顧客ニーズに迅速・低コストで対応することが可能になるのです。
　とりわけ、人員と資金が制約される中小企業・小規模事業者においては、「オープンイノベーション」「エコシステム」の導入により外部資源を積極的に活用していくことが、今後、ますます重要になってくるといえます。

【IT化の進展】
　IT化も非常に広い概念なので、「遠くにみえて意外と近い」将来を見据え、ここでは「AI（Artificial Intelligence）」「RPA（Robotic Process Automation）」「IoT（Internet of Things）」「ビッグデータ活用」「クラウドサービス」「オープンAPI」についてお話しします。
　IT化は、何のために取り組むのでしょうか。IT化の目的は、大雑把にいうと「**処理・作業の効率化**」「**処理・作業の高度化**」の2つに大別されます。
　「処理・作業の効率化」とは「今まで人手でやっていた処理・作業をIT化することにより時間の短縮化が図られること」をいいます。
　例えば、「今まで手書き・手計算でやっていた作業を、情報システムを利用して自動出力・自動計算することにより、作業時間が5分の1になった」「今まで目視だけで行っていた工程内の製品検査を、自動検査装置で行うことにより、不良品の検出率が上がり、検査時間のみならず手戻り時間も削減された」というようなケースは「効率化」に該当します。
　他方、「処理・作業の高度化」とは「IT活用により、今までできなかった高度な処理・作業ができるようになること」をいいます。
　「今までは統計データやあてにならない『街の声』を頼りにしてきたため、確度の高い市場調査ができなかったが、AIやビッグデータの活用により、膨大な情報・データ群の中から有効なものを抽出・適用することが可能になり、確度の高い市場調査ができるようになった」というようなケースは「高度化」の典型例といえます。
　AI／RPA／IoT／ビッグデータ活用について、処理・作業の効率化／高度化への貢献を整理すると図表5－13のようになります。各技術にはそれぞれ用途があり、適用の可否や導入効果も様々です。

IT化により処理・作業の効率化／高度化を図る場合、次の手順で検討を進めることが重要です。

> ⅰ) 業務内容・プロセスの現状を把握し、廃止・削減（合理化）できる処理・作業とともに、効率化／高度化できる処理・作業を抽出する
> ⅱ) 抽出された効率化／高度化できる処理・作業について、具体的にどのようにITを適用するか検討する
> ⅲ) IT化後の業務について、ITに係る要件や初期投資・維持コスト、効率化／高度化の効果を検討・評価し、妥当性・実現可能性を確認する

図表5-13　AI／RPA／IoT／ビッグデータ活用の概要

IT	概要	処理・作業への効果	
		効率化	高度化
AI	人工知能。言語処理／画像認識／機械（深層）学習／データ抽出・処理などを行うもの	○	○
RPA	ソフトウェアのロボット技術により定型的な事務作業を自動的に行う仕組み	○	
IoT	全てのものをインターネットに接続し、データ収集・センシング（注）・制御する仕組み	○	○
ビッグデータ活用	AIを駆使してクラウド上の大量データを分析・評価して業務に活用すること	○	○

（注）　センサーを利用して多様な情報を計測・データ化する技術。

【事例11　弁当の移動販売におけるIT化】

　弁当の移動販売を手がけるG社は、オフィス街やイベント会場の近隣駐車場に移動販売車を駐車し、現地で弁当の製造・販売を行っている。

　平日のオフィス街では、おおむね安定的な販売が見込めるが、全般的に次の問題を抱え、材料仕入・弁当販売にムダ・ムラが発生していた。
○天候によって客足や売れ筋が大きく変わる
○同じエリアでも日によって客の流れが異なり、客を逃すことがある
○イベント会場の場合、開催イベントによって客層が大きく変わる

　また、販売管理やデータ活用のため、日報を作成させているが、非常に手間がかかり、有意なデータの収集も十分にできなかった。

　そこで、次のようなIT化を推進し、上記問題の解決を図ったところ、売上の増加・平準化、原材料費・人件費の削減などが実現され、収益の増加につながった。
○AI／ビッグデータを活用して翌日の市場調査を行い、その結果を考慮して翌日の販売量・メニュー・材料仕入・販売場所を決定する
○IoTを活用し、移動販売車ごとの当日の販売状況に関するデータをリアルタイムで本部の販売管理部署に送信し、それに基づいて本部から材料の補充や販売場所の変更などを指示する
○RPAを活用して、販売日報の作成やデータ入力を迅速に行う

なお、AI／ビッグデータに関しては、現状、次のような問題があり、導入・活用にあたっては「効果に過大な期待をしないこと」「成果を過信しないこと（必要であればセカンドオピニオンなどを利用）」が不可欠です。

	問題点
AI	・全くの新規の事象に対応できない ・どのような根拠・ロジックで情報が抽出・処理されたかが不明確 ・技術的に未成熟で、成果の正しさ・確からしさが保証できない
ビッグデータ	・クラウド上の情報・データの正しさ・確からしさが保証されない

　さて、IT化を進めるうえで、多額の資金やIT要員を確保しなければならず、自前でIT化を推進するのはハードルが高いといわざるをえません。インターネットの普及や「プラットフォーマー」の出現により、「クラウドサービス」「オープンAPI」といった外部サービスが普及しつつあります。
　特に中小企業・小規模事業者においては、こうしたITに係る外部サービスを利用することも有効であると考えます。

	概　要
クラウドサービス	インターネットを通じてクラウドコンピューティング上のハードウェア・ソフトウェア（アプリケーションを含む）・データを利用するサービス
オープンAPI	ソフトウェアが提供している機能を、インターネットを通じて外部のアプリケーションから利用できるようにする仕組み

　以上、長々と話してしまいましたが、イノベーション・IT化の進展やサプライチェーンの変化など外部環境の変化、あるいは、そうした外部環境の変化を踏まえた今後の事業展開や内部環境（経営資源）の再構築の方向性によって、「現状の優位点／問題点」が必ずしも「3〜5年後の強み／弱み」につながるとは限りません。
　「現状、企画・設計・開発部門が他社に比べて優れているが、製品ライフサイクルの短縮化やオープンイノベーションの進展に伴って、今後、優位性が失われることが懸念される」

「現状、有力な外注先を協力会社として有しているが、サプライチェーンの変化の中で、今後、その優位性が剥落してくると考えられる」

「現状、生産・加工部門の設備や要員が弱く製品の競争力も乏しいが、最新鋭の設備を備えた優良メーカーとアライアンスを締結することにより、今後、生産・加工の能力・体制が強みになってくる」

このように、現状「優位性がある」と評価される体制・方法が3～5年後には「強みではない」となったり、現状「問題がある」と評価されるものが3～5年後に「弱みではない」となったりします。

あるいは、現状においては「優位性／問題ともない」と評価される体制・方法が、外部環境の悪化／内部環境の劣化により「弱み」になったり、逆に外部環境の向上／内部環境の改善により「強み」になったりもします。

特に、製商品・サービスや設備、体制・方法に関しては、「現状の優位点／問題点」が今後の環境変化により大きく変わる可能性があります。

こうしたことに留意し、「今後の生産・加工等の体制・方法の見通し」および前節の「現状の優位点／問題点」を踏まえて、図表5－14の該当項目に☑をつけ、生産・加工等の体制・方法に関する「**3～5年後の『強み』『弱み』**」を特定しましょう。

figure 図表5-14 生産・加工体制／方法等に係る「強み」「弱み」の設定

- ・イノベーション／IT化の進展の見通し
- ・サプライチェーン／バリューチェーンの変化の見通し
- ・事業展開の方向性／設備の更新などの方針
- ・サプライチェーン・バリューチェーンの再構築方針／内製・外注化方針

内部環境		現状		3〜5年後	
		優位点	問題点	強み	弱み
共通事項	権限・責任／役割分担				
	要員配置				
	連携・コミュニケーション				
	標準化・マニュアル化				
	見込み・見積り				
企画・設計・開発	能力				
	方法				
	パートナー・ネットワーク				
仕入・外注・購買管理	方法				
	仕入・外注先				
	原材料・商品の性質				
生産・加工	作業内容				
	製法・技術／リードタイム				
	内製化／アウトソーシング				
	歩留り／品質管理				
	工数配分／工程／レイアウト				
営業・販売・サービス提供	方法・技術・内容				
	稼働状況／リードタイム				
	顧客対応				
	店舗立地／陳列・レイアウト				
	品揃え				
物流・輸送	輸送経路				
	積載・保管				
	仕分・梱包作業				

【企画・設計・開発（3〜5年後）】

強み	弱み
☐ 権限・責任／役割分担が明確	☐ 権限・責任／役割分担が不明確
☐ 業務が特定部署・人に偏らない	☐ 業務が特定部署・人に偏在
☐ 連携・コミュニケーションが緊密・円滑	☐ 連携・コミュニケーションが不足
☐ 技能・ナレッジが可視化・組織化	☐ 技能・ナレッジが属人的
☐ マニュアルや作業標準が徹底	☐ マニュアル等がない・不徹底
☐ 企画・設計・開発力が高い	☐ 企画・設計・開発力が低い
☐ 企画・設計・開発方法が効率的・効果的	☐ 企画・設計・開発方法が非効率、効果的に行われていない
☐ パートナー／ネットワークが有力	☐ パートナー／ネットワークがない

【仕入・外注・購買管理（3～5年後）】

強み	弱み
☐ 権限・責任／役割分担が明確	☐ 権限・責任／役割分担が不明確
☐ 業務が特定部署・人に偏らない	☐ 業務が特定部署・人に偏在
☐ 連携・コミュニケーションが緊密・円滑	☐ 連携・コミュニケーションが不足
☐ 技能・ナレッジが可視化・組織化	☐ 技能・ナレッジが属人的
☐ マニュアルや作業標準が徹底	☐ マニュアル等がない・不徹底
☐ 見込み・見積りが適切	☐ 見積り等が甘い／過誤が多い
☐ ムダな仕入・外注・購買がない	☐ ムダな仕入・外注・購買が多い
☐ 割安な仕入・外注・購買が多い	☐ 割高な仕入・外注・購買が多い
☐ 仕入時間が短い	☐ 仕入時間が長い
☐ 発注ロットが適切	☐ 発注ロットが過大・過少
☐ 有力な仕入・外注・購買先がある	☐ 有力な仕入・外注・購買先がない
☐ 原材料等の価格変動があまりない	☐ 原材料等の価格変動が激しい
☐ 原材料等の確保が容易	☐ 原材料等の確保が困難

【生産・加工（3～5年後）】

強み	弱み
☐ 権限・責任／役割分担が明確	☐ 権限・責任／役割分担が不明確
☐ 業務が特定部署・人に偏らない	☐ 業務が特定部署・人に偏在
☐ 連携・コミュニケーションが緊密・円滑	☐ 連携・コミュニケーションが不足
☐ 技能・ナレッジが可視化・組織化	☐ 技能・ナレッジが属人的
☐ マニュアルや作業標準が徹底	☐ マニュアル等がない・不徹底
☐ 見込み・見積りが適切	☐ 見積り等が甘い／過誤が多い
☐ 作業内容が適切	☐ 作業内容に問題あり
☐ 生産・加工品質が高い	☐ 生産・加工品質が低い
☐ 独自の製法・技術を有する	☐ 製法・技術が凡庸
☐ 生産・加工時間が短い	☐ 生産・加工時間が長い
☐ 準備・段取り時間が短い	☐ 準備・段取り時間が長い
☐ タイムリーに製造が行われている	☐ 作りだめをしている
☐ 得意分野の内製化が進展	☐ 得意分野の内製化が進まない
☐ 不得意分野のアウトソーシングが進展	☐ 不得意分野のアウトソーシングが進まない
☐ 歩留りが良い	☐ 歩留りが悪い
☐ 要員配置・工数配分が適切	☐ 要員配置・工数配分に問題あり
☐ 工程間バランスが適切	☐ 工程間にアンバランスがある
☐ ムダな作業・手戻り・横持ちなし	☐ ムダな作業・手戻り・横持ち多い
☐ 手空き・待機時間が短い	☐ 手空き・待機時間が長い
☐ レイアウト・作業動線が適切	☐ レイアウト・作業動線に問題あり
☐ 不良品発生率が低い	☐ 不良品発生率が高い
☐ 工程内検査が適切	☐ 工程内検査が杜撰
☐ 品質管理が適切	☐ 品質管理が杜撰／過剰

【営業・販売・サービス提供（3～5年後)】

強み	弱み
☐ 権限・責任／役割分担が明確	☐ 権限・責任／役割分担が不明確
☐ 業務が特定部署・人に偏らない	☐ 業務が特定部署・人に偏在
☐ 連携・コミュニケーションが緊密・円滑	☐ 連携・コミュニケーションが不足
☐ 技能・ナレッジが可視化・組織化	☐ 技能・ナレッジが属人的
☐ マニュアルや作業標準が徹底	☐ マニュアル等がない・不徹底
☐ 見込み・見積りが適切	☐ 見積り等が甘い／過誤が多い
☐ 独自の販売方法・技術を有する	☐ 販売方法・技術が凡庸
☐ 需要・ニーズを適切に把握	☐ 需要・ニーズの把握が不十分
☐ ソリューション提案を実践	☐ ソリューション提案ができない
☐ 受注・販売が平準化	☐ 受注・販売の繁閑が顕著
☐ 広告宣伝の効果が高い	☐ 広告宣伝の効果が低い
☐ 販売時間が短い	☐ 販売時間が長い
☐ 製商品の納入頻度が適切	☐ 製商品の納入頻度が過少・過多
☐ 客室・席の稼働率・回転数が高い	☐ 客室・席の稼働率・回転数が低い
☐ 顧客の滞留・待ち時間が短い	☐ 顧客の滞留・待ち時間が長い
☐ 顧客対応が適切	☐ 顧客対応に問題あり
☐ 店舗立地が良く商圏とマッチ	☐ 店舗立地が悪く商圏とミスマッチ
☐ 陳列・レイアウトが適切	☐ 陳列・レイアウトに問題あり
☐ 品揃え・サービス内容が適切	☐ 品揃え・サービス内容に問題あり

【物流・輸送（3～5年後)】

強み	弱み
☐ 権限・責任／役割分担が明確	☐ 権限・責任／役割分担が不明確
☐ 業務が特定部署・人に偏らない	☐ 業務が特定部署・人に偏在
☐ 連携・コミュニケーションが緊密・円滑	☐ 連携・コミュニケーションが不足
☐ 技能・ナレッジが可視化・組織化	☐ 技能・ナレッジが属人的
☐ マニュアルや作業標準が徹底	☐ マニュアル等がない・不徹底
☐ 見込み・見積りが適切	☐ 見積り等が甘い／過誤が多い
☐ 物流・輸送時間が短い	☐ 物流・輸送時間が長い
☐ 輸送経路が効率的・効果的	☐ 輸送経路が非効率・問題あり
☐ 積載が効率的・効果的	☐ 積載が非効率・問題あり
☐ 保管が効率的・効果的	☐ 保管が非効率・問題あり
☐ 仕分・梱包作業が効率的・効果的	☐ 仕分作業等が非効率・問題あり

3 課題（取組みの方向性）の設定

本章第1、2節で特定された「機会・脅威／強み・弱み」を踏まえ、本節で「事業展開の方向性（機会の獲得／脅威の回避）」「態勢整備の方向性（強みの活用／弱みの克服）」を設定します。

この「事業展開の方向性」「態勢整備の方向性」の設定こそ、「課題（問題を解消するために取組むべきテーマ）」の設定にほかなりません。

(1) 事業展開の方向性の設定

「事業展開の方向性」の設定とは、外部環境の現状および今後の見通しを踏まえ、「機会を獲得していくのか」「脅威を回避していくのか」を決めることをいいます。

いくら優れた経営資源を有していても、競合先に打ち勝って需要を獲得しなければ事業・経営は成り立ちません。経営者の思いはいろいろあると思いますが、**「事業展開の方向性（どのような事業展開をすべきか）」は「外部環境」によって規定されます**。

ターゲットとする市場・分野における「機会」と「脅威」は何かを見極め、「機会」があれば獲得し、「脅威」があればそれを回避するという展開が妥当です（図表5－15）。

図表5－15 事業展開の方向性

		事業展開の方向性
需要	機会の獲得	・既往市場・分野での取組拡大 ・新市場・分野での需要獲得
	脅威の回避	・既往市場・分野での取組縮小／撤退
供給	機会の獲得	・既往サプライチェーンの強化 ・新規サプライチェーンの構築
	脅威の回避	・競合の回避 ・既往サプライチェーンの見直し

もっとも、「機会」も「脅威」も存在しないということであれば、「既往市

場・分野での取組みの維持／既往サプライチェーンの維持」という事業展開の方向性もありえます。

① 既往事業の拡充

「既往事業を拡充し、既往市場・分野における『機会』を獲得する」という事業展開の方向性としては、次の2つの取組みがあります。

○既往市場・分野での取組拡大
○既往サプライチェーンの強化

「既往市場・分野での取組拡大」は、既往市場・分野における新たな需要（拡大／多様化・深化する需要）を獲得するものです。

また、「既往サプライチェーンの強化」は、既往市場・分野において構築されたサプライチェーンの活用を強化することにより、既往市場・分野への供給力を高めるものです。

② 新事業への進出

「新事業に進出し、新市場・分野における『機会』を獲得する」という事業展開の方向性としては、次の2つの取組みがあります。

○新市場・分野での需要獲得
○新規サプライチェーンの構築

「新市場・分野での需要獲得」は、新市場・分野における新たな需要を獲得し、新たな事業展開を図るものです。

また、「新規サプライチェーンの構築」は、新規／既往市場・分野における新たな需要の獲得のため、新規のサプライチェーンを構築し、ターゲットとする市場・分野への供給を新たに開始するものです。

③ 既往事業の縮小・撤退／見直し

「既往事業の縮小・撤退／見直しを図り、既往市場における『脅威』を回避する」という事業展開の方向性としては、次の4つの取組みがあります。

> ○既往市場・分野での取組縮小
> ○既往市場・分野からの撤退
> ○既往サプライチェーンの見直し
> ○競合の回避

　「既往市場・分野での取組縮小／既往市場・分野からの撤退」は、既往市場・分野における需要面の脅威（需要の縮小／ライフサイクルの成熟・衰退化など）を回避して、事業の縮小均衡を図ろうとするものです。
　「既往サプライチェーンの見直し」は、現行のサプライチェーンにおける脅威を回避するため、既往市場・分野においてサプライチェーンを再構築するものです。
　また、「競合の回避」は、対象市場・分野／サプライチェーンを現行のままとしつつ、差別化の推進などにより同業他社や新規参入先・代替品との競合を回避し、供給を維持／縮小均衡させようとするものです。

④　事業転換

　「事業転換」は、「②新事業への進出」と「③既往事業の縮小・撤退／見直し」をセットで実施するものです。
　以上、前項で特定された「ターゲットとする市場・分野における機会／脅威」を踏まえ、「事業展開の方向性」を整理すると、図表5−16のようになります。「機会／脅威」として☑されたものがあれば、右欄に掲げる「事業展開の方向性（機会の獲得／脅威の回避）」を検討する必要があります。

図表5-16 機会・脅威から導かれる事業展開の方向性

【市場・需要／ライフサイクル】

機会	事業展開の方向性（機会の獲得）
☐ 規模が大きい／拡大 ☐ 多様性・深度あり ☐ 多様化・深化の余地あり	☐ 既往市場・分野での取組拡大 ☐ 新市場・分野での需要獲得
☐ 生成・導入期／成長期にある	
脅威	事業展開の方向性（脅威の回避）
☐ 規模が小さい／縮小 ☐ 多様性・深度なし・乏しい ☐ 多様化・深化の余地なし・乏しい	☐ 既往市場・分野での取組縮小／撤退
☐ 成熟期／衰退期にある	

【供給】

機会	事業展開の方向性（機会の獲得）
☐ 同業者との競合は激しくない ☐ 新規・代替品参入はあまりない	
☐ 販売先との関係は良好 ☐ 販売単価引上げに応じてもらえる ☐ 販売値引き・返品があまりない ☐ 回収の短縮化に応じてもらえる ☐ 販売先から品揃えや製商品の確保・保管について要求されない ☐ 商品の滞留がない	☐ 既往サプライチェーンの強化 ☐ 新規サプライチェーンの構築
☐ 仕入・外注先との関係は良好 ☐ 仕入・外注単価の引下げに応じてもらえる ☐ 仕入・外注値引き・返品が可能 ☐ 仕入・外注先のリベート要求なし ☐ 支払の長期化に応じてもらえる	
脅威	事業展開の方向性（脅威の回避）
☐ 同業者との競合が激しい／激化 ☐ 新規・代替品参入が多い／増加	
☐ 販売先との関係が悪い／悪化 ☐ 販売単価引下げを強いられる ☐ 販売値引き・返品を強いられる ☐ 回収の長期化を余儀なくされる ☐ 販売先から過剰な品揃えや製商品の確保・保管を要求される ☐ 商品の滞留を余儀なくされる	☐ 既往サプライチェーンの見直し ☐ 競合の回避
☐ 仕入先等との関係が悪い／悪化 ☐ 仕入・外注単価の引上げを強いられる ☐ 仕入・外注値引き・返品が困難 ☐ 仕入・外注先のリベート要求あり ☐ 支払の短縮化を余儀なくされる	

(2) 態勢整備の方向性の設定

「事業展開の方向性」が外部環境によって規定されるのに対し、**「態勢整備の方向性」は内部環境（経営資源）によって規定される**といえます。

「態勢整備の方向性～強みの活用／弱みの克服（経営資源の導入／強化・見直し）～」の設定は、次の手順で行います（図表5-17）。

---

① 事業展開に必要な経営資源の特定
② 必要な経営資源における強み・弱み／課題・制約事項の確認
③ 事業展開に必要な態勢整備の方向性の設定

---

① 事業展開に必要な経営資源の特定

まず、図表5-18を用いて事業展開に必要な経営資源を特定し、当該経営資源の有無を確認します。

事業展開に必要な経営資源に該当するものに☑を付し、その具体的内容と対象企業における当該経営資源の有無を記載しましょう。

対象企業において事業展開に必要な経営資源がない場合には、新たな経営資源の導入・構築／外部資源の活用を行う必要があります。

図表5−17　態勢整備の方向性の設定

【事業展開の方向性】　図表5−16

機会の獲得	需要	
	既往市場・分野での取組拡大	新市場・分野での需要獲得
供給　既往サプライチェーンの強化	**既往事業の拡充**	
新規サプライチェーンの構築		**新事業への進出**

脅威の回避	需要
	既往市場・分野での取組縮小／撤退
供給　競合の回避　既往サプライチェーンの見直し	**既往事業の縮小・撤退／見直し**

機会の獲得＋脅威の回避	**事業転換**
機会不獲得＋脅威不回避	**現状維持**

⬇

【必要な経営資源／態勢整備の方向性】　図表5−18、19

必要な経営資源	態勢整備の方向性	
	活用	導入／強化・見直し
体制・方法／要員		
技術・ナレッジ		
設備・システム		
製商品・サービス		
取引先		
資金		

⬆　　　　　　⬆

【強み・弱み】　図表5−7〜10、14

	強み	弱み
体制・方法／要員		
技術・ナレッジ		
設備・システム		
製商品・サービス		
取引先		
資金		

【課題・制約事項】

	課題・制約事項
体制・方法／要員	
技術・ナレッジ	
設備・システム	
製商品・サービス	
取引先	
資金	

図表5-18 事業展開に必要な経営資源

事業展開に必要な経営資源	具体的内容	経営資源の有無	
		有	無
☑ 体制・方法／要員 　☑ 計画策定・遂行・管理 　☐ 人材確保・育成 　☐ 企画・設計・開発 　☐ 生産・加工／仕入・外注 　☐ 営業・販売・サービス提供 　☐ 物流・輸送			
☐ 技術・ナレッジ 　☐ 設計・開発 　☐ 生産・加工 　☐ 営業・販売・サービス提供 　☐ 物流・輸送			
☐ 設備・システム 　☐ 生産・仕入・外注・販売管理 　☐ 設計・開発・試作・試験 　☐ 生産・加工 　☐ 営業・販売・サービス提供 　☐ 物流・輸送			
☐ 製商品・サービス 　☐ 既往製商品・サービス 　☐ 新製品・サービス			
☐ 取引先 　☐ コンサルタント 　☐ 大学等／研究機関 　☐ パートナー 　☐ 設備メーカー等 　☐ システム会社 　☐ 仕入・外注先 　☐ 受注・販売先 　☐ 物流・運輸業者			
☐ 資金 　☐ 設備資金			
☐ 運転資金			

② 必要な経営資源における強み・弱み／課題・制約事項の確認

　次に特定された「事業展開に必要な経営資源」に関する「強み・弱み」（図表5-7～10、14）、「課題・制約事項」を確認し、経営資源ごとに次の観点から態勢整備の方向性を検討します。

> ○既往経営資源が活用できるか【強みの活用】
> ○既往経営資源の強化・見直し／新たな経営資源の導入・構築／外部資源の活用ができるか【弱みの克服】

　事業展開に必要な経営資源における「課題・制約事項」としては、次表のようなことが想定されます。

経営資源	課題・制約事項（例）
体制・方法／要員	・現行体制・要員が高稼働で、新たな事業展開に投入できない。 ・能力・スキルからみて、現行体制・方法／要員を新たな事業展開に適用できない。 ・新たな事業展開にあたり、体制・方法の強化／要員の確保を行う必要がある。
技術・ナレッジ	・現行の技術・ナレッジでは、新たな事業展開に活用できない。 ・知的財産権の制約から、現行技術・ナレッジを新たな事業展開に適用できない。 ・新たな事業展開にあたり、新技術の開発・導入が必要である。
設備・システム	・現行設備が高稼働で、新たな事業展開に投入できない。 ・能力・スペックからみて、現行設備を新たな事業展開に適用できない。 ・新たな事業展開にあたり、設備増強／システム導入を行う必要がある。
製商品・サービス	・現行製品・サービスでは顧客のニーズに応えられない。 ・販売受託契約の制約から、現行商品を新たな事業展開に適用できない。 ・新たな需要を獲得するためには、製品・サービスの強化が必要である。
取引先	・新たな事業展開にあたり、現行販売先からの協力が得られない。 ・現行仕入・外注先の能力からみて、新たな事業展開に適用できない。 ・新たな事業展開にあたり、新たなアライアンスの締結が必要である。
資金	・与信が乏しく、多額の資金調達が困難である。 ・新たな事業展開について、取引金融機関からの支援が受けられない。 ・増資や投資家からの出資が必要である。

　「強みだと思っていたが、新たな事業展開には活用できない」「弱みだと思わなかったが、新たな事業展開にあたって克服しなければならない」といったことが浮き彫りにされる可能性がありますので、しっかり「課題・制約事項」を抽出することが肝要です。

③　事業展開に必要な態勢整備の方向性の設定
　必要な経営資源における「強み・弱み」「課題・制約事項」を踏まえ、図表５−19−１〜５−19−６を用いて、「態勢整備の方向性」を設定します。

左欄で「強み／弱み」として☑されたものに対応する「態勢整備の方向性（強みの活用／弱みの克服）」を右欄の中から選択し、☑を付してみましょう。

図表5－19－1　態勢整備の方向性（製商品・サービス）

強み	態勢整備の方向性（強みの活用）
☐ 機能・性能・効用が優れている ☐ 機能・性能・効用に独自性あり ☐ 機能・性能・効用に多様性あり ☐ 機能・性能・効用に拡張性あり ☐ 機能・性能・効用に持続性あり ☐ 機能・性能・効用に将来性あり	
☐ 品質が優れている ☐ 均質性が優れている ☐ 品質の安定性が優れている ☐ 耐久性が優れている	☐ 既往製商品・サービスの活用 　☐ 既往市場・分野への投入 　☐ 新市場・分野への投入
☐ 供給力が優れている ☐ 小口の供給ができる ☐ 多頻度の供給ができる ☐ 短納期の供給ができる ☐ 安定供給ができる	
☐ 価格力が優れている ☐ 価格競争を回避できる ☐ 価格競争下でも利益確保が可能 ☐ コストダウン要請に対応できる	
弱み	態勢整備の方向性（弱みの克服）
☐ 機能・性能・効用が劣っている ☐ 機能・性能・効用に独自性なし ☐ 機能・性能・効用に多様性なし ☐ 機能・性能・効用に拡張性なし ☐ 機能・性能・効用に持続性なし ☐ 機能・性能・効用に将来性なし	☐ 新製品・サービスの開発 　☐ 既往市場・分野への投入 　☐ 新市場・分野への投入
☐ 品質が劣っている ☐ 均質性が劣っている ☐ 品質の安定性が劣っている ☐ 耐久性が劣っている	☐ 既往製品等の機能・性能・効用の拡充 　☐ 既往市場・分野への投入 　☐ 新市場・分野への投入
☐ 供給力が劣っている ☐ 小口の供給ができない ☐ 多頻度の供給ができない ☐ 短納期の供給ができない ☐ 安定供給ができない	☐ 既往製品等の品質・供給力・価格力の向上 　☐ 既往市場・分野への投入 　☐ 新市場・分野への投入
☐ 価格力が劣っている ☐ 価格競争に陥りやすい ☐ 価格競争下では利益確保が困難 ☐ コストダウン要請に対応できない	

○製品・サービスの強化【弱みの克服】

　対象市場・分野における競争力を高め、「機会」の獲得を促進するため、取り扱う製品・サービスの機能・性能・効用／品質・供給力・価格力を向上させるもので、次の3つの取組みがあげられます。

取組項目	概　要
新製品・サービスの開発	新たな機能・性能・効用を有する製品・サービスを企画・設計・開発する取組み
既往製品等の機能・性能・効用の拡充	既往製品等の改良・改善により機能・性能・効用の向上・拡充を図る取組み
既往製品等の品質・供給力・価格力の向上	既往製品等の改良・改善や仕入／生産／販売／物流体制・方法の改善により、既往製品等の品質・供給力・価格力の向上を図る取組み

図表5－19－2　態勢整備の方向性（給与・処遇／社員の能力・モチベーション等）

強み	態勢整備の方向性（強みの活用）
☐ 給与体系が適切 ☐ 給与水準が適切 ☐ 業績・能力評価が適切 ☐ 処遇（昇進・昇格・異動）が適切 ☐ 人材確保が適切 ☐ 定着率が高い ☐ 年齢構成のバランスがとれている ☐ パート・契約社員を適切に活用 ☐ 社員の能力が高い ☐ テクニカルスキルが高い ☐ ヒューマンスキルが高い ☐ コンセプチュアルスキルが高い ☐ 社員のモチベーションが高い ☐ 社員のモラルが高い	☐ 既往人材の活用
弱み	**態勢整備の方向性（弱みの克服）**
☐ 給与体系に問題あり ☐ 給与水準が高過ぎる・低過ぎる ☐ 業績・能力評価に問題あり ☐ 処遇に問題あり ☐ 人材確保に問題あり ☐ 定着率が低い ☐ 年齢構成に偏り／高齢化が顕著 ☐ パート・契約社員が過少・過多 ☐ 社員の能力が低い ☐ テクニカルスキルが低い ☐ ヒューマンスキルが低い ☐ コンセプチュアルスキルが低い ☐ 社員のモチベーションが低い ☐ 社員のモラルが低い	☐ 給与・処遇の改善 ☐ 社員のスキルアップ ☐ 技能・ノウハウの承継 ☐ 中堅・若手人材の採用強化

○人材の確保・育成【弱みの克服】

　対象市場における需要の獲得／サプライチェーンの構築・強化を図るため、有能な社員を確保し、社員のスキルやモチベーション等を高めるもので、次の4つの取組みがあげられます。

取組項目	概　要
給与・処遇の改善	同業者・同地域における賃金水準などを踏まえつつ、人材の定着やモチベーションの向上を図るため、給与体系・水準の見直し／勤務評価・異動・昇格制度の構築・見直し／福利厚生の改善・拡充を進める取組み
社員のスキルアップ	社員一人ひとりのテクニカル・ヒューマン・コンセプチュアルスキルを高めるため、OJT・研修・自己啓発の態勢を整備し実施する取組み
技能・ノウハウの承継	属人的な暗黙知（技能・ノウハウ）を可視化・形式知化し組織的なもの（技術・知識・データ）にしたうえで、ベテラン社員から中堅・若手社員へと承継し、技術・ナレッジの底上げ／組織的な共有を進める取組み
中堅・若手人材の採用強化	社員の年齢構成がバランスを欠き（高齢化が著しい／中堅社員が不足しているなど）、持続的な企業活動に支障をきたすような場合に、中途・新卒採用により必要な人材（契約社員・パートを含む）を確保する取組み

図表5－19－3　態勢整備の方向性（設備）

強み	態勢整備の方向性（強みの活用）
□ 設備の機能・性能が高い □ 設備の導入・更新が進展 □ 自動化／省力化／IT化が進展 □ 省エネ化・燃費向上が進展 □ 設備の稼働状況が適正 □ 余剰設備がない	□ 既往設備の活用
弱み	態勢整備の方向性（弱みの克服）
□ 設備の機能・性能が低い □ 設備が老朽化・陳腐化 □ 自動化／省力化／IT化が停頓 □ 省エネ化・燃費向上が停頓 □ 設備が低稼働／オーバーフロー □ 余剰設備がある	□ 事業所の新設・増改築 □ 設備の新増設／改良・拡充 □ 事業所の再編・集約・撤退 □ 自動化／省力化／IT化の推進 □ 省エネ化／燃費向上の推進 　→「合理化・効率化」へ

○設備の増強【弱みの克服】

　対象市場・分野における機会の獲得／脅威の回避のため、保有する設備の増強を図り、能力向上／合理化・効率化を進めるもので、次の2つの取組みがあげられます。

取組項目	概　要
事業所の新設・増改築	工場・店舗・物流拠点などの新設・増改築により生産・販売能力の増強などを進め、生産・販売の増加を図る取組み
設備の新増設／改良・拡充	生産・加工／販売・サービス提供／物流・輸送などに係る設備の新増設／改良・拡充により生産・販売などの能力増強や合理化・効率化を推進して収益向上／コストダウンを図る取組み

図表5－19－4　態勢整備の方向性（経営管理／労務管理体制・方法）

強み	態勢整備の方向性（強みの活用）
☐ 経営管理体制が強固 ☐ 経営者の手腕が優秀 ☐ 補佐陣が強固 ☐ 後継者が有能 ☐ 超勤管理が適切 ☐ 余剰人員がいない	☐ 既往体制の活用
弱み	**態勢整備の方向性（弱みの克服）**
☐ 経営管理体制が脆弱 ☐ 経営者の手腕が欠如・凡庸 ☐ 補佐陣が脆弱 ☐ 後継者が不在・凡庸	☐ 経営管理体制の強化・再構築 ☐ 後継者／補佐陣の確保・育成 ☐ 労務管理体制・方法の改善
☐ 超勤管理が杜撰 ☐ 余剰人員が多い	☐ 余剰人員の削減 　→「合理化・効率化」へ

○経営管理／労務管理体制・方法の強化・再構築【弱みの克服】

　円滑な経営・事業運営／労務管理を実現するための取組みとしては、次の3つがあげられます。

取組項目	概　要
経営管理体制の強化・再構築	取締役会の強化／社外取締役・監査役の導入／組織体制のフラット化・権限移譲の推進／経理・財務・計数管理の強化といった取組みを行い、経営管理の強化／事業運営の迅速・円滑化を図るもの
後継者／補佐陣の確保・育成	事業承継を円滑・着実に進め、事業の継続・発展を促すため、後継者／補佐陣を定め、経営・事業運営に必要なスキル／知見の習得・向上を図る取組み
労務管理体制・方法の改善	社員の能力発揮やワークライフバランスの実現に向けて超勤・要員管理などに係る体制・方法の改善を図る取組み

図表5－19－5　態勢整備の方向性（企画・設計・開発等体制／方法）

【企画／設計／開発体制・方法】

強み	態勢整備の方向性（強みの活用）
□ 権限・責任／役割分担が明確 □ 業務が特定部署・人に偏らない □ 連携・コミュニケーションが緊密・円滑 □ 技能・ナレッジが可視化・組織化 □ マニュアルや作業標準が徹底 □ 企画・設計・開発力が高い □ 企画・設計・開発方法が効率的・効果的 □ パートナー／ネットワークが有力	□ 既往体制・方法の活用 □ 既往取引先の活用・関係強化
弱み	態勢整備の方向性（弱みの克服）
□ 権限・責任／役割分担が不明確 □ 業務が特定部署・人に偏在 □ 連携・コミュニケーションが不足 □ 技能・ナレッジが属人的 □ マニュアル等がない・不徹底 □ 企画・設計・開発力が低い □ 企画・設計・開発方法が非効率、効果的に行われていない □ パートナー／ネットワークがない	□ 新体制／方法の構築・導入 □ 既往体制／方法の強化・見直し □ 新規取引先の構築 □ 既往取引先の見直し

【仕入／外注／購買管理体制・方法】

強み	態勢整備の方向性（強みの活用）
□ 権限・責任／役割分担が明確 □ 業務が特定部署・人に偏らない □ 連携・コミュニケーションが緊密・円滑 □ 技能・ナレッジが可視化・組織化 □ マニュアルや作業標準が徹底 □ 見込み・見積りが適切 □ ムダな仕入・外注・購買がない □ 割安な仕入・外注・購買が多い □ 仕入時間が短い □ 発注ロットが適切 □ 有力な仕入・外注・購買先がある □ 原材料等の価格変動があまりない □ 原材料等の確保が容易	□ 既往体制・方法の活用 □ 既往取引先の活用・関係強化
□ 仕入・外注先の能力が優れている □ 納品が適切 □ 品質が安定／不良品が少ない □ 仕入先等の価格対応力がある □ 仕入先等の経営状況は良好である □ 仕入先等との取引状況が適切	

弱み	態勢整備の方向性（弱みの克服）
☐ 権限・責任／役割分担が不明確 ☐ 業務が特定部署・人に偏在 ☐ 連携・コミュニケーションが不足 ☐ 技能・ナレッジが属人的 ☐ マニュアル等がない・不徹底 ☐ 見積り等が甘い／過誤が多い ☐ ムダな仕入・外注・購買が多い ☐ 割高な仕入・外注・購買が多い ☐ 仕入時間が長い ☐ 発注ロットが過大・過少 ☐ 有力な仕入・外注・購買先がない ☐ 原材料等の価格変動が激しい ☐ 原材料等の確保が困難	☐ 新体制／方法の構築・導入 ☐ 既往体制／方法の強化・見直し ☐ 新規取引先の構築 ☐ 既往取引先の見直し
☐ 仕入・外注先の能力が劣っている ☐ 欠品・納期遅れあり ☐ 品質が不安定／不良品が多い ☐ 仕入先等の価格対応力がない・乏しい ☐ 仕入先等の経営状況が悪い／悪化 ☐ 仕入先等との取引状況に問題あり	

【生産／加工体制・方法】

強み	態勢整備の方向性（強みの活用）
☐ 権限・責任／役割分担が明確 ☐ 業務が特定部署・人に偏らない ☐ 連携・コミュニケーションが緊密・円滑 ☐ 技能・ナレッジが可視化・組織化 ☐ マニュアルや作業標準が徹底 ☐ 見込み・見積りが適切 ☐ 作業内容が適切 ☐ 生産・加工品質が高い ☐ 独自の製法・技術を有する ☐ 生産・加工時間が短い ☐ 準備・段取り時間が短い ☐ タイムリーに製造が行われている ☐ 得意分野の内製化が進展 ☐ 不得意分野のアウトソーシングが進展 ☐ 歩留りが良い ☐ 要員配置・工数配分が適切 ☐ 工程間バランスが適切 ☐ ムダな作業・手戻り・横持ちなし ☐ 手空き・待機時間が短い ☐ レイアウト・作業動線が適切 ☐ 不良品発生率が低い ☐ 工程内検査が適切 ☐ 品質管理が適切	☐ 既往体制・方法の活用 ☐ 既往取引先の活用・関係強化

弱み	態勢整備の方向性（弱みの克服）
☐ 権限・責任／役割分担が不明確 ☐ 業務が特定部署・人に偏在 ☐ 連携・コミュニケーションが不足 ☐ 技能・ナレッジが属人的 ☐ マニュアル等がない・不徹底 ☐ 見積り等が甘い／過誤が多い ☐ 作業内容に問題あり ☐ 生産・加工品質が低い ☐ 製法・技術が凡庸 ☐ 生産・加工時間が長い ☐ 準備・段取り時間が長い ☐ 作りだめをしている ☐ 得意分野の内製化が進まない ☐ 不得意分野のアウトソーシングが進まない ☐ 歩留りが悪い ☐ 要員配置・工数配分に問題あり ☐ 工程間にアンバランスがある ☐ ムダな作業・手戻り・横持ち多い ☐ 手空き・待機時間が長い ☐ レイアウト・作業動線に問題あり ☐ 不良品発生率が高い ☐ 工程内検査が杜撰 ☐ 品質管理が杜撰／過誤	☐ 新体制／技術・方法の構築・導入 ☐ 既往体制／技術・方法の強化・見直し ☐ 生産・加工内容の拡充・見直し ☐ 新規取引先の構築 ☐ 既往取引先の見直し ☐ 工程・プロセス／要員配置／動線の見直し → 「合理化・効率化」へ

【営業／販売／サービス提供体制・方法】

強み	態勢整備の方向性（強みの活用）
☐ 権限・責任／役割分担が明確 ☐ 業務が特定部署・人に偏らない ☐ 連携・コミュニケーションが緊密・円滑 ☐ 技能・ナレッジが可視化・組織化 ☐ マニュアルや作業標準が徹底 ☐ 見込み・見積りが適切 ☐ 独自の販売方法・技術を有する ☐ 需要・ニーズを適切に把握 ☐ ソリューション提案を実践 ☐ 受注・販売が平準化 ☐ 広告宣伝の効果が高い ☐ 販売時間が短い ☐ 製商品の納入頻度が適切 ☐ 客室・席の稼働率・回転数が高い ☐ 顧客の滞留・待ち時間が短い ☐ 顧客対応が適切 ☐ 店舗立地が良く商圏とマッチ ☐ 陳列・レイアウトが適切 ☐ 品揃え・サービス内容が適切	☐ 既往体制・方法の活用 ☐ 既往取引先の活用・関係強化

弱み	態勢整備の方向性（弱みの克服）
☐ 権限・責任／役割分担が不明確 ☐ 業務が特定部署・人に偏在 ☐ 連携・コミュニケーションが不足 ☐ 技能・ナレッジが属人的 ☐ マニュアル等がない・不徹底 ☐ 見積り等が甘い／過誤が多い ☐ 販売方法・技術が凡庸 ☐ 需要・ニーズの把握が不十分 ☐ ソリューション提案ができない ☐ 受注・販売の繁閑が顕著 ☐ 広告宣伝の効果が低い ☐ 販売時間が長い ☐ 製商品の納入頻度が過少・過多 ☐ 客室・席の稼働率・回転数が低い ☐ 顧客の滞留・待ち時間が長い ☐ 顧客対応に問題あり ☐ 店舗立地が悪く商圏とミスマッチ ☐ 陳列・レイアウトに問題あり ☐ 品揃え・サービス内容に問題あり	☐ 新体制／方法の構築・導入 ☐ 既往体制／方法の強化・見直し ☐ 品揃え・サービス内容の拡充・見直し ☐ 新規取引先の構築 ☐ 既往取引先の見直し ☐ 工程・プロセス／要員配置／動線の見直し 　→「合理化・効率化」へ

【物流／輸送体制・方法】

強み	態勢整備の方向性（強みの活用）
☐ 権限・責任／役割分担が明確 ☐ 業務が特定部署・人に偏らない ☐ 連携・コミュニケーションが緊密・円滑 ☐ 技能・ナレッジが可視化・組織化 ☐ マニュアルや作業標準が徹底 ☐ 見込み・見積りが適切 ☐ 物流・輸送時間が短い ☐ 輸送経路が効率的・効果的 ☐ 積載が効率的・効果的 ☐ 保管が効率的・効果的 ☐ 仕分・梱包作業が効率的・効果的	☐ 既往体制・方法の活用 ☐ 既往取引先の活用・関係強化

弱み	態勢整備の方向性（弱みの克服）
☐ 権限・責任／役割分担が不明確 ☐ 業務が特定部署・人に偏在 ☐ 連携・コミュニケーションが不足 ☐ 技能・ナレッジが属人的 ☐ マニュアル等がない・不徹底 ☐ 見積り等が甘い／過誤が多い ☐ 物流・輸送時間が長い ☐ 輸送経路が非効率・問題あり ☐ 積載が非効率・問題あり ☐ 保管が非効率・問題あり ☐ 仕分作業等が非効率・問題あり	☐ 新体制／方法の構築・導入 ☐ 既往体制／方法の強化・見直し ☐ 新規取引先の構築 ☐ 既往取引先の見直し ☐ 工程・プロセス／要員配置／動線の見直し 　→「合理化・効率化」へ

○生産・加工等体制／方法の強化・見直し【弱みの克服】

　企業活動における各プロセス（企画・設計・開発／仕入・外注・購買／生産・加工／営業・販売・サービス提供／物流・輸送）の実施体制（注1）や実施方法（注2）の強化・見直しを行い、機会の獲得／脅威の回避を図るもので、次の6つの取組みがあげられます。

　（注1）　指揮命令系統／ステークホルダー／分掌・役割分担／コミュニケーション／要員配置／管理・業務遂行体制／サプライチェーン
　（注2）　業務内容・プロセス・方法・方式／技術・技能・ナレッジ／内製・外注

取組項目	概　要
新体制／技術／方法の構築・導入	新事業への進出などのため、企画・設計・開発／生産・加工／販売・サービス提供などに係る実施体制・方法を新たに構築・導入したり、生産・加工などに係る新たな技術を導入したりする取組み
既往体制／技術／方法の強化・見直し	既往事業の拡充などのため、企画・設計・開発／生産・加工／販売・サービス提供などに係る既往の実施体制・方法の強化・見直しや生産・加工などに係る既往技術の強化・見直しを行う取組み
生産・加工内容の拡充・見直し	新事業への進出、既往事業の拡充／縮小・撤退、サプライチェーンの構築・見直しにあたり、新たな需要・ニーズに適応するため、生産・加工内容の拡充や見直しを行う取組み
品揃え・サービス内容の拡充・見直し	新たな需要の獲得やサプライチェーンの構築・見直しに取り組むにあたって品揃え・サービス内容の拡充や見直しを行い、新たな需要・ニーズに適応しようとする取組み
新規取引先の構築	新事業への進出や新たなサプライチェーンの構築などに伴い、新たな仕入・外注先／受注・販売先／連携先・パートナーとの間で取引関係を構築する取組み
既往取引先の見直し	既往事業の縮小・撤退などに伴い、既往の仕入・外注先／受注・販売先などとの取引関係や取引内容・条件などの見直しを行う取組み

○合理化・効率化【弱みの克服】

　新たな事業展開や前掲の設備の増強／体制・方法の強化・見直しといった態勢整備の取組みを行う中で、次に掲げる「合理化・効率化」をあわせて実施し、新たな事業展開に必要な要員・工数の創出やコストダウンを図ることが想定されます。

　また、特段新たな事業展開は行わない（既往事業を維持・継続する）が、コストダウン推進のため「合理化・効率化」に取り組むといった場合も、次の取組みが有効です。

取組項目	概　要
事業所の再編・集約・撤退	既往事業の縮小・撤退／事業転換といった事業展開に伴い不要となる工場・店舗などを閉鎖し、事業所配置の最適化を進める取組み
自動化／省力化／IT化の推進	現状、人手で行っている作業を機械化・IT化することにより、処理能力の向上／作業負担の軽減／要員・工数の創出／労務費・人件費の削減などを図る取組み
省エネ化／燃費向上の推進	旧来の事業所／生産設備／車両・船舶などを省エネ・低燃費の設備・車両などに更新することにより、燃料費等の削減を図る取組み
工程・プロセス／要員配置／動線の見直し	生産・加工／販売・サービス提供などに係る工程・プロセス／要員配置／動線を見直し、作業の滞留・手戻り・横持ちの解消などを推進して、効率化・円滑化／コストダウンを図る取組み
余剰人員の削減	事業所の再編・集約・撤退／自動化・省力化・IT化／工程・プロセス・動線の見直しなどを行う中で生じた余剰人員のうち、要員の再配置後も余剰となる人員を削減する取組み

図表５－19－６　態勢整備の方向性（資産状況等）

弱み	態勢整備の方向性（弱みの克服）
☐ 遊休資産がある ☐ 不良在庫が多い ☐ 不良債権・資産が多い	☐ 遊休資産の活用・処分
☐ 回収サイトが長い／長期化 ☐ 現金回収割合が少ない／減少 ☐ 回収が長期化／不良債権化 ☐ 手形の割引・譲渡が困難	☐ 回収の促進 ☐ 在庫の削減
☐ 支払サイトが短い／短縮化 ☐ 現金支払割合が多い／増加	☐ 資金繰りの改善
☐ 資金繰りが繁忙化・逼迫 ☐ 金融機関からの資金調達が困難 ☐ 手元流動性が低い	☐ 資金調達の見直し

○遊休資産の活用・処分等【弱みの克服】

取組項目	概　要
遊休資産の活用・処分	現状、遊休化している事業所・設備などについて、新たな事業展開に活用したり、今後活用の予定がないものを処分することにより、収益の増加や固定費の削減を図る取組み
回収の促進／在庫の削減	販売先との取引条件の見直し（サイト短縮化／現金回収割合の引き上げ）や仕入／生産／販売体制・方法の見直しなどにより、売掛債権の圧縮／在庫の削減を推進し、支払利息などの削減／資金繰りの改善などを図る取組み
資金繰りの改善／資金調達の見直し	回収の促進／在庫の削減／長期資金の導入／手元流動性の向上などにより資金繰りを改善する、取引金融機関や借入条件（金利・期間・返済方法）の見直しを行うといった取組み

第**Ⅵ**章

経営改善支援の実務 Step 4
──具体的解決策の設定

問題点／優位点の抽出 → 根本原因／真相の究明 → 課題の設定 → **具体的解決策の設定**

1　事業展開／態勢整備の「妥当性・実現可能性」の分析・検証

前章では、「ターゲットとする市場・分野における需要・供給の見通し」「対象企業の競争力や経営資源の見通し」に基づき、「課題（事業展開の方向性／態勢整備の方向性）の設定」を行いました。

クライマックスとなる本章では、次の手順により「具体的解決策の設定」を行い、経営改善計画の策定に必要なコンテンツを固めることになります。

1　事業展開／態勢整備の「妥当性・実現可能性」の分析・検証
　(1)　具体的な取組項目・内容／実施体制・方法等の設定
　(2)　事業展開／態勢整備の「妥当性」の分析・検証
　(3)　事業展開／態勢整備の「実現可能性」の分析・検証
　(4)　具体的取組みの取捨選択／修正・再設定
2　妥当性・実現可能性を踏まえた「具体的解決策」の設定
　(1)　実施する事業展開／態勢整備の取りまとめ
　(2)　事業展開／態勢整備の成果目標・見込みの設定
3　具体的解決策の「全体効果」の検証・評価
　(1)　収支改善効果の検証・評価
　(2)　バランスシート／資金繰り改善効果の検証・評価

---

(1)　具体的な取組項目・内容／実施体制・方法等の設定

まず、前章で設定した「事業展開の方向性（機会の獲得／脅威の回避）」「態勢整備の方向性（強みの活用／弱みの克服）」をブレイクダウンし、個別取組みごとに具体的な取組項目を設定します（図表6－1、2）。

次に、設定された「具体的な取組項目」について、「5W1H」を踏まえ「具体的解決策」の内容や実施体制・方法などを設定します（図表6－3）。

図表6−1　事業展開に係る具体的な取組項目（例）

事業展開の方向性	具体的な取組項目（例）
【機会の獲得】 ☐　既往市場・分野での取組拡大 ☐　新市場・分野での需要獲得 ☐　既往サプライチェーンの強化 ☐　新規サプライチェーンの構築	・生成・導入期／成長期の市場への進出／事業拡大 ・成熟期／衰退期の市場における差別化の展開 ・既往仕入先・販売先との関係強化による差別化の展開 ・新規仕入先・販売先の構築による新たな市場・事業・分野への展開
【脅威の回避】 ☐　既往市場・分野での取組縮小／撤退 ☐　競合の回避 ☐　既往サプライチェーンの見直し	・不採算市場・事業・分野からの撤退／事業規模の縮減 ・差別化の推進による競合の回避 ・既往仕入先・販売先の見直しによる採算性・効率性・安全性の向上

図表6−2　態勢整備に係る具体的な取組項目（例）

弱みの克服	具体的な取組項目（例）
【製品・サービスの強化】 ☐　新製品・サービスの開発 　☐　機能・性能・効用の向上 　☐　品質・供給力の向上 　☐　価格力の向上 ☐　既往製品・サービスの拡充 　☐　機能・性能・効用の向上 　☐　品質・供給力の向上 　☐　価格力の向上	・新製品・サービスの開発／既往製品等の拡充による機能・性能・効用の向上 　✓　優位性／独自性／多様性／拡張性／持続性／将来性の向上 ・新製品・サービスの開発／既往製品等の拡充による品質・供給力の向上 　✓　均質性／安定性／耐久性の向上 　✓　多品種／小口（単品・小ロット）／多頻度／短納期／安定供給の実現 ・新製品・サービスの開発／既往製品等の拡充による価格力の向上 　✓　価格弾力性の低下、価格競争の回避 　✓　原価低減による価格競争力の向上
【人材の確保・育成】 ☐　給与・処遇の改善 ☐　社員のスキルアップ ☐　技能・ノウハウの承継 ☐　中堅・若手人材の採用強化	・給与体系・水準の改善 ・福利厚生の拡充 ・社員のテクニカルスキルの向上 ・社員のヒューマンスキルの向上 ・社員のコンセプチュアルスキルの向上 ・ベテランの技能・ノウハウの承継 ・中堅・若手人材の採用強化 ・パート・契約社員の活用強化
【設備の増強】 ☐　事業所の新設・増改築 ☐　設備の新増設／改良・拡充 ☐　事業所の再編・集約・撤退 ☐　自動化・省力化・IT化／省エネ化・燃費向上の推進	・工場・物流拠点・店舗等の新設・増改築による能力拡充 ・生産・加工・物流設備等の新増設／改良・拡充による能力拡充、合理化・効率化 ・工場・物流拠点・店舗等の再編・集約・撤退による合理化・効率化 ・余剰設備の活用・処分／自動化・省力化・IT化・省エネ化・燃費向上による合理化・効率化、コストダウン

弱みの克服	具体的な取組項目（例）
【経営管理／労務管理体制・方法の強化・再構築】 ☐ 経営管理体制の強化・再構築 ☐ 後継者／補佐陣の確保・育成 ☐ 労務管理体制・方法の改善 ☐ 余剰人員の削減	・社外監査役・取締役の導入 ・経営・業務運営に関する計数管理体制の整備・強化 ・後継者の確保・育成 ・補佐陣の確保・育成 ・超勤管理、要員管理等の改善 ・余剰人員の削減
【企画／設計／開発体制・方法の強化・再構築】 ☐ 新体制／方法の構築・導入 ☐ 既往体制／方法の強化・見直し ☐ 新規取引先の構築 ☐ 既往取引先の見直し	・権限・責任／役割分担／指揮命令系統の明確化 ・業務の平準化（担当者・部署間） ・担当者間／部署間／上司・部下間の連携・コミュニケーションの改善／緊密化 ・外部取引先・ステークホルダーとの連携・コミュニケーションの改善／緊密化 ・ナレッジの可視化・組織化 ・マニュアル／作業標準の整備・徹底 ・企画・設計・開発体制／方法の構築・改善・拡充（オープンイノベーション／エコシステム導入等） ・外部研究機関・パートナーとの連携構築／関係強化
【仕入／外注／購買管理体制・方法の強化・再構築】 ☐ 新体制／方法の構築・導入 ☐ 既往体制／方法の強化・見直し ☐ 新規取引先の構築 ☐ 既往取引先の見直し	・権限・責任／役割分担／指揮命令系統の明確化 ・業務の平準化（担当者・部署間） ・担当者間／部署間／上司・部下間の連携・コミュニケーションの改善／緊密化 ・外部取引先・ステークホルダーとの連携・コミュニケーションの改善／緊密化 ・ナレッジの可視化・組織化 ・マニュアル／作業標準の整備・徹底 ・仕入・外注・購買計画の策定・管理の徹底 ・品質管理の改善・強化 ・仕入・外注・購買管理の改善・強化 ・仕入・外注・購買に係る見積りの適正化 ・仕入・外注・購買先の構築／見直し
【生産／加工体制・方法の強化・再構築】 ☐ 新体制／技術・方法の構築・導入 ☐ 既往体制／技術・方法の強化・見直し ☐ 生産・加工内容の拡充・見直し ☐ 新規取引先の構築 ☐ 既往取引先の見直し ☐ 工程・プロセス／要員配置／動線の見直し	・権限・責任／役割分担／指揮命令系統の明確化 ・業務の平準化（担当者・部署間） ・担当者間／部署間／上司・部下間の連携・コミュニケーションの改善／緊密化 ・外部取引先・ステークホルダーとの連携・コミュニケーションの改善／緊密化 ・ナレッジの可視化・組織化 ・マニュアル／作業標準の整備・徹底 ・生産計画の策定・管理の徹底 ・原価見積りの適正化 ・新たな製法・技術の導入／構築 ・既往の製法・技術の改善／改良 ・生産・加工内容の拡充・見直し

弱みの克服	具体的な取組項目（例）
	・生産・加工方法の見直し、ムダ作業の撤廃 ・歩留りの改善 ・得意分野の内製化の推進 ・不得意分野のアウトソーシング化の推進 ・工程・プロセス／要員配置／レイアウト・動線の見直し、5Sの徹底 ・品質管理の改善・強化
【営業／販売／サービス提供体制・方法の強化・再構築】 □ 新体制／方法の構築・導入 □ 既往体制／方法の強化・見直し □ 品揃え・サービス内容の拡充・見直し □ 新規取引先の構築 □ 既往取引先の見直し □ 工程・プロセス／要員配置／動線の見直し	・権限・責任／役割分担／指揮命令系統の明確化 ・業務の平準化（担当者・部署間） ・担当者間／部署間／上司・部下間の連携・コミュニケーションの改善／緊密化 ・外部取引先・ステークホルダーとの連携・コミュニケーションの改善／緊密化 ・ナレッジの可視化・組織化 ・マニュアル／作業標準の整備・徹底 ・受注・販売計画の策定・管理の徹底 ・原価見積りの適正化 ・品揃え／サービス内容の改善・拡充 ・販売方法／技術の改善・徹底 　✓ 需要ニーズの的確な把握 　✓ 顧客のニーズ・課題を踏まえたソリューション提案の推進 ・広告宣伝の改善・見直し ・販売先の構築／見直し ・顧客対応方法の改善・見直し（過不足の是正、セルフ化の推進等） ・店舗立地／内装・レイアウト・陳列の改善・見直し
【物流／輸送体制・方法の強化・再構築】 □ 新体制／方法の構築・導入 □ 既往体制／方法の強化・見直し □ 新規取引先の構築 □ 既往取引先の見直し □ 工程・プロセス／要員配置／動線の見直し	・権限・責任／役割分担／指揮命令系統の明確化 ・業務の平準化（担当者・部署間） ・担当者間／部署間／上司・部下間の連携・コミュニケーションの改善／緊密化 ・外部取引先・ステークホルダーとの連携・コミュニケーションの改善／緊密化 ・ナレッジの可視化・組織化 ・マニュアル／作業標準の整備・徹底 ・輸送経路／積載方法の改善・見直し ・保管方法／仕分・梱包作業の改善・見直し ・物流・運送委託先の構築・見直し ・工程・プロセス／要員配置／レイアウト・動線の見直し、5Sの徹底 ・品質管理の改善・強化

弱みの克服	具体的な取組項目（例）
□ 遊休資産の活用・処分 □ 回収の促進 □ 在庫の削減 □ 資金繰りの改善 □ 資金調達の見直し	・遊休資産の活用・処分 ・不良在庫／不良債権・資産の整理 ・販売先の見直し ・回収条件の見直し（サイトの短縮化／現金回収割合の増加） ・原材料の仕入方法の見直し（1日当たり投入量、仕入日数を踏まえた仕入） ・仕掛品のゼロ化 ・製品在庫の適正化（受注量、納期、1日当たり生産・加工能力、販売・物流日数を踏まえた適正在庫の設定） ・商品在庫の適正化（受注量、納期、仕入日数、販売・物流日数を踏まえた適正在庫の設定） ・仕入・外注先の見直し ・資金繰り計画の策定・管理の徹底 ・手元流動性の確保 ・取引金融機関の見直し ・借入条件（金利・期間・返済方法）の見直し

図表6－3　事業展開／態勢整備の取組内容／実施体制・方法等の明確化

項目	明確にする事項
目的・理由	事業展開／態勢整備の「目的・趣旨・理由」
実施体制	事業展開／態勢整備の「当事者・ステークホルダー」「実施体制・役割分担／権限と責任の所在」「当事者間／当事者・ステークホルダー間の連携」
実施内容	事業展開／態勢整備の「具体的な実施内容」
実施場所	事業展開／態勢整備の「実施場所」
実施時期	事業展開／態勢整備の「実施時期・スケジュール・期限」
実施方法	事業展開／態勢整備の「具体的な方法・プロセス」

　以上、個別取組みごとに設定された「具体的な取組項目」「具体的解決策の内容／実施体制・方法」を踏まえ、図表6－4を用いて取りまとめます。

図表6-4　事業展開／態勢整備に係る具体的内容／実施体制・方法

取組項目	No.___		
方向性	【機会の獲得】 □ 既往市場・分野での取組拡大 □ 新市場・分野での需要獲得 □ 既往サプライチェーンの強化 □ 新規サプライチェーンの構築		【脅威の回避】 □ 既往市場・分野での取組縮小／撤退 □ 競合の回避 □ 既往サプライチェーンの見直し
事業展開 / 内容	対象市場・分野名		
	〈具体的なターゲット〉 〈顧客・ユーザーの具体的な需要・ニーズ〉		
	具体的内容		
	〈取扱製商品・サービス〉 〈生産・販売・提供方法〉		
外部環境（需要・供給）の今後の見通し	【市場・需要の見通し】 ・規模　　　　　　　□ 大きい／拡大　　　□ 小さい／縮小 ・多様化／深化　　　□ 余地あり　　　　　□ 余地なし ・ライフサイクル　　□ 生成・導入期／成長期　□ 成熟期／衰退期 〈コメント〉 【供給の見通し】 ・新規・代替品の参入　　□ あまりない　　□ 多い／増加 ・同業者との競合　　　　□ 激しくない　　□ 激しい／激化 ・販売先の態勢　　　　　□ 良好　　　　　□ 悪い／悪化 ・仕入・外注先の態勢　　□ 良好　　　　　□ 悪い／悪化 〈コメント〉		

第Ⅵ章　経営改善支援の実務 Step 4——具体的解決策の設定

		企画・設計・開発	生産・加工／仕入・外注	販売・提供／物流・輸送
実施体制（案）	責任者	氏名＿＿＿＿ ☑ 全体統括・監理 ☐ ☐	氏名＿＿＿＿ ☑ 全体統括・監理 ☐ ☐	氏名＿＿＿＿ ☑ 全体統括・監理 ☐ ☐
	リーダー	氏名＿＿＿＿ ☑ 計画策定・遂行・監理 ☐ 人材の確保・育成 ☑ 取組みの検証・評価・改善 ☐	氏名＿＿＿＿ ☑ 計画策定・遂行・監理 ☐ 人材の確保・育成 ☑ 取組みの検証・評価・改善	氏名＿＿＿＿ ☑ 計画策定・遂行・監理 ☐ 人材の確保・育成 ☑ 取組みの検証・評価・改善
	担当者	氏名＿＿＿＿ 　担当番号＿＿＿＿ 氏名＿＿＿＿ 　担当番号＿＿＿＿ 氏名＿＿＿＿ 　担当番号＿＿＿＿ 氏名＿＿＿＿ 　担当番号＿＿＿＿ ①事業展開に係る企画・検討 ②外部環境の詳細調査・分析 ③製商品・サービスに係る企画・設計・開発 ④取組みの検証・評価・改善作業	氏名＿＿＿＿ 　担当番号＿＿＿＿ 氏名＿＿＿＿ 　担当番号＿＿＿＿ 氏名＿＿＿＿ 　担当番号＿＿＿＿ 氏名＿＿＿＿ 　担当番号＿＿＿＿ ①生産・加工／仕入・外注に係る企画・検討 ②生産・加工／仕入・外注に係る体制・技術・方法の強化・再構築 ③設備の増強 ④合理化・効率化 ⑤生産・加工／仕入・外注に係る取組みの実施／管理 ⑥取組みの検証・評価・改善作業	氏名＿＿＿＿ 　担当番号＿＿＿＿ 氏名＿＿＿＿ 　担当番号＿＿＿＿ 氏名＿＿＿＿ 　担当番号＿＿＿＿ 氏名＿＿＿＿ 　担当番号＿＿＿＿ ①販売・提供／物流・輸送に係る企画・検討 ②販売・提供／物流・輸送に係る体制・技術・方法の強化・再構築 ③設備の増強 ④合理化・効率化 ⑤販売・提供／物流・輸送に係る取組みの実施／管理 ⑥取組みの検証・評価・改善作業
	ステークホルダー	社名等＿＿＿＿ 属性＿＿＿＿ 〈役割分担〉 社名等＿＿＿＿ 属性＿＿＿＿ 〈役割分担〉 社名等＿＿＿＿ 属性＿＿＿＿ 〈役割分担〉 社名等＿＿＿＿ 属性＿＿＿＿ 〈役割分担〉	社名等＿＿＿＿ 属性＿＿＿＿ 〈役割分担〉 社名等＿＿＿＿ 属性＿＿＿＿ 〈役割分担〉 社名等＿＿＿＿ 属性＿＿＿＿ 〈役割分担〉 社名等＿＿＿＿ 属性＿＿＿＿ 〈役割分担〉	社名等＿＿＿＿ 属性＿＿＿＿ 〈役割分担〉 社名等＿＿＿＿ 属性＿＿＿＿ 〈役割分担〉 社名等＿＿＿＿ 属性＿＿＿＿ 〈役割分担〉 社名等＿＿＿＿ 属性＿＿＿＿ 〈役割分担〉

	プロセス	実施事項・内容	実施場所	スケジュール・期限
実施方法（案）	☑ 事業展開に係る企画・検討			
	☑ 外部環境の詳細調査・分析			
	☑ 態勢整備 ☐ 体制・方法の活用／強化	☐ 既往体制／技術／方法の活用 ☐ 既往取引先の活用・関係強化 ☐ 経営管理体制の強化・再構築 ☐ 労務管理体制・方法の改善 ☐ 新体制／技術／方法の構築・導入 ☐ 既往体制／技術／方法の強化・見直し ☐ 生産・加工内容の拡充・見直し ☐ 品揃え・サービス内容の拡充・見直し ☐ 新規取引先の構築 ☐ 既往取引先の見直し		
		〈具体的内容〉		
	☐ 製商品・サービスの活用／強化	☐ 既往製商品・サービスの活用 ☐ 新製品・サービスの開発 ☐ 既往製品・サービスの拡充		
		〈具体的内容〉		
	☐ 設備の活用／増強	☐ 既往設備の活用 ☐ 事業所の新設・増改築 ☐ 設備の新増設／改良・拡充 ☐ 自動化・省力化・IT化の推進 ☐ 省エネ化・燃費向上の推進		
		〈具体的内容〉		

第Ⅵ章　経営改善支援の実務 Step 4──具体的解決策の設定

	プロセス	実施事項・内容	実施場所	スケジュール・期限
実施方法（案）	☐ 人材の活用／確保・育成	☐ 既往人材の活用 ☐ 後継者／補佐陣の確保・育成 ☐ 中堅・若手人材の採用強化 ☐ 社員のスキルアップ ☐ 技能・ノウハウの承継 ☐ 給与・処遇の改善 〈具体的内容〉		
	☐ 合理化・効率化	☐ 余剰人員の削減 ☐ 事業所の再編・集約・撤退 ☐ 工程・プロセス／要員配置／動線の見直し ☐ 遊休資産の活用・処分 ☐ 回収の促進 ☐ 在庫の削減 ☐ 資金繰りの改善 ☐ 資金調達の見直し 〈具体的内容〉		
	☑ 生産・加工／仕入・外注の実施			
	☑ 販売・提供／物流・輸送の実施			
	☑ 取組みの検証・評価／改善			

① 事業展開（機会の獲得／脅威の回避）の具体的内容

まず、図表6－4の「事業展開の取組項目名・№」を記載したうえで、「事業展開の方向性」に関して該当する項目に☑を付し、当該項目に係る「対象市場・分野名」を記載します。

次に、当該対象市場・分野に係る「具体的なターゲット」「顧客・ユーザーの具体的な需要・ニーズ」を明確にします。

「具体的なターゲット」の欄は、BtoCの場合、「ターゲットとする消費者・利用者の地域／性別／所得水準／指向・性向など」について、BtoBの場合、「ターゲットとする顧客・ユーザーの業種・業態／事業内容／仕入・外注・販売先／強み・弱みなど」について、できるだけ具体的に記載します。

「顧客・ユーザーの具体的な需要・ニーズ」の欄には、前記ターゲットの属性を踏まえ、「製商品・サービスの機能・性能・効用／品質・供給・価格に対する需要・ニーズ」や「製商品・サービスの生産・販売・提供方法に関するニーズ」を具体的に記載します。

そして、以上を踏まえ、「取扱製商品・サービス」「生産・販売・提供方法」に関し、次の点を明確にします。

○取扱製商品・サービス
　・製商品等の機能／性能／効用の内容、特徴・優位性・独自性
　・製商品等の品質／供給／価格の内容、特徴・優位性・独自性
○生産・販売・提供方法
　・製品の生産方法に関する内容、特徴・優位性・独自性
　・製商品の販売方法／サービスの提供方法に関する内容、特徴・優位性・独自性

---

② 対象市場・分野における「需要」「供給」の今後の見通し

次に、事業展開の対象とする市場・分野における「需要／供給の見通し」を明確にします。

具体的には、「市場・需要の規模／多様化・深化／ライフサイクル」「新

規・代替品の参入／同業者との競合／販売先・仕入先・外注先の態勢」という観点から「需要／供給」に係る「機会／脅威」の有無を明確にし、その内容を記載します。

③ 事業展開の実施体制／方法・プロセス／スケジュール

最後に、事業展開の実現可能性を検証するため、「実施体制／方法・プロセス／スケジュール（案）」を明確にします。

実施体制については、担当部署（企画・設計・開発／生産・加工／仕入・外注／販売・提供／物流・輸送）における役割分担・指揮命令系統、ステークホルダー（図表6－5参照）を明確にします。

また、実施方法に関しては、必要なプロセス／実施事項に☑を付し、当該プロセス／実施事項に係る具体的な実施内容／実施場所／スケジュール・期限について記載します。

図表6－5　ステークホルダー

ステークホルダー	役割分担
コンサルタント	計画の作成・遂行・管理／人材育成／市場・需要調査／企画・設計・開発／体制・方法の強化・再構築／合理化・効率化の支援
大学等／研究機関	技術シーズの提供、試験・分析、共同研究開発
パートナー	共同企画・設計・開発
仕入・外注先	能力向上、合理化・効率化、体制・方法の強化・再構築
受注・販売先	体制・方法の強化・再構築
設備メーカー等	設備の導入・拡充・改善
物流・運輸業者	能力向上、合理化・効率化、体制・方法の強化・再構築
システム会社	IT化の支援

【参考1】　組織と人材活性化に向けた具体的な取組み

① 個人目標の設定

中小企業・小規模事業者においては、社員一人ひとりの「組織内での役割」「組織から期待されていること」が明確にされず、社員のモチベーションが上がらないというケースが少なくありません。

こうしたケースでは、次のように社員一人ひとりの個別目標を設定し、社員に自身の役割などを明確に認識・理解させることが重要です。

1) 社員と十分に話し合って目標を設定する

社員との対話を行わず、一方的に割り当てたような目標では「やらされ感」が強く、モチベーションは上がらないものです。

目標の設定に際しては、面談の場を設け、管理職（経営者）・社員間で現状認識を共有するとともに「本人に何を期待しているか」を明確に伝え、社員に納得してもらうことが重要です。

また、適切な目標を設定するためには、面談の場だけでなく、管理職（経営者）が常日頃から社員と緊密にコミュニケーションを行うことが不可欠です。

ただし、到底達成できないような目標やあまりにも容易な目標では社員の取組意欲がわかず、モチベーションが上がりません。目標の設定は、社員一人ひとりのスキルや経験などを踏まえ適切に行うことが必要です。

2) 目標を書面で管理する

社員と面談して目標を設定していても、面談時に目標を口頭で伝えるだけで、書面に記録して管理していないため、「誰にどういった目標を設定したか」を忘れてしまい、社員も「上司から特に管理・指導を受けないので、何も取り組まない」ということになるケースがあります。

こうした問題が起こらぬよう、社員一人ひとりについて個別に「目標管理カード」（注）を作成し、定期的（四半期～半期ごと）に社員との面談を実施して、目標の進捗確認や指導・アドバイスを行うことが重要です。

(注) 目標課題（取組事項／実施方法・手段／達成水準／自己・上司評価）、研修・自己啓発事項、上司の指導事項などを記載。

② 取組成果の適切な評価

組織内で働く人であれば、多かれ少なかれ「周囲から賞賛されたい」「組織にとって不可欠な人材だと認められたい」という気持ちで仕事をしています。

しかし、取組成果がしっかり評価されなかったり、賞賛される機会がなければ、社員は満たされず、仕事に対するモチベーションも上がりま

せん。

　社員のモチベーションを向上させるためには、「真剣に仕事に打ち込んでいれば、上司や同僚など周囲の誰かが必ず評価してくれる」といった安心感を醸成することが大切です。こうした安心感は、モチベーションの向上だけでなく、組織の活性化にもつながります。

　モチベーションを向上させるためには、評価・報奨制度を整備し、取組成果をしっかり評価することが重要です。

【事例Ａ　社員の相互評価による組織の活性化】

　Ａ社では、「優秀社員賞」の導入により社員のモチベーション向上／組織の活性化を実現している。

　本制度は、「挨拶の励行」「多能工への取組み」「５Ｓへの取組み」などＡ社の企業理念や経営計画に沿って経営陣が毎月テーマを決め、当該テーマについて、その月に最も頑張った人を全社員の相互投票によって選出し、全社員の前で表彰するというもの。

　従来、こうした取組みは年１回の開催だったが、「褒める回数は多いほうが職場に活気が生まれる」との考えから、現在では毎月実施している。

　「優秀社員」に選ばれると奨励金が支給されるが、本制度の趣旨は「努力や取組みを組織内で評価することで社員のモチベーションを向上させる」ことであるため、金額は１万円としている。

　こうした表彰制度の導入により、社員は仕事に主体的に取り組むようになり、業績の向上につながった。

【事例Ｂ　幅広い表彰の実施によるモチベーション向上】

　Ｂ社では、経営計画作成に全社員で取り組むとともに、次の取組みを実施することにより、組織の活性化／社員のモチベーション向上に成功している。

○「自己管理賞(遅刻・欠勤が少ない)」「問題提起賞(提案が多い)」など15の賞を設定し、仕事に対する取組姿勢を多面的に評価する
○部門長が毎月、自部門の優秀社員を推薦し、年間を通じて推薦の多かった社員を業績発表会で表彰する。受賞者を全員の前で表彰し、受賞記録を顔写真入りで永久保存することにより、社員に誇りと名誉を与え、会社への帰属意識を高めている

③ ボトムアップの取組み推進

社員のモチベーション向上を図るうえで、社員に経営への参加意識を持たせることが大切です。そのためには、小集団活動やQCサークル、提案制度など「社員の声やアイデアを収集し、日常業務に反映させるような仕組みや制度を導入すること」が有効です。ここでは、そうしたボトムアップの取組みのうち、「提案制度」について触れます。

提案制度は、「自身の意見が企業活動に反映されるため、社員の経営への参加意識を高めることができる」「作業方法や管理方法の改善など現場で生じている問題点を洗い出すことができる」といった効果が期待できます。しかし、制度自体が形骸化していたり、自然消滅したりといった企業も少なくありません。

提案制度がうまく機能していない企業に対しては、次の点を確認し、改善を促すことが重要です。

1) 提案に対して迅速に対応しているか

一般的に「反応がないもの」や「どう活かされているかわからないもの」についてやる気や興味を持って取り組むことは困難です。せっかく提案しても、組織が何の反応もしなかったら、提案への取組意欲は低下してしまいます。

社員から提案された事項については、経営者や管理職が目を通し、妥当性や実現可能性を検討したうえで早期に対応することが必要です。

2) 提案数や提案内容等が社員の評価指標となっているか

提案制度を全社的な活動とし、定着させるためには、提案数や提案内

容等を社員の評価指標として明確に設定することが重要です。

　3）　評価に際して質を重視し過ぎていないか

　評価を行う際、提案内容の「質」に偏り過ぎると、社員が尻込みし、提案数が少なくなり、制度が活性化されないおそれがあります。まずは提案数を重視し、日常業務の中で気づいた点など気軽に提案させるようにすることが得策です。

　4）　優良提案や提案への取組みを賞賛しているか

　社員のモチベーションを向上させるためには、取組成果を評価し賞賛するような仕組みを設けることが重要です。例えば表彰制度を設け、個人だけでなく職場やグループ単位でも優良提案や提案への積極的な取組みを表彰することが有効です。

④　管理職の育成

　社員数が増え、組織が大きくなるにつれ、経営者の目が組織全体に行き届かなくなります。相応の規模の組織を円滑に動かしていくためには、管理職を養成することが不可欠です。

【事例C　管理職育成のための仕組み作り】

　C社では、組織を適正にマネジメントするため、次のような管理職育成の仕組みを導入している。

○半期ごとに研修計画を策定し、期待する知識・スキルを明確にしたうえで、対象社員を管理職育成研修に積極的に参加させる

○毎週末、管理職を集めて約2時間の会議を開催し、各自が書面で提出した担当部署の問題点について説明し意見交換を行う

　また、OJTの一環で部下に上司の仕事を体験させ、管理職の仕事に対する理解を深め、部下指導を行いやすい環境を作っている。

　こうした取組みにより、管理職のレベルアップが実現され、「決めたことをしっかり行う体制」が築かれている。

【参考2】 営業・販売体制／方法の強化に向けた具体的な取組み
(1) 営業・販売に関する情報の業務活用
① 情報の収集～営業日報～

営業・販売に関する情報源として真っ先にあげられるのが「営業日報」でしょう。

営業日報は、営業・販売に関する情報を収集するうえで「要」となるもので、営業日報をしっかり作成し運用することで「営業担当者の行動管理」「顧客情報の収集」「営業担当者の指導・育成」「ナレッジ・マネジメント（製販連携強化など）」といったことが円滑かつ効果的に行われるようになります。

ただ、実際に営業日報をみると、訪問先／訪問時間／簡単な面談概要しか記載されず、「営業担当者の行動管理」以外に活用できないケースが少なくありません。

営業日報を効果的に活用するためには、次の取組みが重要です。

1) 収集すべき情報を明確にし、**営業担当者に伝達する**

まず、営業活動の円滑かつ効果的な実施に必要な情報項目を明確にし、営業日報に記載すべき情報を決定します。収集すべき情報としては、例えば、訪問日時／訪問先・面談者／訪問目的／結果（面談内容／顧客要請・クレーム／合意事項など）／次回対応方針／顧客ニーズ・課題／顧客の購買力・購買決定要因（自社が選ばれる要因）／競合先の状況（競合製品の価格・品揃え、競合先の姿勢）などがあげられます。

また、営業日報の様式を拡充し、上記の収集すべき情報がしっかり記載されるようにします。ただ、上司が一方的に様式を決定し「しっかり書くように」と指導しても、思うように情報収集できないおそれがあるので、様式を決定する際は企画段階から営業担当者を参加させ、当事者意識や取組意欲を高めることが有効です。

2) 上司が営業日報にしっかり対応する

営業日報が機能していない企業では、日報を回覧しても上司がコメン

トやアドバイスを行っていないケースが多く見受けられます。回覧された営業日報に印鑑が押されるだけでは、営業担当者は「自分の仕事振りに上司は関心を持ってくれない」と感じ、モチベーションが低下して営業・販売に関する情報の収集が進みません。

　上司は、営業担当者が作成した営業日報に対し、「褒める」「注意する」「問いかける」といった反応を示すとともに、必要に応じて次回訪問時にとるべき行動や留意点などについてアドバイスし、営業日報に記載することが重要です。

3) 営業担当者の多面的な評価に活用する

　評価指標が「結果（例えば売上高）」だけになっている企業が多く見受けられますが、こうした企業では営業担当者が営業日報の記載を煩わしく感じ、十分に情報が収集できないことが多いように思われます。

　「結果」だけではなく、営業活動のプロセス部分、例えば「顧客のニーズ・課題に関する情報や他の営業担当者の参考となる市場情報の収集数」といった項目も評価に加えることが有効です。こうした観点で営業日報を作成していれば、営業プロセスの評価に活用できます。

② 情報の蓄積～顧客情報カード～

　営業日報で顧客情報を収集しても、組織的に情報を蓄積しなければ、「顧客情報に基づいた戦略的な営業活動ができない」「営業担当者の退職により顧客情報が失われてしまう」といった問題が生じます。

　こうした問題が生じないよう、営業日報で収集したフロー情報のうち、以後の営業活動に活用する情報を「顧客情報カード」にストックする必要があります。具体的には、「顧客側の担当者・部署」「会社概要」「顧客セグメント」「購買力／購買決定要因・決定権者」「取引概要／経緯」「販売実績」「競合情報」「ニーズ・課題／提案内容・方法」といった事項を「顧客情報カード」に盛り込むことが有効です。

③ 情報の共有

　営業日報や顧客情報カードを作成しても、組織的に情報共有されなければ、情報を十分に活かすことができません。情報共有が不十分な企業

においては、例えば「営業日報の全営業担当者への回覧」「営業会議での有効情報の発表」といった取組みを行うことが重要です。

【事例D　日報・販売情報のIT化による業務活用の推進】

　D社では、小回りの利いた営業活動を展開するため、営業日報のIT化を行い、市場・顧客情報の共有化、顧客情報に基づく効率的な営業活動を実現している。

　具体的には、営業担当者が「顧客の嗜好」「今後の受注見込み」「受注獲得の経緯」といった情報を入力し、全社員が端末から閲覧できるようにした。そして、当該情報を活用して営業活動の管理や取組方針の検討を行うようにした結果、次の効果が現れてきた。

○管理職・営業担当者間の情報共有が強化され、担当者への具体的な指示／顧客への柔軟な対応が可能になった
○ベテランが入力した営業日報を若手が参照することによって営業ノウハウの伝播が進み、若手の営業スキルが向上した
○営業担当者の引継ぎがスムーズになった

　また、一般的に納期短縮・コスト削減・多品種少量生産といった課題をめぐって営業部門と製造部門が対立しがちですが、営業日報を製造部門と共有することにより、円滑な連携を実現することも可能になります。

【事例E　製造部門との営業情報共有化による社員の意識改革】

　E社では、取引先各社からの納期短縮・コストダウン要請が強まり、納期・コスト重視の営業部門と従来の生産方法にこだわる製造部門との間で対応姿勢・意識のギャップが顕在化してきた。

　こうした中、社長は「受注獲得に至った経緯・背景事情」「受注時の苦労話」「最終的な製品イメージ」などを営業日報にわかりやすく記載するよう指導し、製造部門に営業日報のコピーを回付することを義務づけた。

その結果、仕事に対する社員の意識が変わり、製造・営業部門の一体感が高まり、納期短縮・コストダウンへの理解が深まった。

④ 情報の活用～顧客セグメント～

　営業活動が低迷している企業では、営業を担当者に一任していることが往々にしてありますが、効率的な営業活動を行うためには、顧客別の取組方針を明確に定め、営業担当者に周知徹底することが必要です。

　また、顧客セグメントにあたっては、売上の大小だけでなく顧客の購買力を考慮する必要があります。例えば、顧客A・Bへの売上がともに100であっても、顧客Aの購買力が120、顧客Bの購買力が360の場合、拡販余地を考慮して顧客Bへの営業を重点的に行うことが得策です。

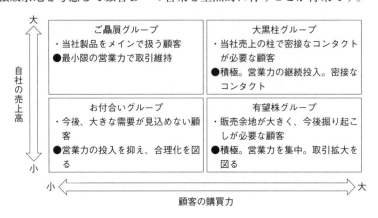

【事例F　顧客セグメントに基づく営業展開】

　F社では、売上高・取引内容・協力度・将来性に基づいて、重要度の高い順にAA・A・B・C・Dの5段階に顧客をランクづけし、次のような営業方針を打ち出している。

○Aランク以上の顧客については、定期訪問／工場見学会や展示会・研修会への招待、急な発注への無条件対応を行う

○Cランク以下の顧客については、急な発注（緊急時を除く）／値引き要請を断る

> こうした営業方針を社内に周知することにより顧客ごとの対応が明確になるため、効率的な営業活動が可能になった。

⑤ 情報の活用〜営業活動管理〜

顧客セグメントを行い、攻めるべき先を明確にするだけでは、計画どおりに営業活動が行われるかどうかはわかりません。例えば、担当者別・得意先別に「月間訪問予定表」を作成するなどプロセスを見える化し、適切に営業活動を管理する必要があります。

こうした予定表に基づいて定期的にミーティングの場を設け、訪問状況の確認・フォローを行うことにより、営業方針の浸透や事前の対策検討が可能となり、効率的な営業活動ができるようになります。

また、プロセス段階から上司のアドバイスを受けることにより、営業担当者の指導・育成も円滑に行われるようになります。

(2) ソリューション提案の推進

受注単価の引上げや成約率のアップを図るためには、「ソリューション（問題解決方法）提案」型営業の推進が非常に有効です。

ソリューション提案型営業を定着させるためには、次のプロセスが的確・着実に行われるよう体制を整備することが重要といえます。
○顧客の現状の把握／深掘り、原因の分析・究明
○顧客の真のニーズの把握／課題の設定
○顧客ニーズへの対応策／問題解決策の検討・立案、妥当性・実現可能性の検証
○提案書の作成／ソリューション提案の実施
○顧客の反応を踏まえたソリューション提案の改善

(3) 稼働率／回転数の向上

小売業・飲食業・旅館業・個人サービス業などでは、店舗の稼働率／回転数をアップさせ、消費者・利用者の増加を図ることが必要です。

店舗の稼働率／回転数を上げるためには、次表に示すような取組みを行い、「集客力の向上」「顧客対応の適正化」を図ることが有効です。

項　目	取組み例
集客力の向上	・設備の改善・拡充 ・店舗立地の見直し ・品揃え・サービス内容の改善・拡充／見直し ・効果的な広告宣伝の実施
顧客対応の適正化	・担当者のスキルアップ ・マニュアル・作業標準の整備／実施の徹底 ・顧客対応の改善・見直し（過不足の是正、セルフ化の推進等） ・陳列／レイアウトの改善・見直し

【参考3】　5Sの推進に向けた具体的な取組み

　5Sとは「整理・整頓・清掃・清潔・躾」のことで、単に現場をきれいにするだけでなく、「作業を阻害するムダや異常の早期発見を図り、ムダや異常を徹底的に排除する」ことを目的とした活動で、「現場改善の起点」となるものです。

　業績低迷企業の工場は往々にして雑然としており、工場内の5S実施レベルと企業業績に相関関係があることがうかがわれます。したがって、5Sの重要性を経営者に気づかせ、徹底させることが大切です。

　以下では、特に重要な「整理」「整頓」に絞ってお話しします。

① 整理～工場や倉庫内に不要なものが置かれていないか～

　5Sにおける「整理」とは「要るものと要らないものを明確に区分し、要らないものを処分すること」をいいます。

　工場や倉庫を見学していると次のような事象を多く見受けます。
○埃をかぶった機械や製品が工場の片隅に放置されている
○数年前に納入された商品在庫が倉庫内に山積みされている
○段ボールの空箱や使わなくなったパレットが散乱している

　しかし、そうした工場などでは、次のような問題が生じています。

問題点	概　要
問題の潜在化	モノで溢れ返っている現場では不良品や在庫の増加など問題の発生に気づきにくく、新たな問題を誘発してしまう
コストアップ	探す、よけるなどのムダな動作による作業効率の低下やムダな固定費の支出などにより、コストがアップしてしまう
在庫の増加	作業効率が低下しリードタイムが長期化することから、在庫が増加してしまう

問題や異常が一目でわかる工場とするため、例えば「３カ月・半年以内に使用する見込みがないモノは廃棄する」といった社内基準を設け、徹底的に「整理」を推進することが有効です。

なお、「整理」は５Ｓでいちばん初めに着手すべき取組みですが、なかなか成果が出なかったり、変化が感じられない取組みを継続するのは困難なものです。５Ｓを成功させるためには、スタートから１、２カ月で明確な成果を上げ、社員に成功体験を積ませることが重要です。

したがって、当初から工場の全エリアを対象にするのではなく、重点エリアを設けて２週間～１カ月と期間を区切り、改善活動を重点エリアに集中するのが得策です。

② 整頓～モノの置き場や置き方が決まっているか～

「整理」によって工場や倉庫内には必要なモノだけが残ります。整理後は「必要なモノ」について「整頓」を行います。

５Ｓにおける「整頓」とは「必要なモノを誰もがすぐにとったり、置いたりできるようにすること」、すなわち「モノの置き方を標準化し明示すること」をいいます。

業績低迷企業の工場などでは、次のような光景をよくみかけます。
○地番管理をしていない、地番管理を行っていながら当初定めたとおりにモノが置かれていない
○工具が工具箱や段取り台車上に雑然と置かれている

工場長などから「常にモノの出し入れをしているので、わかるはずです」と返答されるかもしれませんが、モノの置き場や置き方が明示されていないと、「探すムダ」が生じている可能性があります。たとえ、探す時間が１回数秒であっても、１年間積み重なるとかなりの時間になり、リードタイムの長期化／コストアップを招きます。

「整頓」が不十分な企業に対しては、「時間コスト」を意識することの重要性を説明し、どこに（定位）・何を（定品）・いくつ（定量）置くかを定め、一目でわかるように表示することを提案しましょう。

第Ⅵ章　経営改善支援の実務 Step 4──具体的解決策の設定

③　5S徹底の仕組み作り

　5Sが進んでいない企業では、改善効果を測る仕組みがないケースが少なくありません。5Sを実行・定着させるためには、改善効果を測る仕組みを導入し、次のような取組みを行うことが重要です。

取組事項	概　　要
定点観測	観測地点を決めて定期的に写真撮影を行い、取組み前後の写真を時系列で掲示し、社員が改善効果を実感できるようにする
チェックリストと表彰	チェックリストを作成し、5Sの進展状況を数値化するとともに定期的に発表会を開催し、成果が上がった職場や個人を表彰する

【事例G　様々な工夫により5S活動の定着化に成功】

　G社では、多品種・少量・短納期といった需要に対応するため、5Sの徹底による改善活動に取り組んだ。

　5Sを定着させるため、①毎日の業務に5Sを組み込む、②社員を3〜8名のグループに分け、改善成果の発表会を行う、③各現場に取組管理表を掲示し「誰が」「いつまでに」「何を」改善するのかを明確にする、④改善実績を毎週集計して発表する、といった取組みを行った。

　当初は「やらされている活動」であったが、経営陣が率先して改善に取り組み、目にみえて効果が現れてくるにつれ、「社員が主体的に取り組む活動」へと徐々に変化し、現在では日常業務として完全に定着している。

【参考4】　生産体制の改善に向けた具体的な取組み
①　改善状況の見える化

　「優秀な工場」では、問題が発生するとすぐにわかるような仕組みが整っており、問題の早期解決に向けて全社的に取り組んでいます。これ

に対し「そうでない工場」では、「どれくらい不良品が発生しているのか」「生産計画どおりに進んでいるのか」など現場の状況がわからないケースが多く見受けられます。

しかし、現状が正しく認識できなければ、改善に向けて取り組む社員の意識・意欲が高まらず、問題の解決を図ることができません。

経営者や工場長は、「社員の意識が低くて改善が進まない」と嘆く前に、社員が現状や改善の進捗状況をいつでも確認できるような仕組みを整備する必要があります。例えば、管理資料を時系列でグラフ化し、掲示板に貼り出すなどして、社員が改善の進捗／改善目標の達成状況を確認できるようにすることが有効です。

【事例H　社員に危機感を持たせ、不良率の改善に成功】

H社では、品質要求の厳しさと受注量の急増によって製造ラインが混乱し、大量の不良品が発生したため、次のような取組みを行い、社員に危機感を持たせることにした。
○現在の不良率が続くことによって被る損失額を掲示する
○各グループで発生した不良品をグループごとに現場の目立つ場所に積み上げ、損失金額を記したプレートを貼付する
○グループごとに改善目標と具体的改善策・スケジュールの提出を義務づける

こうした取組みの結果、社員の不良品削減に対する意識が高まり、4カ月後には不良率の大幅な低減に成功した。

---

② ネック工程の把握

効率的に改善を図るためには、ネック工程の能力を上げ、工程ごとの能力を平準化することが重要です。例えば、下図のような工程能力の場合、工場全体の生産数量はネック工程であるB工程の能力に制限されるため、前後の工程の能力を向上させても仕掛在庫や待機時間の発生を招くだけで、全体の生産数量は増加しません。

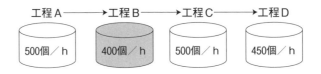

　すなわち、工場全体の能力を高めるためには、ネック工程の改善を集中的に行わなければなりません。

　なお、ネック工程の前後工程では次の点に注意する必要があります。

工　程	留意点
ネック工程の前工程	・生産スピードをネック工程に合わせ、仕掛品の増加を抑える ・ネック工程への不良品投入はネック工程における処理時間をムダにしてしまうため、同工程前に検査・検知工程を設けるなどネック工程に投入される仕掛品全てが良品となるようにする
ネック工程の後工程	・後工程で加工ミスが生じた場合、すでにネック工程に投入した時間がムダになるため、後工程では加工スピードよりも加工ミスの回避を優先する

③　作業時間の把握

　「8～12時　A製品加工→13～15時　B製品加工」とだけ記載された作業日報をみかけることが珍しくありませんが、こうした作業日報ではデータを生産管理などに活用できません。

　企業によって収集すべきデータは異なりますが、最低限「生産数量（製品別・部品別・機械別・工程別など）」「作業時間（加工時間、非加工時間）」は作業日報に記録する必要があります。

　このうち生産数量については多くの企業で記録されていますが、加工・非加工に分けて作業時間を記録している企業は少ないと感じます。

　企業によって差異はありますが、一般的には付加価値を生む「加工時間」は生産時間の20～40％、「非加工時間（準備・段取り／待機／手空き／手戻り／横持ち／移動時間）」は60～80％を占めており、生産性向上のためには「非加工時間」を削減することが不可欠です。

　「非加工時間」を把握していない企業に対しては、まず作業日報によって「非加工時間」を把握し、削減に取り組むよう促します。

　なお、紙ベースでの作業日報ではデータの収集と活用に限界がありますので、IT化が望ましいといえます。

④ 段取り替え作業の改善

多くの製造業では、多品種・少量・短納期生産への対応を迫られています。こうしたニーズに対応するためには、段取り替え作業の改善が欠かせません。

段取り替え時間が長い場合、次のような問題が生じます。
○付加価値を生まない時間が長くなり、リードタイムが長期化する
○生産性を上げようと生産ロットを大きくするため、在庫が増加する

段取り替え時間を正確に把握していない企業の場合は、次のような取組みを行う必要があります。
○段取り替え時間を正確に把握し、目標作業時間を設定する
○作業内容を分析し作業時間の短縮を図る

例えば、段取り替え作業をビデオ撮影し、作業内容を分析して各工程の段取り替え作業の改善を検討することも有効です。

⑤ 多能工化

多品種・少量・短納期生産に対応し作業の効率化を図るためには、「多能工化」を推進し、柔軟な生産体制を構築することが重要です。

多能工化を円滑に行うためには「どの工程について、いつまでに、どの程度のレベルまでスキルを習得しなければならないか」を明確にし、取組／達成状況を把握して、的確に指導する必要があります。

なお、多能工化の推進にあたっては、「有能な工具を選び、前後工程から習得するように指導すること」「ネック工程における段取り替え作業の多能工化を図り、作業を並列化すること」が有効です。

⑥ 外注管理の強化

外注先の納期遅延や品質不良などに悩まされている企業ほど外注管理が疎かにされています。

外注管理の目的は「よい品物を必要量・指定納期に適正価格で調達すること」であり、そのためには、外注先への定期訪問による情報収集や収集した情報に基づく外注先の評価／改善指導、調達先・調達条件の見直しが重要です。

【事例Ⅰ　仕入・外注先の納期遅れを大幅改善】

　Ｉ社では、以前から仕入・外注先の納期遅れが頻発していたことから、生産計画に狂いが生じたり、納期遅れが発生するなどの問題が生じていた。

　こうした状況に対しＩ社では、納期遅れ回数が多いワースト10社を同社納入窓口に貼り出すとともに、当該10社の社長宛てに毎月FAXを送り、改善を要請した。

　当初、仕入・外注先から大きな抵抗があったが、こうした取組みの結果、納期遅れは10分の１に激減し、Ｉ社の生産計画の安定化などに大きく寄与している。また、納期遅れが発生しそうな場合は事前に連絡が入るようになり、生産計画の組換えなどによる対応が可能になった。

【参考５】　不良品発生の抑制に向けた具体的な取組み

　不良品は、「原材料・外注品・商品の受入れ」「生産・加工」「保管・仕分・輸送」といった工程で発生しますが、これにより、手戻り・待機・再準備・再段取りなどの発生、原価・物流コストのムダの発生、販売先の信用低下を招くことになります。したがって、次のような対策の実施を徹底し、不良品発生を抑えることが必要です。

項　目	取組み例
不良品発生工程の改善・見直し／管理強化	・「仕入・外注先における生産・加工／保管・仕分・輸送工程」の改善・見直し／管理強化 ・「対象企業における生産・加工工程」の改善・見直し／管理強化 ・「対象企業・物流業者における保管・仕分・輸送工程」の改善・見直し／管理強化
不良品検知体制／方法の改善・見直し、検知強化	・「原材料・外注品・仕入商品受入時」の検収体制／方法の改善・見直し、検収強化 ・「生産・加工工程内」の検査体制／方法の改善・見直し、検査強化 ・「生産・加工完了後／製品出荷時」の検査体制／方法の改善・見直し、検査強化

【参考6】 リードタイムの短縮に向けた具体的な取組み

　リードタイムの短縮の重要性については、繰り返し述べてきましたが、各業務プロセスの合理化・効率化／適正化を推進し、生産・加工／販売・物流時間などの短縮を実現して「生産性の向上」を図ることは、経営改善において最も重要な取組みの1つといえます。

　リードタイムの短縮に向けた取組みとしては、次表に示すようなものが有効と考えられますが、ほぼ全ての態勢整備に関連しますので、具体的な解決策を検討するにあたり、ぜひ、考慮してください。

時間区分	定　義	時間短縮に向けた取組み（例）
企画・設計・開発	企画・設計・開発に係る作業を実施している時間	・企画・設計・開発要員のスキルアップ ・研究機関／パートナーとの連携構築・活用 ・設計工程のIT化推進、マニュアル・作業標準の整備／実施徹底
仕入・外注・購買管理	仕入・外注・購買管理に係る作業を実施している時間	・仕入・購買管理の強化 ・IT化推進、マニュアル・作業標準の整備／実施徹底 ・仕入先の見直しによる納品時間の短縮、欠品・納期遅れの改善、品質の改善・安定化
生産・加工	生産・加工に係る作業を実施している時間（外製分を含む）	・設備の新増設／改良・拡充による生産・加工時間の短縮、不良品発生の低減／検知の強化 ・設備の新増設／改良・拡充による自動化・省力化・IT化の推進 ・マニュアル・作業標準の整備／実施徹底 ・生産・加工要員のスキルアップ ・生産・品質・外注管理の強化 ・得意分野の内製化／不得意分野のアウトソーシング化の推進 ・外注先の見直しによる生産・加工・納品時間の短縮、欠品・納期遅れの改善、品質の改善・安定化

時間区分	定　義	時間短縮に向けた取組み（例）
販売・物流	販売・物流（保管・仕分・輸送）に係る作業を実施している時間	・設備の新増設／改良・拡充による販売・物流時間の短縮、不良品発生の低減／検知の強化 ・設備の新増設／改良・拡充による自動化・省力化・IT化の推進 ・マニュアル・作業標準の整備／実施徹底 ・営業・販売・物流・サービス提供要員のスキルアップ ・営業・販売・物流・サービス提供体制／方法の改善・見直し ・営業・販売・物流・サービス提供管理の強化 ・店舗立地の見直し（商圏とのミスマッチの解消） ・品揃え・サービス内容の改善・拡充／見直し（需要とのミスマッチの解消） ・顧客対応の改善・見直し（過不足の解消、セルフ化等） ・陳列・レイアウトの改善・見直し
準備・段取り	生産・加工等を始める前の準備・段取り作業の時間	・設備の新増設／改良・拡充による準備・段取りの時間短縮／自動化・省力化・IT化の推進 ・ロットの拡大／不良品発生の低減などによる準備・段取り回数の削減
手空き	生産・加工等を開始した後の作業をしていない時間（待機時間等を除く）	・工程・プロセス間のアンバランスの是正 ・要員配置の見直し
待機	前工程の作業完了を待っている時間	
手戻り	問題が発生し、前工程に戻すことにより発生する浪費時間	・生産・品質・外注管理の強化 ・設備の新増設／改良・拡充による不良品発生の低減／検知の強化
横持ち	複数ある同一工程間を移動する時間	・得意分野の内製化／不得意分野のアウトソーシング化の推進 ・生産・加工／販売・物流拠点の集約化
移動	次工程に移動する時間	・作業動線の改善・見直し ・得意分野の内製化推進 ・生産・加工／販売・物流拠点の集約化

【参考7】 売掛債権の回収促進に向けた具体的な取組み

　販売と回収は車の両輪であり、いくら売上が立っても、売上金の回収が伴わなければ、販売の「実」が上がったとはいえません。回収ができなければ資金が固定化し、企業経営そのものを阻害してしまいます。

　売掛債権が固定化している企業においては、次のような売掛債権管理の強化に係る取組みが必要です。

① 責任体制の明確化

　売掛債権の回収が長期化している企業では、経営者の意識が低く、回収の責任体制が明確になっていないケースが多いように思います。

　こうした企業では、営業担当者がノルマ達成のため、押込販売や信用状態の悪い企業への販売に走り、その結果、回収が滞ってしまいがちになります。

　回収促進のためには、管理体制を強化し、責任の所在の明確化／回収の取組みの管理徹底が必要です。

② 回収に向けた動機づけ

　営業担当者はモノを売った時点で「販売が終了した」と思ってしまいがちで、前記のような責任体制の構築だけでは、回収促進を期待できません。回収を確実なものとするためには、回収に対する営業担当者の動機づけが必要です。

【事例J　営業担当者の意識に働きかけて売掛金の早期回収に成功】

　J社業界は比較的貸倒れが多いことから、「貸倒れも必要経費」との認識があり、社長自身細かな管理・指示をしてこなかった。そのため、営業担当者も販売後の事後管理をほとんどしていない状態であった。

　しかし、景気の低迷により売上・利益が伸び悩む中、J社では売掛債権の回収に取り組むことが急務と考え、次のような取組みを行った。

○回収が遅れている販売先について、営業担当者が遅延理由・回収方法に係るメモを作成し、同メモに基づいて、毎月末、社長に対して説明・報告を行う
○翌月末になっても未回収の案件について再度、社長に対して説明する（場合によっては社長自身が直接、販売先を訪問するなどフォローを実施する）
○営業担当者の評価基準に「回収」を加え、回収金の10％を期末手当として営業担当者に分配する
　こうした取組みの結果、営業担当者の意識が変わり始め、取組み1年目には1,200万円もの滞留売掛金の回収に成功した。

(2) 事業展開／態勢整備の「妥当性」の分析・検証

具体的な取組項目・内容／体制・方法などが明確になったところで、次の観点から事業展開／態勢整備の「妥当性」を分析・検証します。

○ 目的・趣旨との整合性：経営改善の目的・趣旨と事業展開／態勢整備の方向性に整合性があるか
○ 効果創出の妥当性：事業展開／態勢整備による収益向上・コストダウンの効果、投資効果が見込めるか

以下、「効果創出の妥当性」について、少し詳しく述べてみたいと思います。
　事業展開／態勢整備に係る各取組みについて、個別に収益向上やコストダウンの効果、投資効果を算出します（図表6－6）。
　その際、例えば、複数製品の開発や拡充、複数の設備増強、体制／方法の強化・再構築、合理化・効率化などがある場合には、それぞれについて効果を算定します（図表6－7～10）。
　また、設備投資などを行う場合には、図表6－11を参考に、投資経済計算を行い、収益性・資金回収の妥当性を確認します。

図表6－6　事業展開／態勢整備による収益向上／コストダウン等の効果

【事業展開】
- ☐ 既往市場・分野での取組拡大
- ☐ 新市場・分野での需要獲得
- ☐ 既往サプライチェーンの強化
- ☐ 新規サプライチェーンの構築

- ☐ 既往市場・分野での取組縮小／撤退
- ☐ 競合の回避
- ☐ 既往サプライチェーンの見直し

【態勢整備】
- ☐ 既往製商品・サービスの活用
- ☐ 既往人材／設備の活用
- ☐ 既往体制・技術・方法の活用
- ☐ 既往取引先の活用／関係強化
- ☐ 新規サプライチェーンの構築

- ☐ 新製品・サービスの開発
- ☐ 既往製品・サービスの拡充

- ☐ 給与・処遇の改善
- ☐ 社員のスキルアップ
- ☐ 技能・ノウハウの承継
- ☐ 中堅・若手人材の採用強化
- ☐ 労務管理体制／方法の改善
- ☐ 余剰人員の削減

- ☐ 事業所の新設・増改築
- ☐ 設備の新増設／改良・拡充
- ☐ 事業所の再編・集約・撤退
- ☐ 自動化／省力化／IT化の推進
- ☐ 省エネ化／燃費向上の推進

- ☐ 新体制／技術／方法の構築・導入
- ☐ 既往体制／技術／方法の強化・見直し
- ☐ 生産・加工内容の拡充・見直し
- ☐ 品揃え・サービス内容の拡充・見直し
- ☐ 新規取引先の構築
- ☐ 既往取引先の見直し
- ☐ 工程・プロセス／要員配置／動線の見直し

- ☐ 遊休資産の活用・処分
- ☐ 回収の促進／在庫の削減
- ☐ 資金繰りの改善
- ☐ 資金調達の見直し

【収益向上／コストダウン等】
- ☐ 売上高・収入の減少
  - ☐ 売上高・収入の増加
    - ☐ 販売単価の上昇
    - ☐ 販売数量の増加

- ☐ 仕入原価の増加
  - ☐ 仕入原価の減少
    - ☐ 仕入単価の下落
    - ☐ 仕入数量の減少

- ☐ 原材料費の増加
  - ☐ 原材料費の減少
    - ☐ 単価の下落
    - ☐ 消費量の減少

- ☐ 外注加工費の増加
  - ☐ 外注加工費の減少
    - ☐ 単価の下落
    - ☐ 外注量の減少
    - ☐ 外注時間の減少

- ☐ 製造経費等の増加
  - ☐ 製造経費等の減少
    - ☐ 単価の下落
    - ☐ 消費・利用量の減少
    - ☐ 消費・利用時間の減少

- ☐ 労務費・人件費の増加
  - ☐ 労務費・人件費の減少
    - ☐ 単価の下落
    - ☐ 社員数の減少
    - ☐ 就労時間の減少

- ☐ 地代家賃賃借料の増加
  - ☐ 地代家賃賃借料の減少
  - ☐ 固定資産税等の減少
  - ☐ 支払利息の減少

- ☐ その他固定費等の増加
  - ☐ その他固定費等の減少
    - ☐ 単価の下落
    - ☐ 消費・利用時間等の減少

図表 6 − 7　売上高・収入の増加／減少効果の算出

取組項目：No.＿＿＿＿＿＿＿＿＿＿＿＿、項目名＿＿＿＿＿＿＿＿＿＿＿＿＿＿＿＿＿＿＿

項　目		数　値	根拠（例）
販売単価		千円	a × b × c × d
a	同様の機能・性能・効用が得られる競合品等の価額	円	・競合品 A：@＿＿＿円 ・競合品 B：@＿＿＿円 ・競合品 C：@＿＿＿円
b	機能等における競合品等との優劣度合い	％	・機能等の向上により、競合品等に比べ＿＿＿％価額がアップ
c	品質・供給面でのニーズ充足度	％	・品質・供給力の向上により、競合品等に比べ＿＿＿％充足度がアップ
d	（1−値引き率） （注1）	％	・機能等／品質・供給力の向上により、値引き率が＿＿＿％にダウン（従前は＿＿＿％） ・営業・販売体制／方法の強化・見直し、品揃え・サービス内容の拡充・見直し等により、値引き率が＿＿＿％にダウン（従前は＿＿＿％）

【供給過多の場合】

項　目		数　値	根拠（例）
販売数量			a × b × c
a	1顧客当たり年間需要量		・機能等／品質・供給力・価格力の向上により、1顧客当たり年間需要量が＿＿＿％増加（従前は＿＿＿） ・営業・販売体制／方法の強化・見直し、品揃え・サービス内容の拡充・見直し等により、1顧客当たり年間需要量が＿＿＿％増加（従前は＿＿＿）
b	顧客数		・機能等／品質・供給力・価格力の向上により、顧客数が＿＿＿％増加（従前は＿＿＿） ・営業・販売体制／方法の強化・見直し、品揃え・サービス内容の拡充・見直し等により、顧客数が＿＿＿％増加（従前は＿＿＿）
c	成約率	％	・営業・販売体制／方法の強化・見直し、品揃え・サービス内容の拡充・見直し等により、成約率が＿＿＿％にアップ（従前は＿＿＿％）

【需給均衡／需要過多の場合　製造業等のケース】

項　目		数　値	根拠（例）
販売数量			a × b × c × d
a	年間就業時間	時間	
b	リードタイム （注2）	時間	・設備の増強、生産・販売等の体制／方法の強化・見直しにより、企画・設計・開発時間が＿＿＿分短縮（従前は＿＿＿分） ・仕入時間が＿＿＿分短縮（従前は＿＿＿分） ・生産・加工時間（内製）が＿＿＿分短縮（従前は＿＿＿分）

	項 目	数 値	根拠（例）
			・生産・加工時間（外製）が＿＿分短縮（従前は＿＿分） ・販売・物流時間が＿＿分短縮（従前は＿＿分） ・準備・段取り時間が＿＿分短縮（従前は＿＿分） ・手空き・待機時間が＿＿分短縮（従前は＿＿分） ・手戻り・横持ち時間が＿＿分短縮（従前は＿＿分） ・移動時間が＿＿分短縮（従前は＿＿分）
c	（1－不良率） （注3）	％	・設備の増強、生産・加工体制／方法の強化・見直しにより、不良率が＿＿％にダウン（従前は＿＿％）
d	（1－返品率） （注4）	％	

【需給均衡／需要過多の場合　小売・旅館・個人サービス業等のケース】

	項 目	数 値	根拠（例）
販売数量			
a	1店舗1日（1回）当たり販売・サービス提供能力 （注5）		・設備の増強、販売・サービス提供体制／方法の強化・見直しにより、販売サービス提供能力が＿＿％アップ（従前は＿＿）
b	1日当たり稼働率（1日当たり回転数）		・設備の増強、販売・サービス提供体制／方法の強化・見直しにより、 1日当たり稼働率が＿＿％にアップ（従前は＿＿％） 1日当たり回転数が＿＿回にアップ（従前は＿＿回）
c	年間営業日数	日	
d	店舗数		・＿＿店に増加（従前は＿＿店）

（注1）　価格競争によるディスカウントを含む。
（注2）　製品1単位当たり生産・販売時間
（注3）　出荷前に不良を検知する比率
（注4）　出荷後に返品される比率
（注5）　収容・対応可能人数、席数、室数等

図表6－8　売上原価（労務費除く）、変動費の増加／減少効果の算出

取組項目：No._____、項目名_____

項　　目		数　値	根拠（例）
仕入原価		千円	a×b×c×d
	a	単位当たり商品仕入高	千円	・仕入体制／方法の強化・見直しにより、単位当たり商品仕入高が＿＿％ダウン（従前は＠＿＿千円）
	b	（1－値引き率）	％	・仕入体制／方法の強化・見直しにより、単位当たり商品仕入値引き率が＿＿％にアップ（従前は＿＿％）
	c	年間商品販売見込量		
	d	（1－見込不良率）（注1）	％	・仕入体制／方法の強化・見直しにより、仕入先からの不良品混入率が＿＿％にダウン（従前は＿＿％）
原材料費		千円	a×b×c×d×e
	a	単位当たり原材料費	千円	・設備の増強、仕入・生産・加工体制／方法の強化・見直しにより、単位当たり原材料費が＿＿％ダウン（従前は＠＿＿千円）
	b	（1－値引き率）	％	・仕入体制／方法の強化・見直しにより、単位当たり原材料費値引き率が＿＿％にアップ（従前は＿＿％）
	c	年間原材料消費見込量		・設備の増強、生産・加工体制の強化・見直しにより、年間原材料消費見込量が＿＿％ダウン（従前は＿＿）
	d	歩留り（注2）	％	・設備の増強、生産・加工体制／方法の強化・見直しにより、歩留りが＿＿％にアップ（従前は＿＿％）
	e	（1－見込不良率）（注1）	％	・仕入体制／方法の強化・見直しにより、仕入先からの不良品混入率が＿＿％にダウン（従前は＿＿％）
外注加工費（従量部分）		千円	a×b×c×d
	a	単位数量当たり外注加工費	千円	・設備の増強、外注体制／方法の強化・見直しにより、単位数量当たり外注加工費が＿＿％ダウン（従前は＠＿＿千円）
	b	（1－値引き率）	％	・外注体制／方法の強化・見直しにより、単位数量当たり外注加工費値引き率が＿＿％にアップ（従前は＿＿％）
	c	年間外注見込量		・設備の増強、生産・加工体制の強化・見直しにより、年間外注見込量が＿＿％ダウン（従前は＿＿）
	d	（1－見込不良率）（注1）	％	・外注体制／方法の強化・見直しにより、外注先からの不良品混入率が＿＿％にダウン（従前は＿＿％）

項　目		数　値	根　拠（例）
外注加工費（定額部分）		千円	a×b×c
	a	単位時間当たり外注加工費	千円	・設備の増強、仕入・生産・加工体制／方法の強化・見直しにより、単位時間当たり外注加工費が＿＿％ダウン（従前は@＿＿千円）
	b	（1－値引き率）	％	・外注体制／方法の強化・見直しにより、単位時間当たり外注加工費値引き率が＿＿％にアップ（従前は＿＿％）
	c	年間外注時間		・設備の増強、生産・加工体制の強化・見直しにより、年間外注時間が＿＿％ダウン（従前は＿＿）
製造経費等（従量部分）		千円	a×b×c
	a	単位数量当たり製造経費等	千円	・設備の増強、外注体制／方法の強化・見直しにより、単位数量当たり製造経費等が＿＿％ダウン（従前は@＿＿千円）
	b	（1－値引き率）	％	・外注体制／方法の強化・見直しにより、単位数量当たり製造経費等値引き率が＿＿％にアップ（従前は＿＿％）
	c	年間利用・消費量		・設備の増強、生産・加工等体制／方法の強化・見直しにより、電力・燃料・消耗品等の年間利用・消費量が＿＿％ダウン（従前は＿＿）
製造経費等（定額部分）		千円	a×b×c
	a	単位時間当たり製造経費等	千円	・設備の増強、仕入・生産・加工等体制／方法の強化・見直しにより、単位時間当たり製造経費等が＿＿％ダウン（従前は@＿＿千円）
	b	（1－値引き率）	％	・外注体制／方法の強化・見直しにより、単位時間当たり製造経費等値引き率が＿＿％にアップ（従前は＿＿％）
	c	年間消費・利用時間		・設備の増強、生産・加工等体制の強化・見直しにより、電力・燃料・消耗品等の年間利用・消費時間が＿＿％ダウン（従前は＿＿）
荷造運搬費等（従量部分）		千円	a×b×c
	a	単位数量当たり荷造運搬費等	千円	・設備の増強、物流・輸送体制／方法の強化・見直しにより、単位数量当たり荷造運搬費等が＿＿％ダウン（従前は@＿＿千円）
	b	（1－値引き率）	％	・購買管理体制／方法の強化・見直しにより、単位数量当たり荷造運搬費等値引き率が＿＿％にアップ（従前は＿＿％）
	c	年間消費・利用量		・設備の増強、物流・輸送体制／方法の強化・見直しにより、物流・輸送の年間利用量が＿＿％ダウン（従前は＿＿）

項　目		数　値	根拠（例）
荷造運搬費等（定額部分）		千円	a × b × c
＝	単位時間当たり荷造運搬費等	千円	・設備の増強、物流・輸送体制／方法の強化・見直しにより、単位時間当たり荷造運搬費等が___％ダウン（従前は@___千円）
×	（1－値引き率）	％	・外注体制／方法の強化・見直しにより、単位時間当たり荷造運搬費等値引き率が___％にアップ（従前は___％）
×	年間消費・利用時間		・設備の増強、生産・加工等体制の強化・見直しにより、物流・輸送の年間利用時間が___％ダウン（従前は___）

（注1）　仕入・外注先からの納品物における不良品混入率見込み。
（注2）　原材料消費量÷原材料投入量

図表6－9　労務費・人件費の増加／減少効果の算出

取組項目：No._____、項目名_____

項　目		数　値	根拠（例）
固定給		千円	a × b
	a	1人当たり月固定給平均	千円／人月	・給与体系、年齢構成等の見直しにより、___千円ダウン（従前は___千円）
	b	延べ社員数（注1）	人月	・生産・販売等の体制／方法の見直しにより、___人減少（従前は___人）
賞与		千円	a × b × c
	a	1人当たり賞与計算ベース賃金平均	千円／人	・給与体系、年齢構成等の見直しにより、___千円ダウン（従前は___千円）
	b	平均支給月数	カ月	
	c	平均社員数（注2）	人	・生産・販売等の体制／方法の見直しにより、___人減少（従前は___人）
超勤手当		千円	a × b × c
	a	時間当たり超勤手当平均	千円／時間	・給与体系、年齢構成等の見直しにより、___千円ダウン（従前は___千円）
	b	平均月間超勤時間	時間／人月	・生産・販売等の体制／方法の見直しにより、月___時間減少（従前は月___時間）
	c	延べ社員数（注1）	人月	・生産・販売等の体制／方法の見直しにより、___人減少（従前は___人）
福利厚生費		千円	a × b
	a	1人当たり月福利厚生費平均	千円／人月	・給与体系、年齢構成等の見直しにより、___千円ダウン（従前は___千円）
	b	延べ社員数（注1）	人月	・生産・販売等の体制／方法の見直しにより、___人減少（従前は___人）
採用費（研修費）		千円	a × b
	a	1回当たり採用費（研修費）	千円／回	
	b	年間採用活動（研修）回数	回	

（注1）　各月の社員数見込みの12か月分積上げ。
（注2）　各月の社員数見込み合計÷12

図表6−10　固定費の増加／減少効果の算出

取組項目：No._____、項目名_____

項　目		数　値	根拠（例）
地代家賃賃借料		千円	a＋b＋c
a	遊休資産等の処分による地代家賃賃借料の減少①	千円	・_____に係る地代家賃賃借料_____千円
b	遊休資産等の処分による地代家賃賃借料の減少②	千円	・_____に係る地代家賃賃借料_____千円
c	遊休資産等の処分による地代家賃賃借料の減少③	千円	・_____に係る地代家賃賃借料_____千円
固定資産税等		千円	a＋b＋c
a	遊休資産等の処分による固定資産税等の減少①	千円	・_____に係る固定資産税等_____千円
b	遊休資産等の処分による固定資産税等の減少②	千円	・_____に係る固定資産税等_____千円
c	遊休資産等の処分による固定資産税等の減少③	千円	・_____に係る固定資産税等_____千円
支払利息		千円	a×（b＋c＋d＋e）
a	平均利率	％	
b	売掛債権削減による借入金減少	千円	・受取手形　_____千円 ・売掛金　　_____千円
c	在庫削減による借入金減少	千円	・原材料　_____千円 ・仕掛品　_____千円 ・製品　　_____千円 ・商品　　_____千円
d	その他流動資産削減による借入金減少	千円	・貸付金　_____千円 ・その他　_____千円
e	固定資産削減による借入金減少	千円	・_____千円 ・_____千円 ・_____千円
その他固定費		千円	a×b×c
a	1月・日・時間・回当たり固定費	千円	
b	（1−値引き率）	％	
c	年間消費・利用月・日・時間・回数		

図表6−11　投資効果の算出

経済計算方法	概　要	算　式
投資利益率法	投資額に対し、生み出される利益がどれだけ大きいかをみる指標	利払前税引前償却後利益÷投資額
資金回収期間法	生み出される利益によって、投資額が何年で回収されるかをみる指標	投資額÷利払後税引後償却前利益

第Ⅵ章　経営改善支援の実務 Step 4──具体的解決策の設定

(3) 事業展開／態勢整備の「実現可能性」の分析・検証

事業展開／態勢整備の「実現可能性」については、次の観点から「蓋然性（事業展開／態勢整備が確実にできるか）」の有無を分析・検証します。

○ 事業展開の具体的取組みの蓋然性 が認められるか
　・事業展開の具体的内容が、対象市場・分野における今後の需要／供給見通しからみて実現可能か
　・事業展開の実施体制／方法・プロセス／スケジュールからみて円滑かつ着実に遂行できるか
○ 態勢整備の具体的取組みの蓋然性 が認められるか
　・実施プロセスに必要な経営資源が確保できるか
　・経営資源における「課題／制約事項」をクリアできるか
　・態勢整備を円滑かつ着実に遂行できるか

先ほど、図表6－4で「事業展開の実現可能性」についてもみましたので、ここでは図表6－12を用いて「態勢整備の実現可能性」の分析・検証について触れたいと思います。

① 必要な経営資源等の明確化

まず、図表6－12を用いて、取組項目ごとに「必要な経営資源」「要求する能力・スペック等／投入可能な能力・スペック等」「課題・制約事項」「態勢整備の方法／スケジュール・期限」を整理します。

　ⅰ）必要な経営資源

次表に基づき、「体制・方法」「要員」「技術・ナレッジ」「設備・システム」「製商品・サービス」「取引先」「資金」について、新たな事業展開に必要な経営資源の具体名・項目を記載します。

　ⅱ）能力・スペック等

次表に基づき、必要な経営資源に「要求する能力・スペック等」を具体的に記載します。

経営資源	記載事項
体制・方法	企画・設計・開発／仕入・外注・購買／生産・加工／営業・販売・サービス提供体制名／方法・方式名
要員	要員名／部署・グループ名
技術・ナレッジ	技術・ナレッジ名
設備・システム	事業所名／設備名、設置場所・数量
製商品・サービス	製商品・サービス名
取引先	取引先名（パートナー／仕入・外注・購入先／販売先）
資金	設備資金／運転資金の区分・金額

図表6-12 「強みの活用／弱みの克服」の妥当性・実現可能性の分析

取組項目：No.＿＿＿＿＿＿＿＿＿＿＿＿＿＿、項目名＿＿＿＿＿＿＿＿＿＿＿＿＿＿＿＿

		能力・スペック等		課題・制約事項	態勢整備		
	資源名・項目	要求	投入可能		具体的取組内容等	スケジュール・期限	実現可能性
必要な経営資源	体制・方法						
	要員						
	技術・ナレッジ						
	設備・システム						
	製商品・サービス						
	取引先						
	資金						

また、各経営資源の現状を踏まえ、「要求する能力・スペック等」を満たさない経営資源がある場合は、「投入可能な能力・スペック等」を具体的に記載し、要求水準とのギャップ（＝弱み）を明確にします。

経営資源	記載事項
体制	指揮命令系統／分掌・役割分担／コミュニケーション／要員配置／管理・遂行の内容
方法	業務内容・プロセス・方式の内容、生産・販売等能力／リードタイム／原単位／歩留り／不良率／成約率　等
要員	能力・知識／工数
技術・ナレッジ	技術・ナレッジの内容／利用形態・形式
設備・システム	設備・システムの内容／生産・販売等能力（機能・性能を含み、上記を除く）／コストパフォーマンス
製商品・サービス	製商品・サービスの機能・性能・効用／品質・供給／価格
取引先	取引先（パートナー／仕入・外注・購入先／販売先）の能力／取引条件　等
資金	資金の内容・使途／調達方法・条件

iii) 課題・制約事項

　次表を参考に、必要な経営資源に係る「課題・制約事項」がある場合は、その内容や解決見込みを具体的に記載します。

経営資源	課題・制約事項（例）
体制・方法／要員	・現行体制・要員が高稼働で、新たな事業展開に投入できない ・能力・スキルからみて新たな事業展開に適用できない ・新たに体制・方法の強化／要員の確保を行う必要がある
技術・ナレッジ	・現行の技術・ナレッジでは、新たな事業展開に活用できない ・知的財産権の制約から新たな事業展開に適用できない ・新たに技術の開発・導入が必要である
設備・システム	・現行設備が高稼働で、新たな事業展開に投入できない ・能力・スペックからみて、新たな事業展開に適用できない ・新たに設備増強／システム導入を行う必要がある
製商品・サービス	・現行製品・サービスでは顧客のニーズに応えられない ・販売受託契約の制約から新たな事業展開に適用できない ・新たに製品・サービスの強化が必要である
取引先	・新たな事業展開にあたり、現行販売先からの協力が得られない ・現行仕入・外注先の能力からみて新たな事業展開に適用できない ・新たな事業展開にあたりアライアンスの締結が必要である
資金	・与信が乏しく、多額の資金調達が困難である ・新たに取引金融機関からの支援が受けられない

② 態勢整備の具体化
　ⅰ) **具体的取組内容等**

　図表6－4を踏まえつつ、次表に基づいて「弱みの克服」「課題・制約事項のクリア」に係る具体的取組内容などを記載します。

		「要求する能力等」と「投入可能な能力等」のギャップ	
		無	有
課題・制約事項	無	・「強みの活用」と記載	・「弱みの克服」と記載し、ギャップ解消に向けた具体的取組内容／実施場所を記載
	有	・「課題・制約事項のクリア」と記載し、具体的内容を記載	・「弱みの克服」と記載し、ギャップ解消に向けた具体的取組内容／実施場所を記載 ・「課題・制約事項のクリア」と記載し、具体的内容を記載

　ⅱ) **態勢整備のスケジュール・期限**

　図表6－4を踏まえて、態勢整備のスケジュール・期限を記載します。

③ 態勢整備の実現可能性の分析・検証

　以上を踏まえ、次の観点から態勢整備の実現可能性を分析・検証します。

○事業展開に「必要な経営資源の確保」が円滑・着実に行われるか
○当該経営資源における「課題・制約事項のクリア」が可能か
○取組内容・スケジュールなどからみて、「弱みの克服」に向けた取組みが実現可能なものか

---

(4) 具体的取組みの取捨選択／修正・再設定

　以上の分析の結果、「妥当性・実現可能性」が認められない取組みに関しては、次の点に鑑み事業展開／態勢整備の方向性を修正します。

○「獲得できない／獲得すべきではない機会」「回避できない／回避すべきではない脅威」は、経営改善計画上の機会／脅威にならない
○「活用できない／活用すべきではない強み」「克服できない／克服すべきではない弱み」は、経営改善計画上の強み／弱みにならない

---

2 妥当性・実現可能性を踏まえた「具体的解決策」の設定

　前項の分析の結果、妥当性・実現可能性が確認された事業展開／態勢整備について、次の観点から図表6－13、14を用いて整理してみましょう。

---
(1) 実施する事業展開／態勢整備の取りまとめ
(2) 事業展開／態勢整備の成果目標・見込みの設定

---

(1) 実施する事業展開／態勢整備の取りまとめ

　「事業展開／態勢整備に係る具体的内容／実施体制・方法」（図表6－4）に基づき、図表6－13を用いて、実施する事業展開／態勢整備（本章第1節(4)で選択されたもの）を総括します。

① 取組項目／事業展開の方向性／態勢整備の方向性

　取組項目ごとに「取組項目名・№」「事業展開の方向性」「態勢整備の方向性」を記載します。

② 実施体制／主要ステークホルダー

　取組項目ごとに「実施体制」「主要ステークホルダー」を記載します。
　「実施体制」については各取組みの責任者／リーダーを、「主要ステークホルダー」については、株主・取引金融機関・コンサルを除く主なステークホルダー（取引先・連携先など）をそれぞれ記載します。

③ プロセス概要

　取組項目ごとに、各プロセス（事業展開に係る企画・検討、外部環境の詳細調査・分析、態勢整備、事業展開の実施（生産・加工／仕入・外注／販売・提供／物流・輸送）、取組みの検証・評価・改善）に係る概要とスケジュール・期限を簡潔に記載します。

図表6-13　事業展開／態勢整備の総括

取組項目		No.____	No.____	No.____
事業展開の方向性		☐	☐	☐
態勢整備の方向性		☐ ☐ ☐	☐ ☐ ☐	☐ ☐ ☐
実施体制		責任者　_____ リーダー　_____	責任者　_____ リーダー　_____	責任者　_____ リーダー　_____
主要ステークホルダー				
プロセス概要	企画検討 外部環境 調査分析	概要 スケジュール __年__月～__年__月	概要 スケジュール __年__月～__年__月	概要 スケジュール __年__月～__年__月
	態勢整備	概要 ① ② ③ スケジュール ①__年__月～__年__月 ②__年__月～__年__月 ③__年__月～__年__月	概要 ① ② ③ スケジュール ①__年__月～__年__月 ②__年__月～__年__月 ③__年__月～__年__月	概要 ① ② ③ スケジュール ①__年__月～__年__月 ②__年__月～__年__月 ③__年__月～__年__月
	事業展開の実施	概要 ① ② ③ スケジュール ①__年__月～__年__月 ②__年__月～__年__月 ③__年__月～__年__月	概要 ① ② ③ スケジュール ①__年__月～__年__月 ②__年__月～__年__月 ③__年__月～__年__月	概要 ① ② ③ スケジュール ①__年__月～__年__月 ②__年__月～__年__月 ③__年__月～__年__月
	取組みの検証・評価・改善	概要 スケジュール __年_____月実施	概要 スケジュール __年_____月実施	概要 スケジュール __年_____月実施
成果目標				

④ 成果目標

取組項目ごとに態勢整備／事業展開の成果目標・見込みを記載します。

「成果目標・見込み」欄には、後述の「(2) 事業展開／態勢整備の成果目標・見込みの設定」の結果を転記します。

(2) 事業展開／態勢整備の成果目標・見込みの設定

取組項目ごとに、事業展開／態勢整備に係る「成果目標・見込み」を設定し、図表6-14に記載します。

具体的には、図表6-7～10により取組項目ごとに算出した収入・コストの増減効果、図表6-11により算出した投資効果を踏まえ、積算根拠となった項目ごとに成果目標・見込みを明確にします。

そのうえで、設定された数値を再検証し、必要に応じて再設定・精緻化して、成果目標・見込みを確定します。

各取組みに係るコスト／成果目標・見込みは、経営改善計画における収支計画の策定に必要となるほか、計画実施後の取組みの検証・評価において不可欠になるので、可能な限り具体的・定量的に設定することが重要です。

図表6-14　成果目標・見込みの設定

取組項目：No.＿＿＿＿＿＿＿＿＿＿＿、項目名＿＿＿＿＿＿＿＿＿＿＿＿＿＿＿

項　目			成果目標・見込み	(参考)現行
売上高			千円	千円
	単価	競合品等の価額	千円	千円
		機能等における競合品等との優劣度合い	％	％
		品質・供給面でのニーズ充足度	％	％
		値引き率	％	％
	数量Ⅰ	1顧客当たり年間需要量		
		顧客数		
		成約率	％	％
	数量Ⅱ	年間就業時間		
		リードタイム		
		不良率	％	％
		返品率	％	％
	数量Ⅲ	1店舗1日（1回）当たり販売・提供能力		
		1日当たり稼働率（1日当たり回転数）		
		年間営業日数	日	日
		店舗数		

項　目			成果目標・見込み	（参考）現行
仕入原価			千円	千円
	単価	単位当たり商品仕入高	千円	千円
		値引き率	％	％
	数量	年間販売見込量		
		見込み不良率	％	％
原材料費			千円	千円
	単価	単位当たり原材料費	千円	千円
		値引き率	％	％
	数量	年間原材料消費見込量		
		歩留り	％	％
		見込み不良率	％	％
外注加工費（従量）			千円	千円
	単価	単位数量当たり外注加工費	千円	千円
		値引き率	％	％
	数量	年間外注見込量		
		見込み不良率	％	％
外注加工費（定額）			千円	千円
	単価	単位時間当たり外注加工費	千円	千円
		値引き率	％	％
	数量	年間外注時間		
製造経費等（従量）			千円	千円
	単価	単位数量当たり製造経費等	千円	千円
		値引き率	％	％
	数量	年間消費・利用量		
製造経費等（定額）			千円	千円
	単価	単位時間当たり製造経費等	千円	千円
		値引き率	％	％
	数量	年間消費・利用時間		
荷造運搬費等（従量）			千円	千円
	単価	単位数量当たり荷造運搬費等	千円	千円
		値引き率	％	％
	数量	年間消費・利用量		
荷造運搬費等（定額）			千円	千円
	単価	単位時間当たり荷造運搬費等	千円	千円
		値引き率	％	％
	数量	年間消費・利用時間		
固定給・福利厚生費			千円	千円
	単価	１人当たり月固定給・福利厚生費平均	千円	千円
	数量	延べ社員数	人	人
賞与			千円	千円
	単価	１人当たり賞与計算ベース賃金平均	千円	千円
		賞与平均支給月数	カ月	カ月
	数量	平均社員数	人	人

項　目			成果目標・見込み	(参考)現行
超勤手当			千円	千円
	単価	時間当たり超勤手当平均	千円	千円
	数量	平均月間超勤時間	時間	時間
		延べ社員数	人	人
採用費（研修費）			千円	千円
	単価	1回当たり採用費（研修費）	千円	千円
	数量	年間採用活動（研修）回数	回	回
地代家賃賃借料			千円	千円
	単価	単位当たり地代家賃賃借料	千円	千円
	数量	賃借面積・台数・時間等		
固定資産税等			千円	千円
支払利息			千円	千円
	単価	平均利率	％	％
	数量	借入金平均残高	千円	千円
その他固定費			千円	千円
	単価	1月・日・時間・回当たり固定費	千円	千円
		値引き率	％	％
	数量	年間消費・利用月・日・時間・回数		
受取手形			千円	千円
	サイト		カ月	カ月
	手形回収割合		％	％
	月売上高		千円	千円
売掛金			千円	千円
	サイト		カ月	カ月
	月売上高		千円	千円
在庫			千円	千円
	原材料		千円	千円
	仕掛品		千円	千円
	製品		千円	千円
	商品		千円	千円
その他流動資産			千円	千円
固定資産			千円	千円
支払手形			千円	千円
	サイト		カ月	カ月
	手形支払割合		％	％
	月仕入高・外注加工費		千円	千円
借入金			千円	千円
	金融機関からの借入金		千円	千円
	うち長期借入金		千円	千円
	ノンバンク等からの借入金		千円	千円
投資額			千円	千円
	イニシャルコスト		千円	千円
	ランニングコスト		千円	千円

3　具体的解決策の「全体効果」の検証・評価

(1)　収支改善効果の検証・評価

図表6-14を用いて事業展開／態勢整備の「成果目標・見込み」が設定されたところで、損益科目ごとに合算し全体の「収支改善効果」を把握します（図表6-15）。

図表6-15　収支改善効果（総括）

	現行（＿／＿期）				年目（＿／＿期）			
	合計	＿部門	＿部門	＿部門	合計	＿部門	＿部門	＿部門
売上高（注1）	（　）(注2)	（　）	（　）	（　）	（　）	（　）	（　）	（　）
商品仕入原価	（　）	（　）	（　）	（　）	（　）	（　）	（　）	（　）
原材料費	（　）	（　）	（　）	（　）	（　）	（　）	（　）	（　）
外注加工費	（　）	（　）	（　）	（　）	（　）	（　）	（　）	（　）
労務費	（　）	（　）	（　）	（　）	（　）	（　）	（　）	（　）
製造経費	（　）	（　）	（　）	（　）	（　）	（　）	（　）	（　）
うち減価償却費	（　）	（　）	（　）	（　）	（　）	（　）	（　）	（　）
売上総利益	（　）	（　）	（　）	（　）	（　）	（　）	（　）	（　）
同上償却前	（　）	（　）	（　）	（　）	（　）	（　）	（　）	（　）
販売費・一般管理費	（　）	（　）	（　）	（　）	（　）	（　）	（　）	（　）
うち人件費	（　）	（　）	（　）	（　）	（　）	（　）	（　）	（　）
うち減価償却費	（　）	（　）	（　）	（　）	（　）	（　）	（　）	（　）
営業利益	（　）	（　）	（　）	（　）	（　）	（　）	（　）	（　）
支払利息割引料	（　）	（　）	（　）	（　）	（　）	（　）	（　）	（　）
その他損益	（　）	（　）	（　）	（　）	（　）	（　）	（　）	（　）
経常利益	（　）	（　）	（　）	（　）	（　）	（　）	（　）	（　）
同上償却前	（　）	（　）	（　）	（　）	（　）	（　）	（　）	（　）
税金等	（　）	（　）	（　）	（　）	（　）	（　）	（　）	（　）
キャッシュフロー	（　）	（　）	（　）	（　）	（　）	（　）	（　）	（　）

（注1）　製造業の場合、生産収入（＝売上高＋期末製品・仕掛品－期首製品・仕掛品）を採用する。
（注2）　売上高（または生産収入）に対する比率を記載する。

(2) バランスシート／資金繰り改善効果の検証・評価

　前項で集計された収支改善効果を踏まえつつ、「合理化・効率化」による遊休資産の処分、回収促進・在庫削減などの効果を織り込んで、「バランスシートの改善効果」を把握します（図表6－16）。

　また、必要に応じ、収支／バランスシートの改善効果を踏まえて「資金繰り計画表」を作成し、資金繰りの改善効果を検証・評価します。

　以上により取りまとめた「収支／バランスシートの改善効果」と第Ⅲ章で抽出された「財務上の問題点」を対比し、「経営改善の取組みが、問題の解決につながっている」ことを確認します。

　その際、「当初想定していたような効果が得られず、問題が解決されない」と判断される場合は、あらためて「根本原因／真相の究明」「課題の設定」「具体的解決策の設定」まで立ち返り、再検討する必要があります。

　また、「収支／バランスシートの改善効果」については、経営改善計画書の「収支計画」などに盛り込むことになりますが、経営改善の取組実施後に行う「取組みの検証・評価」においても活用します。

　具体的には、計画と実績の乖離を把握し、実績が計画を下回る場合は、「成果目標・見込みの設定（図表6－14）」に立ち返り、次の観点から「経営資源活用／強化・再構築の実施」「事業展開の実施」に係る個別取組みを検証・評価し、必要に応じて改善策を講じることになります。

- 計画と実績に乖離が生じた「原因／理由」は何か
- 各取組みの「実施体制・方法（内容・スケジュール）の設定」に問題はないか
- 各取組みの「成果の目標・見込みの設定」に問題はないか
- 各取組みの「改善すべきこと」は何か、どのように改善するか

図表6－16　バランスシートの改善効果

科目	現行　／　期	1年目　／　期	2年目　／　期	3年目　／　期	積算根拠
流動資産					
現金・預金					
受取手形					
売掛金					
棚卸資産					
原材料					
仕掛品					
製品					
商品					
その他流動資産					
固定資産					
土地					
建物・付属設備					
建設仮勘定					
その他有形固定資産					
機械装置					
車両運搬具					
無形固定資産・投資等					
繰延資産					
流動負債					
支払手形					
買掛金					
短期借入金					
その他流動負債					
固定負債					
長期借入金					
その他固定負債					
自己資本					
資本金					
準備金等					
繰越損益					

第VII章

経営改善計画策定支援の実施

(1) 対象企業の見極め

円滑かつ効果的に経営改善計画の策定支援を行うためには、対象企業が次の3点にいずれも該当していることが必要です。

---

① 経営者の事業意欲・経営改善意欲が旺盛であること
② 経営改善が実行できる経営資源があること
③ 経営改善に注力できる時間的な余裕があること（短期的にみて資金繰り破綻の懸念がないこと）

---

① 経営者の事業意欲・経営改善意欲が旺盛であること

「改善が困難な企業を改善させるのが経営改善支援である」との意見をお持ちの方もいますが、意欲のない経営者に経営改善を実施させることはできません。経営者に強く求められるのは、改善への強い意志と環境変化への対応力であり、これらの源泉は旺盛な事業意欲にあるといえます。

円滑かつ効果的な経営改善支援を実現するためには、事業意欲・経営改善意欲が旺盛な企業でなければなりません。

しかし、経営者に意欲がなくても、金融機関として優先的に経営改善させなければならない企業もあるでしょう。そのような場合は、金融機関から継続支援を受けるために必要とされる財務数値を示すなど明確な目標を持たせ、事業意欲・経営改善意欲の向上を促すことが重要です。

② 経営改善が実行できる経営資源があること

経営改善を行うためには、なんらかの新しい取組みが必要になります。経営者に意欲があっても、企業に経営改善を実行できる経営資源がないことには、改善は進みません。

経営資源は「ヒト・モノ・カネ・情報」といわれますが、特に「経営改善を実行できる人材がいること」が重要です。第Ⅳ章で「3つの能力」の話をしましたが、経営改善をリードするキーマンにおいて「テクニカルスキル（業務遂行上必要な専門的知識・スキル）」「コンセプチュアルスキル（本質を論

理的にとらえ、的確に企画・構想・立案する能力)」「ヒューマンスキル（コミュニケーション／折衝・調整能力、リーダーシップなど)」がバランスよく備わっていることが必要です。

③ 経営改善に注力できる時間的な余裕があること

当面半年程度の資金繰りがついていない企業は、本書でいう経営改善支援の対象にはできません。そもそも、こうした企業は、資金繰り破綻の回避に向け奔走していますから、経営改善支援を目的にした金融機関との接触に割ける時間もないはずです。

このような企業は抜本的な再生支援（外科手術）が必要な段階にあり、本書で紹介している内科療法的な経営改善支援自体になじみません。

(2) 対象企業から合意を得る

経営改善支援を行う際には、まず、企業側から十分な理解を得る必要があります。

例えば、①繁忙期であるなど時期が悪い、②他のコンサルタントの指導を受けている、③「経営や企業活動の現状を洗いざらい説明すると、金融機関の心象を悪くすることになり、取引上マイナスになるのではないか」との懸念を持っている、④そもそも金融機関が経営改善支援を行うことについての理解が全くない、といった理由により、経営改善支援への協力が得られない場合があります。

このようなことを回避するため、経営改善支援を行う趣旨・手順・スケジュール・依頼する資料などを丁寧に説明し、対象企業の納得を十分得る必要があります。

(3) 資料依頼

経営改善支援を行ううえで依頼する資料は一般的に次のとおりですが、対象企業によって柔軟に設定します。

① 税務申告書／決算書・科目明細／試算表（財務データは3期以上）
② 会社案内・製品パンフレット
③ SWOT分析表（企業に作成を依頼する）
④ 組織図および部署別人員
⑤ 工場レイアウト図
⑥ 部門別、製商品別、顧客別採算資料
⑦ 資金繰り表（実績・予想）
⑧ 経営（改善）計画書〔単年度／中期計画〕（すでに作成しているもの）
⑨ 営業関連資料：営業日報、訪問計画表、顧客管理カード
⑩ 生産関連資料：主な製品についての生産計画表（月間・週間計画など）、作業指示書、作業日報
⑪ アンケート（経営陣に回答を依頼するもの）

　経営改善支援では、財務面だけでなく非財務面もしっかりみる必要があるため、融資・審査の際の依頼資料と随分異なるかもしれません。
　なお、経営陣の構成・略歴など対象企業に関する定性情報の蓄積が不十分な場合は、さらに多くの資料を依頼する必要があります。

(4) 事前準備

　企業訪問の前には、聞きもらしや追加資料の依頼もれがないように確認・依頼すべき事項をリストアップし、チェックリストを準備します。

　チェックリストは、訪問するたびに作成しますが、初回については次の確認事項などを盛り込むようにしましょう。

---

① 事前の財務分析に関する事項
- 抽出された財務上の「問題点／優位点」
- 上記問題点などに係る「原因仮説」

② 事後の企業活動分析（定量）に関する事項
- 上記原因仮説の検証に必要な内部資料（生産・販売数量／能力など）
- 上記内部資料に係る依頼事項（資料作成・提出、現場視察・調査への協力など）
- 外部環境の定量分析に必要な情報・データ

③ 事後の企業活動分析（定性）に関する事項
- 外部環境（需要・供給）の定性分析に必要な事項
- 内部環境（経営資源）の分析に必要な事項
- 上記外部・内部環境分析に係る依頼事項（現場視察・調査／取引先ヒアリングへの協力など）

④ 今後の経営・事業運営方針に関する事項
- 外部・内部環境に関する現状認識／今後の見通し
- 自社の問題点・優位点／課題に対する認識
- 上記を踏まえた今後の経営・事業運営方針

　事前準備では、財務分析からみた着眼点に加えて、提出された資料をもとに確認・共通認識の形成に必要な事項をリストアップします。そうすることで、限られた時間の中で効率的・効果的な情報収集などが可能になります。

(5) 企業訪問／現地調査・ヒアリング

一連の経営改善支援の中で3回程度は企業に訪問することになります。

ここでは、円滑な企業訪問／現地調査などを実現するためのポイントについて触れてみたいと思います。

① 訪問時の手順

企業訪問時における一般的な対話などの進め方は次のとおりです。

1) 趣旨説明

まず、今回の訪問の趣旨・目的について説明します。

経営改善支援では、対象企業における問題点や課題に話題が集中したり、根本原因・真相の究明のため「なぜ」「なぜ」を繰り返したりすることから、企業側に不快感を与える場合があります。

特に、初回訪問の冒頭、「しつこくお聞きすることがありますが、改善に結びつく提案を行うためには真の原因を究明することが必要だからです。貴社の経営改善に向け、精いっぱいのことをしたいと考えています」とあらかじめ伝え、企業側の理解を得ることが重要です。

2) ヒアリング

既存情報や提出資料だけでは対象企業の事業内容や問題点・課題などを十分に把握することができません。趣旨説明の後、事前に作成したチェックリストに基づいてヒアリングを行い、事業内容や問題点・課題を大づかみで理解して、その後の分析・検証／検討を効率的・効果的に進められるようにします。

その際、新たに必要な資料などがあれば、企業側の負担を軽減するため、できるだけまとめて依頼するようにします。

3) 現地視察・調査

企業訪問は、通常、会議室や応接室で行われますが、みるべきは工場、倉庫や店舗などの「現場」です。

経営改善支援では、現場で得られた「事実」を出発点とし、抽象的な議論に陥った場合には、常に具体的な事実に立ち返って考えることが求められま

す。このため、経営改善に向けた意見交換・検討を行う前に、まず工場や店舗といった企業活動の現場をみておく必要があります。

「企業は経営者次第である」といわれますが、現場をあまりみない経営者も少なくなく、経営者との対話だけでは企業の実態把握が十分できない場合もあります。現場をみる場合は、できるだけ経営者以外の幹部・社員の話も聞き、企業実態・経営者の能力を客観的に把握することが重要です。

4) 問題点・課題の共有化

金融機関が一方的に考えた改善策を提案しても、理解が進まなければ企業側の取組意欲は高まりません。そのため、ヒアリングや現場視察の後、その結果を踏まえて経営者などと意見交換し、問題点・課題を企業側と共有することが大切です。

5) 想定される改善策の提案

企業側と共有した問題点・課題に関して想定される改善策を投げかけ、企業側の意向や当該改善策の実現可能性を確認します。

ただ、企業側がぜひ実行してみたいという改善策であっても、外部環境の今後の見通しや経営資源上の問題・制約から妥当性・実現可能性が認められないケースもあるため、注意が必要です。

② 訪問時のポイント

経営改善支援の成否や内容・品質は、企業訪問時の対応に大きく左右されますので、心がけるべき点をいくつかあげてみましょう。

1) コミュニケーションを緊密に

いくら後で立派な提案書を作成しても、企業側の納得が得られなければ意味がありません。伝えたいことがあれば面談の際に伝え、事前に情報共有・共通認識の形成を図ることが重要です。

企業訪問の時間が限られる場合には、対象企業が抱える問題点・課題の共有を優先的に行い、想定される改善策をいくつか企業側に投げかけ、先方の反応をみながら、どのような改善策が妥当かつ実現可能か、当たりをつけることが必要です。

2) 対話で気づきを与える

　自主的・自律的な経営改善を促していくためには、企業側に「気づき」を与えることが重要です。こちらから説明・提案する前に、「やっぱり、こういうことをやらなければなりませんね」という発言を、企業側から引き出すことが理想的です。

　企業側の「気づき」を促すためには、次のような点に留意して対話を進めましょう。

ⅰ) 企業の強みを評価する

　最初から弱みばかり指摘されては、改善意欲がわきません。対話では、まず対象企業の強みを話題にし、それを評価したうえで、弱みの指摘、問題解決に向けた提案へと進めていきます。

　「企業も生き残るために必死なのだ」ということを常に念頭に置き、「対象企業が努力している点、成果をあげている点」をしっかり評価し、それを相手に伝えることが、スムーズに経営改善支援を行うポイントです。

ⅱ) BSCの視点を使った質問を行う

　ヒアリングでは、バランス・スコアカード（BSC）の「4つの視点（財務／顧客／業務プロセス／組織と人材）」を意識しながら質問することが有効です。

　例えば、「最近、実行した改善はありますか」という質問を行い、企業から「効率化に向けてある取組みをやってみたが、定着せずに元に戻ってしまった」という回答があったとします。この場合、やろうとしたことは、BSCの観点からいえば、「業務プロセスの改善」に当たります。

　そこで、この取組みについて、「顧客ニーズに応えることを目的としていなかったのではないか」「顧客ニーズに応えようという意識はあったが、実際にはニーズと合わなかったのではないか」（「顧客」の視点）、「定着に向けた人材への働きかけが足りなかったのではないか」（「組織と人材」の視点）といった質問を追加で行ってみてください。

　これにより、改善が定着しなかったのは、「行動と成果の間に因果関係がなかったからだ」ということに気づくかもしれません。

　4つの視点からの質問は、企業が抱えている問題点を浮き彫りにするとと

もに、企業に行動と成果の因果関係を気づかせるうえでも効果的です。

 iii) **事例を語る**

 対話を進めるうえで、事例を交えることが大切です。

 机上の世界ではなく現場で生きている経営者は、抽象的な意見よりも具体的な事例を好みます。このため、説明・提案の裏付けとなる事例を常に頭の引出しに入れておくようにすることが大切です。

 様々な企業と接触する金融機関は、生きた事例を収集しやすいという強みがあります。職員一人ひとりがこの強みを活かして事例の収集・提供を進めることにより、各人の「企業をみる力」「プレゼン力」が高まり、ひいては組織全体の対応レベルの向上につながります。

 iv) **思いつきを大切にする**

 有用な提案を行うには、「その場でどれだけ発想できるか」ということも重要になります。こうした能力（発想力）は、分析と提案の手法を身につけ、経験を積むことによって習得できます。分析と提案の方法が身についていれば、さほど的外れな提案にはなりません。

 「十分に考えもせず、こんなことをいっても」と遠慮せず、提案してみることが大切です。企業側には「思いつきですが」と断わってから提案する必要はありますが、こうした提案のほうが好評なこともあります。

 また、企業訪問の中で感じたことを話すのは、企業側と打ち解けるためにも効果的です。あえて反論の余地が多い「思いつき」の提案を行い、活発に意見交換できる雰囲気を作ることも必要です。

(6) 経営改善に向けた提案書の作成

　経営改善支援にあたって、最も留意しなければならないのは、「企業側の自主的な取組みを引き出し、自律的な取組みを促すこと」です。すなわち、こちらで用意した「答え」を提案するのではなく、「ヒント」や「気づき」を与え、経営者自身に考えさせ、「答え」に至るように導き、「自ら引き出した課題や具体的解決策」に取り組ませることが、金融機関の役割です。

　それゆえ、経営改善に向けた提案は、企業側の取組過程（問題点の把握→根本原因・真相の究明→課題の設定→具体的解決策の設定）に応じて適時適切に行い、「自主的・自律的な取組み」につなげていかなければなりません。

① 「問題点／優位点の根本原因・真相」に関する提案書

　第1フェーズとして、財務分析／企業活動分析（定量・定性）により究明された「問題点／優位点の根本原因・真相」を踏まえ、次の点が記載された提案書を作成します。

○外部環境（対象市場・分野）における現状の問題点／優位点
○内部環境（経営資源）における現状の問題点／優位点

　本提案書は、現状の問題点／優位点についてまず共通認識を形成し、その後の「課題の設定」が円滑に行われることを目的とします。

② 「取り組むべき課題」に関する提案書

　第2フェーズとして、外部環境／内部環境における現状の問題点／優位点から導き出される「課題」について次の観点から取りまとめ、「取り組むべき課題」に関する提案書を作成します。

○今後の需要／供給の見通し、機会／脅威の見極め
○今後の競争力／経営資源の見通し、強み／弱みの見極め
○事業展開の方向性（機会の獲得／脅威の回避）
○態勢整備の方向性（強みの活用／弱みの克服）

本提案書は、この後の「具体的解決策の立案」を円滑かつ効果的に行うため、「対象市場・分野における需要／供給の今後の見通しと機会／脅威」「対象企業における競争力／経営資源の今後の見通しと強み／弱み」についての認識を企業側と共有し、「事業展開／態勢整備の方向性」について合意形成することを目的とします。

③　「具体的解決策の立案」に向けた提案書

　第3フェーズ（最終フェーズ）として、「具体的解決策の立案」に向けた提案書を作成します。

　本提案書には、次の事項を盛り込み、「対象企業における経営改善計画の策定」と「金融機関における経営改善計画書の検証・評価／改善指導」が円滑に行われるようにします。

○事業展開／態勢整備の方向性の「妥当性／実現可能性」の分析・検証
○事業展開／態勢整備による「収益向上／コストダウンの効果」の算定
○妥当性・実現可能性を踏まえた「具体的解決策」（イメージ）
○具体的解決策の設定にあたっての留意点
○具体的解決策の「全体効果」の検証・評価

---

(7) プレゼンテーション

　長時間かけて提案書を作成しても、企業の理解が得られなければ経営改善の取組みが十分に行われず、効果も上がりません。このため、作成した提案書について、しっかりとしたプレゼンテーションを行い、経営改善に向けた動機づけを行うことが重要です。

① 出席者

　プレゼンテーションは原則として社長などの実権者に対して行いますが、工場長・営業部長など経営幹部や経営改善推進のキーマンにも出席してもらい、経営改善に対する意識・意欲を高めてもらうことが重要です。

　なお、経営者以外の社員が出席する場合には、対象企業の強みを評価したり、経営陣の問題への言及を控えるなど、自社に対する不安を抱かせないような配慮が不可欠です。

② 所要時間

　説明に90分、質疑応答に90分程度の時間をみておく必要があります。このため、アポイントにあたっては十分な時間を確保してもらうようにします。

③ プレゼンテーションに用いる資料

　わかりやすいプレゼンテーションにするため、提案書のほか、視覚に訴える図表などを多く盛り込んだ補足資料などを使用することが有効です。

　こうした資料を用いることにより、企業が抱える問題と改善に必要な取組事項の因果関係などが明らかになり、企業側の理解も得られやすくなります。

④ 優先順位の高い取組み／経営改善の効果を中心に説明

　限られた経営資源で効率的・効果的に経営改善を進めていくためには、取組みの優先順位を明確にする必要があります。

　プレゼンテーションでは、全体像とともに主要な取組み、優先的な取組みを中心に説明し、経営改善の効果がどれだけ見込まれるのかということを明確にすることが重要です。

　これにより、企業側のインセンティブを高めることができます。

⑤ 質疑応答

一通り説明が終わったところで、まず提案に関する感想や評価を出席者に聞いてみるなど活発に質問が出る雰囲気を作ります。

また、プレゼンテーションにあたっては、事前に想定問答を作成するなど十分に準備する必要があります。

⑥ 実行スケジュールの合意

プレゼンテーション後、企業側と「実行する提案／実行期限／その責任者」について合意することが必要です。こうした点が明確になっていないと、結局、ずるずると実行されないままに放置される場合があります。

(8) 経営改善計画策定支援

対象企業に経営改善計画書の作成を依頼します。

その際、後掲【参考1】のような「経営改善計画書の作成要領」を提供すると、円滑な計画策定が期待できます。

ただし、丸投げするのではなく、企業側から相談や質問があれば親身になってアドバイス（助言／気づき・ヒントの提供）やサポート（作成補助／必要な情報の提供）を行うようにしてください（【参考2】参照）。

(9) 事後フォロー

経営改善の実効性を高めるためには、定期的なモニタリングなど事後フォローを継続し、経営改善の取組みが進捗しない場合や効果が上がらない場合は、原因の究明／計画の修正・再策定を行う必要があります。

① モニタリング指標の設定

経営改善計画の中に、あらかじめ成果目標やモニタリング指標を盛り込み、定期的にチェックします。これにより、改善の進捗状況を円滑かつ着実に把握できるようになります。

② 事後フォローの実施

一般的に、取組開始後3カ月を経過してもなんら成果が得られない場合、社員の取組意欲が低下し、それ以上改善活動を継続することが困難になると

いわれています。こうした点を考えると、提案後2カ月以内には、再度企業訪問を行い、進捗状況を確認することが求められます。

③ PDCAの継続

「経営改善の取組みが計画どおりに進まない」「経営改善に取り組んでいるが、なかなか効果が出ない」という場合には、それらの原因を見極め、改善策を講じていく必要があります。

経営改善の実施にあたっては、事後フォローの態勢を整備し、対象企業・金融機関が一体となってPDCAの取組みを継続していくことが非常に重要です。

PDCAサイクルにおける差異分析（Check）と改善に向けたフォロー（Action）を行うことによって、経営改善支援の効果が高まり、職員の能力向上や貸付基盤の強化にもつながります。

【参考1】 経営改善計画書の作成要領——企業向け

> ここで紹介しているのは、企業向け経営改善計画書作成要領の一例です。企業に計画書作成を勧めるにあたり、各金融機関で同様の様式がある場合は、それをお使いいただいてさしつかえありません。ただ、数値計画については、本例のように中長期の計画を策定することが基本といえます。

(1) 計画書作成の意義

① 現状分析の結果を整理したうえで、「あるべき姿（目指すべき理想像）」を、数字と文章で表すことができる

　計画書を作成することで、経営者の強い思いが多くの人に伝わり、経営が円滑に行われるようになります。数値目標やそれを達成するための具体的方策が明確になっていなければ、企業を動かすことはできません。

② 全社的にPDCAサイクルを回す土台を作ることができる

　企業活動の優劣はPDCAサイクルの有無で決まります。計画を立てて（P）、実行し（D）、計画と実績との差異分析を行ったうえで（C）、なんらかのアクションを起こす（A）。このサイクルをできるだけ短期間で回転させていくことが重要です。

　計画に対するギャップを認識し、対策を立てることは、「経営の基本姿勢」です。ギャップを認識するためには、数値計画を策定し、実績を図る「ものさし」を作ることが不可欠です。これにより、進捗状況の把握や差異分析、改善策の立案を的確に実施できるようになります。

③ 金融機関に適切な支援を要請することができる

　成果が出ていない（利益が出ていない）場合は、その原因を究明し、改善策を検討して金融機関に説明し、理解を得なければなりません。

「何が悪いのか」「どうすれば改善するのか」について、経営者がわかっていないことが何より問題であり、問題点の原因や真相が明確になれば、改善の可能性もみえてくるので、金融機関はそれだけでも安心するものです。
　企業として、今よりよい未来を数字で表したものが利益計画です。計画どおりに実績が上がってくると、こうした企業の計画書は、未来を先取りしたものと、金融機関からも認められます。

(2) 計画書作成の要領

　経営改善計画書の様式は、日本政策金融公庫のホームページからダウンロードしてお使いください。

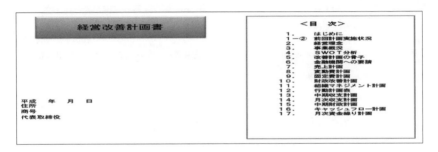

1. はじめに

　経営改善計画書の冒頭に、「計画書策定の目的」や「経営者の決意」などを記載します。あまり構えて考える必要はありません。経営者が自分の言葉

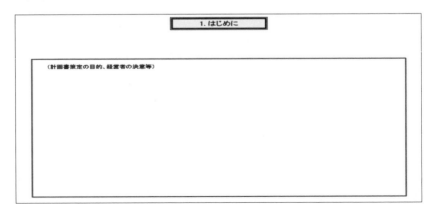

で思うことを記載するのがいちばんです。

　ただ、金融機関に条件変更を要請する場合は、窮境に陥った原因とその反省についても、ここで簡単に触れておいたほうがよいでしょう。

1－②　前回計画実施状況

　前回計画がある場合は、計画と実績との差異分析を記載します。上振れた場合も、下振れた場合も、差異が生じた理由についてしっかり把握されていれば、今回策定する計画の実現可能性について説得力が増します。

　なお、実績が計画を下回ると、期中で目標を下方修正する企業があります。目標は「企業が生き残れる水準」であり、単なる下方修正は「企業が生き残りを放棄すること」を意味します。

　目標を達成するために試行錯誤し続ける中にしか企業の未来はありません。もちろん、外部環境の大きな変化や、主要取引先の変更、ある事業分野からの撤退など、計画変更が必要な場合もありますが、単に数字を下方修正するだけといった安易な計画変更をしないよう、計画策定時に考え抜かなければなりません。

第Ⅶ章　経営改善計画策定支援の実施

2．経営理念・経営方針

① 経営理念

　経営理念はすでに作成されているものを記載します。理念は、創業時に完成しているものではなく、その後の企業活動を通じて、一層明瞭になっていくものです。創業の精神に立ち返って、自社を見つめ直すことが大切です。

② 経営方針

　経営方針は、経営理念を具体化したものです。理念との間に矛盾があってはいけません。中長期の経営方針はビジョンと呼んでもよいでしょう。

　「どんな顧客に向けて、どんな仕事をしていくのか」「例えば5年後には、社員数、売上高、営業エリアはどうなっているか」「今後必要な設備投資は何か、そのために各年度に何をどこまでやるのか」といったことです。

　経営方針は必ず経営者が策定しなければなりません。会社の将来に責任を負えるのは経営者だけです。経営方針がはっきりしていないと、社員から的外れな意見や不満が出るものです。「自社は他社と何が違うのか」「伸ばすべき特長は何か」という点について社員と認識を共有することが大切です。

```
┌─────────────────────────────────────────┐
│          2．経営理念・経営方針            │
│                                         │
│  ▶ 経営理念                              │
│                                         │
│                                         │
│                                         │
│  ▶ 経営方針                              │
│                                         │
│                                         │
└─────────────────────────────────────────┘
```

3．事業概況

過去3期の財務推移を記載するとともに、「売上高」「利益」「財政面」の最近の変化についてコメントします。

売上高については、できるだけ部門別・製品別などセグメント別に変動要因を説明するようにします。

利益については、変動費の対売上高比率の変化、固定費の金額の変化に言及し、なぜ増減したかを説明します。

また、財政面は、「取引条件の変化」「固定資産の増減」「借入金の増減」「自己資本の変化」を説明します。

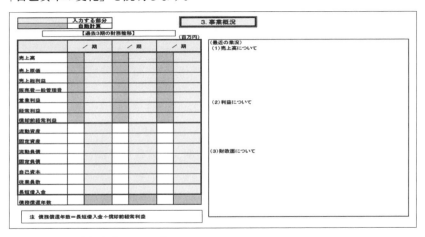

3．事業概況(2)ビジネスモデル

サプライチェーンを明確にするため、「仕入先」「生産・販売体制」「販売先」について次表のとおり記載します。

項目	具体的記載事項
仕入先	主要仕入先の業種・業態、対象企業における近年の仕入高・シェア等
生産・販売体制	仕入・外注／生産・加工／受注・販売に係る体制・方法、特徴等
販売先	対象企業における事業・部門・製品別販売高／シェア、近年の販売高推移、主要販売先の特徴・課題／最終ユーザー等

また、近年の変化が業況に影響を及ぼしている場合や今後の変化が予想される場合は、因果関係や今後の見通しについても記載するようにします。

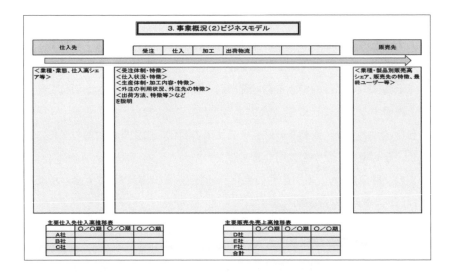

3．事業概況(3)グループ概要

　グループ企業（関連会社）がある場合は記載します。また、企業実態を理解するうえでグループ全体をみる必要がある場合は、グループ全体の概要／構成企業間の取引・資本関係／連結後の収支・財政などについて記載します。

4．SWOT分析

クロスSWOT分析表を用いて現状分析と改善の方向性を整理します。

まず、「今後の機会・脅威／強み・弱みの設定」(第Ⅴ章2節)によって導き出された「機会・脅威／強み・弱み」を各欄に記載します。

次に「課題(取組みの方向性)の設定」(第Ⅴ章3節)／「事業展開／態勢整備の『妥当性・実現可能性』の分析・検証」(第Ⅵ章1節)を踏まえ、「強みを活かして機会をつかむ取組み」「弱みを克服して機会をつかむ取組み」「強みを活かして脅威を回避する取組み」「弱みを克服して脅威を回避する取組み」を各欄に記載します。

4．(2)課題と改善の方向性

「課題の総括」と「改善の方向性」について記載します。

「課題の総括」には、SWOT分析を踏まえ取組課題の項目名を列挙します。また「改善の方向性」には、上記課題の具体的な取組概要を記載します。

対外説明用の経営改善計画書の場合は不要かもしれませんが、例えば社内用の場合は、社員一人ひとりの理解を深めるため、経営改善計画書に具体的解決策の詳細を盛り込むことも必要です。

そうした場合には、付属資料として「事業展開／態勢整備に係る具体的内容／実施体制・方法」(図表6-4)、「事業展開／態勢整備の総括」(図表6-13)などを添付することが有効といえます。

> 4．(2) 課題と改善の方向性

【課題の総括】

【改善の方向性】

【入力方法：(改行)「ALT」キーを押しながら、「ENTER」を押すと、改行できます。】

5．改善計画の骨子（数値目標、基本方針）、改善計画の骨子（数値計画）

　後記の個別具体策を総括して数値目標／基本方針／数値計画を記載します。

　金融機関に条件変更を要請する場合は、合実計画（合理的かつ実現可能性の高い経営改善計画）／実抜計画（実現可能性の高い抜本的な経営再建計画）の数値基準に収まるよう、計画期間内での債務超過解消などが求められます。

　しかし、客観的に実現可能性が認められない計画を立てることは全く意味がなく、社内・金融機関のいずれに対してもマイナスにしかなりません。最大限の努力は必要ですが、数値基準にこだわらず、妥当性・実現可能性の高い計画にすることが重要です。

　なお、個々の企業には生き残るために最低限必要な利益水準があります。最近何年間か赤字だからといって、計画も赤字にするようでは、企業が存続することはできません。「まずは収支トントン」「3年目に○○百万円の経常利益計上」というようにステップを設定し、着実に収支改善を図っていくことが肝要です。

5. 改善計画の骨子（数値目標、基本方針）

中期経営目標
- 売上高　　　　百万円
- 経常利益　　　百万円
- 債務償還年数　　　年

初年度経営目標
- 売上高　　　　百万円
- 経常利益　　　百万円
- 債務償還年数　　　年

目標達成に向けた基本方針

---

5. 改善計画の骨子（数値計画）

凡例：入力する部分／自動計算

（百万円）

	(実績) H/期	(計画) H/期	(計画) H/期	(計画) H/期	(計画) H/期	(計画) H/期	(同業者平均) ○○業
売上高							
商品仕入高							
原材料費							
外注加工費							
その他変動費							
棚卸差							
変動費合計							
限界利益							
労務費（製造）							
その他（製造経費）							
人件費（販売管理）							
その他（販売管理）							
減価償却費							
支払利息割引料							
その他（営業外収益）							
固定費合計							
経常利益							
償却前経常利益							
長短借入金							
自己資本							
債務償還年数(注)							
従業員数(人)							
一人当り売上高(百万円)							

(注)債務償還年数＝長短借入金 ÷ 償却前経常利益

6．金融機関への要請

金融機関に条件変更を要請する場合に作成します。

返済条件は、残高プロラタに基づいて算出されていることを示すようにします。

フリーキャッシュフローは、一般的に80％を返済財源とします。

また、設備投資の計画がある場合は必要額を盛り込み、金融機関の理解を得るようにすることが大切です。

7．具体策(1)売上計画
8．具体策(2)変動費計画
9．具体策(3)固定費計画
10．具体策(4)財政改善計画

「売上高・収入の増加／減収効果の算出」（図表6-7）、「売上原価（労務費除く）・変動費の増加／減収効果の算出」（図表6-8）、「労務費・人件費の増加／減収効果の算出」（図表6-9）、「固定費の増加／減収効果の算出」（図表6-10）、「成果目標・見込みの設定」（図表6-14）などを踏まえ、具体的に記載します。

7 具体策(1)売上計画

【売上高改善のための具体策】

【取引先別売上計画】
①中期計画 (百万円)

	実績 ／期	実績 ／期	計画 ／期	計画 ／期	計画 ／期	計画 ／期	計画 ／期	備考
合計								

②月次売上実績・計画

	月	月	月	月	月	月	月	月	月	月	月	月	計
合計													

8 具体策(2)変動費計画

【変動費改善のための具体策】
①商品仕入

②材料費

③外注加工費

④荷造運搬費

⑤その他

【変動費計画】

	／期実績		／期計画		／期計画		／期計画		／期計画		／期計画	
	変動費率	金額	変動費率	金額	変動費率	金額	変動費率	金額	変動費率	金額	変動費率	金額
売上高												
商品仕入												
材料費												
外注加工費												
荷造運搬費												

自動計算

9 具体策(3)固定費計画

【固定費改善のための具体策】

①労務費・人件費計画

②その他固定費

【固定費計画】

(百万円)

	実績	計画	計画	計画	計画	計画
	H / 期	H / 期	H / 期	H / 期	H / 期	H / 期
労務費						
人件費						
(うち、役員報酬)						
その他固定費						
固定費計						

10 具体策(4)財政改善計画

【棚卸資産の削減】
・

	H 実績	計画1期目	計画2期目	計画3期目	計画4期目	計画5期目
棚卸資産回転期間	か月	か月	か月	か月	か月	か月

【遊休資産の処分】
・

種類	内容	簿価	時価	売却予定時期

11. 具体策(5)組織マネジメント計画

「経営管理体制の強化・再構築」「労務管理体制・方法の改善」「人材の確保・育成」などに取り組む場合、「事業展開／態勢整備に係る具体的内容／実施体制・方法」（図表6－4）を踏まえて記載します。

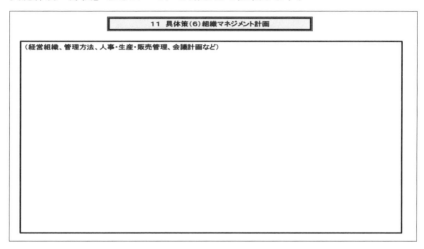

12. 行動計画表

「事業展開／態勢整備に係る具体的内容／実施体制・方法」（図表6－4）、「成果目標・見込みの設定」（図表6－14）などを踏まえて作成します。

様式では取組項目を期単位で表示するようになっていますが、可能であれば、月単位や週単位で記載するほうがよいでしょう。

13. 中期収支計画

「成果目標・見込みの設定」（図表6－14）、「収支改善効果（総括）」（図表6－15）などを踏まえて記載します。

14. 月次収支計画

計画1期目について月次で記載し、定期的に差異分析（モニタリング）ができるようにします。記載にあたっては、改善策の実行や季節性を踏まえた内容にすることが大切です。

15. 中期財政計画

「10. 具体策(4)財政改善計画」や「バランスシートの改善効果」（図表6－16）を踏まえ、取引条件の変化や固定資産売却計画なども盛り込んだ内容にします。また、借入金の推移は、「6．金融機関への要請」と一致するように記載します。

	期実績		期(1年目)		期(2年目)		期(3年目)		期(4年目)		期(5年目)		変動項目の説明
	回転期間	金額	回転期間	金額	回転期間	金額	回転期間	金額	回転期間	金額	回転期間	金額	
流動資産													
現金・預金													
受取手形													
売掛金													
棚卸資産													
その他													
固定資産													
土地													
建物・機械等													
投資等													
繰延資産													
流動負債													
支払手形													
買掛金													
短期借入金													
その他													
固定負債													
長期借入金													
自己資本													
総資産													
割引手形・譲渡手形													
長短借入金合計													
自己資本比率													

16. キャッシュフロー計画

キャッシュフロー計画は、利益計画と並ぶ数値計画の柱です。運転資金が確保できないと、売上は伸ばせません。また、資金繰りのためにもうからない仕事を受けて悪循環に陥ることもあります。2つの計画は密接に連動しますから、一方を疎かにすることはできません。

「通常の事業活動から生まれる『営業活動によるキャッシュフロー（利益額ではなく入金超過額）』の範囲内で設備投資を行い（＝投資活動によるキャッシュフローは赤字になる）、借入金も返済する（＝財務活動によるキャッシュフローは赤字になる）こと」が基本です。

キャッシュフロー全体の過不足額は、現預金の増減額と一致します。

また、「15. 中期財政計画」に基づき、返済額や取引条件の変化が反映されるようにします。

[16 キャッシュフロー計画の表]

17. 月次資金繰り計画

自社で作成しているものを添付すれば問題ありませんが、計画1年目の年間計画が必要とされます。

資金繰りの主な要素は、売上代金の「回収」、仕入代金や経費の「支払」、借入金の「返済」です。「返済」はかなり先までほぼ確定できますし、「支払」も予定が立ちますが、「回収」は不安定です。このため、回収は確実な額だけを見込みます。それでも、繰越がプラスになるだけの余裕を持つようにするのが理想です。

[17 月次資金繰り計画の表]

(3) 計画の進捗状況のモニタリング

　計画策定後は、毎月、数値面の計画達成状況のほか、行動計画の実施状況を確認します。計画未達の場合には、その原因を分析し対応策を検討します。そして、モニタリング結果は定期的に金融機関に報告することが大切です。モニタリングのポイントは次のとおりです。

① モニタリング会議の開催

　毎月なるべく早い時期に、前月分の計画実施状況を確認するモニタリング会議を開催します。

② 月次試算表の早期作成

　数値計画の達成状況の確認には月次試算表の作成が必要です。月次試算表は翌月上旬までに作成することが大切です。

③ 未達原因の確認と対応策の検討

　数値面では試算表と月次収支計画を比較し、月次目標未達の場合にはその原因を確認し、年度目標達成のための対応策を検討します。行動計画表についても、計画どおり改善策に取り組めているのか、そして、その効果が出ているのか確認します。

④ 金融機関への報告

　モニタリング実施後は、月次目標達成状況と今後の改善に向けた取組みなどを報告書にまとめて、金融機関に提出します。

【参考2】 経営改善計画書のチェック・改善提案

(1) 経営改善計画書の作成と運用

　優良企業の多くは、その事業基盤もさることながら、経営管理の仕組みが確立されているものです。中小企業・小規模事業者が経営体質の強化・改善を図るうえで、経営改善計画書を作成し、経営管理の仕組みを整備・確立することが大切です。

　経営者の中には「経営改善計画書を作成しても、どうせ計画どおりにいかないのだから無意味だ」「計画を立てても先のことはわからない」といった話をされる方がいます。

　しかし、経営改善計画書とは「自社の現状を見直し、将来の目指すべき姿や取り組むべき課題を考え、業績改善に向けた全社的な目標や行動計画を明らかにするもの」であり、社員一人ひとりが社内において果たすべき役割を示す指針となるものです。

　経営改善計画書がうまく機能していない企業の経営者から、「大企業と違って当社のような中小企業では、いくら計画を立てても社員が思ったとおりに行動してくれない。だから、計画が達成できないのだ」といった話を聞くことがあります。

　たしかに中小企業・小規模事業者は、大企業に比べると人的資源に乏しい面は否めませんが、このような企業の多くは、経営改善計画を機能させるための「取組みがなされていない」「仕組みが整っていない」「社員への働きかけがなされていない」といった問題を抱えています。

　経営改善計画書の策定支援の目的は、経営改善の実効性を上げるために不足している点を経営者に気づかせ、計画書が「絵に描いた餅」にならないようアドバイスすることにあります。

(2) 経営改善計画書のチェックポイント

① 取組事項が具体化されているか

　企業から提出された経営改善計画書の中には、売上や利益といった財務目標しか記載されていないものが見受けられます。

　しかし、このような計画書では、社員は何に取り組めばよいのかわからず、具体的な行動を起こすことができません。

　経営改善計画書とは「会社の進むべき方向性」を明文化したものです。それゆえ、計画書には実際に経営改善に取り組む社員が行動を起こすことができるよう、目標達成に必要な取組事項を具体的に記載する必要があります。

　例えば、「売上の増加」といった目標であれば、「営業活動上注力すべき点」や「重点的に販売する製商品」「重点アプローチする顧客」などを明記し、社員が経営改善計画書をみて何に取り組めばよいのかわかるようにすべきです。

② 取組事項が数値化されているか

　収益向上を達成するための取組みが記載されていても、「～の徹底を図る」「～に努める」といったように、取組事項の達成目標が数値化されていない経営改善計画書が多く見受けられます。しかし、このような計画書では実効性を期待することができません。

　例えば、「売上の増加」といった目標に対して「顧客への訪問を徹底的に行う」といった行動計画を立てたとします。しかし、こうした行動目標では経営者や管理職は目標の達成・取組状況を「客観的に測る」ことができません。また、営業担当者もどれくらい訪問回数を増やせばよいのかがわからず、行動を起こしづらくなってしまいます。

　こうした問題が生じないよう、行動目標は「現状1人当たり月30件の訪問件数を50件に増やす」というふうに数値化して設定します。

　なお、指標例としては次のようなものが考えられます。

部門	指標例
営業部門	・新規先訪問（開拓）件数　・顧客との商談回数 ・有効な情報の収集数（営業日報などから抽出） ・見積書提出件数
生産部門	・クレーム件数　　　　　　　・不良率 ・納期遵守率　　　　　　　　・チョコ停回数 ・業務改善提案数

　数字で表されていない目標では達成水準がわからず、社員に明確に伝えることができません。目標が数値化（定量化）されていない経営改善計画書の提出を受けた際には、目標を極力数値化し、目標水準を明確に提示するよう促すことが必要です。

③　取組責任者やスケジュールが明示されているか

　企業から提出された経営改善計画書の中には責任者や期限が定められていないものが散見されます。しかし、こうした点が明確に記載されていなければ、社員に当事者意識を持たせることができず、結局、経営改善への取組みが行われないおそれがあります。

　経営改善への取組みを実効性のあるものとするためには、社員一人ひとりが当事者意識を高めなければなりません。

　責任者や期限が明示されていない経営改善計画書の提出を受けた際には、個々の取組事項について実施責任者とスケジュールを定めて計画書に盛り込み、責任の所在を明確にし、社員の取組意識・意欲を向上させるよう促しましょう。

④　経営改善計画書が開示されるか

　経営者の中には、「経営改善計画書は経営陣だけで共有し、社員には特に開示しない」という方もいます。しかし、前述のように計画書は「企業が目指すべき将来の姿を考え、全社的な目標や行動計画を明らかにし、社員一人ひとりが果たすべき役割を示すもの」です。

　経営改善計画書が全社的に開示されていないような状態では、自社の目指している方向性や社内において果たすべき自分の役割を社員に対して明確に伝えることができず、計画の実効性を期待できません。

経営者の意図を社員に明確に伝え、計画の実効性を高めるためにも、「経営改善計画発表会」などを開催し、社内に周知徹底するよう対象企業に提案する必要があります。
　ただし、極端に業績が低迷していると、経営改善計画書の開示により社員の士気を低下させてしまう可能性もありますので、こうした場合には開示する情報を限定するなど注意が必要です。
　成果を上げるためには、全社的な実施体制を構築し、同じ目標に向け一丸となって取り組んでいくことが大切です。そのためには、経営改善計画書を開示して全社的に共有することが重要です。

【事例　システム手帳を用いた経営計画・経営内容の周知】
　Ａ社では、毎年、パートも含む全社員に経営計画が記載された手帳を配付して計画の周知徹底を図っている。なお、手帳は計画達成に対するトップの"強い意志"を示すため、社長自身が手帳を作成し、全社員に対して自ら説明を行っている。
　手帳に記載されている主要項目は、①企業理念、②ビジョン・戦略、③今期経営計画、④計画達成に向けた具体的な取組事項、⑤月別の目標財務数値など。
　各月の売上・限界利益・１人当たり加工高などの目標数値については、全社員が出席する報告会（月１回）で実績数値が発表され、それを各自が手帳に記入しており、各月の経営成果を全社的に共有している。
　このようにＡ社では経営計画と毎月の経営成果の開示により、全社員が一丸となって目標達成に向けて取り組んでいる。
　「ノルマを課して管理するだけでは社員の経営参画意識は向上しない。経営情報の積極的な開示は情報がもれるリスクもあるが、社員の意識を向上させるためには、経営計画や経営方針を自らの言葉で説明し、月次決算などの情報をガラス張りにして自社の現状を社員に知らしめることが不可欠だと考えている」（社長談）

⑤ 計画と実績の差異分析を行うか

　計画を達成するためには、計画を立てたままにせず、定期的に計画と実績の差異を分析することが大切です。

　計画と実績に差異が生じた原因がわからないと具体的な改善策が講じられず、「努力する」「全力を尽くす」といった精神論に陥ってしまいます。

　なお、差異分析を行う場合は、分析の場を責任追及の場にしてはいけません。大切なのは責任の追及ではなく、計画が達成できなかった原因を把握し、どうしたら目標を達成できるかという具体的な行動計画を策定することにあります。

第Ⅷ章

事 例 編
──日本公庫の取組事例より

（注） 本事例は日本公庫が関与した経営改善支援案件をベースに作成しましたが、
各事例の業種、取扱品、数値データ等の一部を変更しています。

[製造業Ａ社（電気めっき業）の事例]

- 業種：電気めっき業（主に自動車用小物部品）
- 従業員数：34名
- 創業年：1967年（昭和42年）

1　はじめに

　Ａ社に初めて訪問したのは、2005年のことでした。本書の初版が発行された少し後のことです。Ａ社に対しても、本書第Ⅶ章で解説した流れで経営改善支援を実施しました。これが早期の改善につながったため、当時の取組みについて、社長から感謝していただいていると、当公庫支店から連絡を受けたことがありました。今回、本書改訂にあたり、Ａ社を再訪し、社長からお話をお伺いすることができました。今回の訪問は、13年前の事例について、Ａ社のその後の取組みと結果を把握できる貴重な機会となりました。事例としても、当時の取組みを紹介するだけよりも、金融機関が行う経営改善支援の意味について理解していただきやすくなったと思います。

2　経営改善支援の内容

　Ａ社の主要取引先は、当時も今も、自動車部品の表面処理メーカーです。当時は、ちょうどリーマンショックの前であり、自動車メーカーの生産台数が好調だったため、Ａ社としても、受注量は十分に確保できていました。しかし、受注量の多さを、残業で何とか対応している状況で、残業代をはじめとした経費増のため、償却後では利益が残らない状況が続いていました。こうした状況を受け、Ａ社を担当している当公庫支店から本部宛てに経営改善支援の依頼があったのです。

(1)　事前準備

　財務分析を行ったところ、従業員１人当たり付加価値が同業平均に比し見劣りがする一方、従業員１人当たり人件費は同業平均並み以上でした。その

結果、労働分配率は、同業平均より高い水準にありました。これでは利益は残せません。毎期、売上高は比較的安定していることから、生産性に課題があると考えられました。製造業にお伺いするときの一般的な対応ですが、A社の場合も、QCD（Quality（品質）、Cost（コスト）、Delivery（納期））がどのような水準にあるか、特に不良率と残業の多寡に注目すべきと考えました。

(2) 当日行ったこと

工場をじっくり拝見したうえで、社長にインタビューを行い、「わかりやすい企業診断」（当公庫中小企業事業が行っている財務診断サービス。対象企業の時系列と同業平均との比較分析ができる）を提供しながら、結果である数字上の問題点と、その原因である企業活動の問題点について認識を共有化し、自社の強み・弱みについてお聞きする従業員アンケートを依頼しました。

(3) 当日の工場見学でわかった問題点

A社工場の製造ラインは、吊り掛けラインとバレルラインに大別されます。前者は、ハンガー（家庭で洗濯物を干すときに使うピンチハンガーを縦にして、巨大にしたようなものをイメージしてください）の枝にめっきする部品を吊り掛けて、また、後者はバレルという器（多数の小さな穴があいた樽のようなものをイメージしてください）に部品を入れて、それぞれめっき液の中を通して、めっきするものです。

吊り掛けラインは、バレルでは部品が重なり合うなどしてうまくめっきできない複雑な形状や大きめの部品を対象とします。バレルラインは、小型で比較的単純な形状の部品を対象にしています。吊り掛けラインのほうが、人手で枝に部品を装着させなければならない等、手間がかかります。このため、どちらのラインで対応する部品かで、見積金額が異なります。

問題があったのは、吊り掛けラインでした。部品が装着されていない枝が目立つ状態でハンガーがめっき液の中を移動していたり、そもそも長年の使用により枝が欠けたハンガーが散見されたのです。部品が装着されていない枝があるのは、吊り掛けラインのラインスピードと、現場従業員の作業スピードとがマッチしていないことが一因と考えられました。ラインスピードについては、これを遅くすると、生産能力自体が低下するため（逆にスピー

ドを上げるとめっきの品質が低下するため)、スピードは一定とせざるをえないとのことでした。

　また、工場を拝見した中で、現場従業員へのフィードバックがみられないことに気がつきました。金融機関の職員として、多くの企業の工場をみせていただいた経験から、利益をあげている企業では、工場内の掲示板に「生産量の推移」「不良率の推移」「改善提案」等が貼られていることが多かったことが、A社工場との対比で気づきにつながりました。

　なお、社長からは、「不良の発生に対する従業員の意識が低い」とのコメントがありました。これは、A社の従業員への説明の仕方や動機づけに問題があることも考えられました。

　当日は、以上の問題点と、改善の方向性として考えられることをお伝えし、従業員アンケートを依頼したうえで、辞去しました。アンケートは、従業員が本音を書きやすいように、匿名形式としました。また、社長の目を通さず、直接公庫宛てに送っていただいたものを、当方で取りまとめることにしました。

(4)　A社に提案した内容（当初の訪問から3週間後）

　「経営改善提案書」を作成したうえで、当初の訪問から3週間後に、A社を再訪問しました。提案書には、前回口頭でお伝えしていた改善の方向性をまとめ（提案の全体像は、バランス・スコアカードを使った戦略マップ（図表8-1）を参照）、従業員アンケートの結果（図表8-2参照）も添付しました。

　主な提案は次の2点です。

---

①　吊り掛けラインのハンガーについて、現場従業員の配置転換や、作業の標準化により、枝全てに部品が装着された状態を実現し生産能力をフル活用すること。

②　「見える化」を推進し、現場従業員へ数字をフィードバックすること。まず、毎日の生産量と残業時間と不良率の推移をフィードバックすること。

図表8-1 戦略マップ

財務の視点	経費の削減 ← 仕入原価（経費含む）の見直し／正確な原価に基づく価格交渉 売上の増加 ← キャッシュフローの増加 ← 既存先のシェア向上／新規先の獲得
顧客の視点	C コスト低減／D 納期の遵守／Q 品質の向上／顧客ニーズへの対応
業務プロセスの視点	見積りと実際原価の差異分析（PDCAサイクルの構築）：見積精度の向上／受注内容の正確な把握／製造原価の正確な把握 生産性の向上（残業の削減）：ラインの実稼働率の向上（空で回さない）／全社的な3ムの排除／吊り掛けラインの作業の標準化／工場の見える化を計る「ものさし」の設定と共有化 プラス面／適切な人員配置と応援体制の構築 社内不良率の削減：現場による機械設備・生産方法の工夫／5Sの徹底／不良発生の原因分析と予防のための改善策の検討／工場の見える化 不良率の全従業員での共有化 マイナス面 新規先の開拓（中長期）
学習と成長（人材）の視点	残業時間の削減による従業員満足度の向上／従業員との積極的なコミュニケーション 定着率の向上／多能工の育成／組織・人材の活性化 再めっき価額の明示による原価意識の醸成／不良改善度合いに見合う従業員への還元制度

第Ⅷ章　事例編――日本公庫の取組事例より　263

図表8-2　従業員アンケートの結果

当社の「強み」は何だと思いますか？

内容	年代	性別
メッキラインを備えているため大量生産（加工）が可能である	30代	女
稼働時間が長く、遅くからの依頼に対応できる	40代	女
NOと言わない強さ、出来うる限りお客様の意に副う様、努力する大手地場産業とのパイプ	50代	女
1．稼働時間が長くいつでも対応可である 2．プレス部品亜鉛メッキのオーソリティである 3．取り扱い容器の種類が少ない、搬入・搬出がスムーズである 4．社内の雰囲気が大変よく、快適な作業ができる	50代	男
相手方の希望納期にはきちんと対応する	40代	女
納期を守るよう努力していること 脱脂から組み付けまでやっている	20代	女
お客様に安心して使ってもらえるように品質に注意している	50代	女
・納期に遅れない様、最大の努力を会社全体で行っている ・通常業務の他、組付、亜鉛メッキ等付加価値がある ・大手地場産業とのパイプ	50代	女
・メッキだけでなく組付等当社独自の強みがある ・納品日は必ず守りお客様の信頼を得ている ・メッキ技術が優れている	60代	女
納期を遅らさないため、夜遅くまで協力する人達がいる	50代	女
・メッキ・脱脂の後の組付まで一連の作業で出荷出来ること ・突発の仕事を即対応し、納品することができる	不明	不明
メッキ技術が優れている 鉄亜鉛は県内で〇社のみ 急な追加や時間的に厳しい仕事にも対応し、信頼を得ている	30代	女
メッキ後の後工程（組付）をやっている どんな急な仕事でも納期に間に合うよう作業をしている	40代	女
納期は確実に守る 稼働時間が長いため、いつでも対応できる	40代	女
納期管理がしっかりしている 操業時間に制約がなく、他者よりも長く生産ができる	20代	男
作業がスムーズに流れるように常に意識をし、納品日をきちんと守っている	30代	不明

当社の「弱み・改善すべき点」は何だと思いますか？

内容	年代	性別
・単純作業長時間労働のため作業者がなかなか定着しない ・外国人労働者が多いため正しい作業手順・知識が伝わっているかどうか。また単なる作業ではなく各々が責任を持った仕事をしているかどうかの意思疎通が難しい ・一人ひとりに業務が集約し過ぎており、誰か一人でも不在になれば業務が回らなくなる可能性がある。お互いの業務内容の理解と業務のマニュアル化が必要だと思う ・二次下請のため、加工単価の決定に制約がある。見積通りの単価にならない、薬品価格の上昇分が加工単価に転嫁されることがない ・在庫の管理が出来ていない（有償支給品等）	30代	女
管理職が不足している 作業者が定着しない 労働時間が長い 教育指導のマニュアルがないに等しい	40代	女
・NOと言えない弱さ、老朽化した機械に対し、許容量以上の負担をかけながら作業しなければならない。また、常に先様ごもっともを通され、わが社の言い分が通らないことも ・立ち止まれない。今時点で会社も社員も痛みを持って抜本的改善に取り組むべき ・根本的見通しは必要でも現時点で目の前に山積みになっている諸事に優先され、たちまちこれを…繰り返しとなっている	50代	女
１．管理職人材不足である ２．部品管理面が不十分である	50代	男
管理できる人が少ない	40代	女
仕事中の私語が多く、仕上げに時間がかかりすぎる	50代	女
いろいろな点で現在改善が行われつつあり、過渡期にあると思う 若い人材の育成も必要かと思われる	50代	女
人材不足 設備の老朽化	60代	女
リーダーとなる人材の育成	50代	女
外国人が多い 外国人にもわかるように外国語の手順書やイラストなどがあったらいい	30代	女
安全な設備、メンテナンス点検が必要（その結果、不良・経費の削減につながる） 求められる人材の定義がない	40代	女
管理職が不足している 作業者の定着率が悪い 残業が長い	40代	女
管理者も作業者もロスタイムや不良流出などによる損失に対する認識が甘い 設備の老朽化	20代	男
・日本語をあまり理解出来ていない外国人の方があるので、絵や図、その国の言葉で説明したほうがいいと思う（張り紙をするなど） ・上司やリーダーの言う事を聞かず、自分の思い通りに何事も行っている人がいる。そして、他の人の残業や仕事について口を出す。こんな人がいると職場の雰囲気が乱れる。こんな人は根本的な部分から再教育すべきだと思う	30代	不明

第Ⅷ章　事例編──日本公庫の取組事例より　265

最初に、従業員アンケートを読まれた社長は、従業員が想像以上に問題意識を持っていることに感じ入り、経営者として、そうした従業員のやる気を活かしてこなかったことに対する反省を口にされました。アンケートには「管理者も作業者もロスタイムや不良流出に対する認識が甘い」といった意見がある等、当社の従業員の多くは真面目で、改善に向けた意識を持っていることがわかったからです。

(5)　A社で実行したこととその効果
① 　現場従業員の人員配置を変更し、枝が壊れているハンガーを更新した。
②「生産高」「稼働開始時間」「終了時間」「不良率」等を日々表示することにした。

　これらの取組みを始めてすぐに、残業時間は従業員1人当たり1日平均で1時間減少させることができました。人間は考える動物です。いくら社長が指示をしても変わらないことでも、「生産高」と「生産時間」とを対比してみることで、両者が必ずしも比例しないこと、むしろ、生産高が少ないときのほうが残業時間は長いこと（不良が原因であることが多い）に気づき、従業員が自発的に改善しようとしたのです。

　こうした数字を、社長と従業員とで共有することは、両者のコミュニケーションの改善につながったほか、企業としてPDCAサイクルを回転させていく基盤にもなりました。

　受注量は確保されていたA社では、これらの取組みで残業時間が短縮されたことが、すぐに利益の増加につながりました。これで、社内の雰囲気も良くなり、さらなる改善への好循環が生まれたのです。

　社長は、こうした改善状況を受けて、公庫の取組みに大変感謝していただきました。また、「もっと早く気づいていれば、もっと利益を確保できていたのですね」との感想を口にされたのです。

　A社の事例は、受注基盤がある企業であれば、経営者が数字を大切にした経営を行うことで、早期の改善が期待できることを示しています。

3　13年後の訪問（社長インタビューと工場見学）

(1)　不良を出さない取組み

　社長によれば、A社でいちばん変わった（改善した）のは不良率でした。めっきに限れば、この3年間で、社外不良は1件も出していないとのことで、めっき業としては誇れることだとの発言がありました。不良が発生すると、やり直しになり、残業代をはじめとする経費増につながって収益を圧迫します。加えて、取引先の指導を受けることになり、定期的にモニタリングが入る等、その対応のために要する時間も相当なものがあります。

　13年前に公庫がお伺いしたときは、まさにそんな状況でした。仕事はあるのに、利益は出ないことが続いていました。今回、社長に伺ったところ、「公庫さんが来られるなら経営改善のヒントになることを聞いてみたいという気持ち」だったとのこと。経営者は、当然プライドをお持ちです。それが、製造業の素人である金融機関職員のいうことに耳を傾ける障害になることがあります。当時は、金融機関からでも何か吸収してやろうとの気持ちになっておられたとのことで、前回お伺いした時期はお互いにとって絶妙のタイミングだったのです。

　A社では、公庫の訪問を受けて取組みを開始し、すぐに効果が出始めたことで弾みがつき、本格的に不良率を削減する取組みを開始しました。大きな取組みとしては、全量検査の実施と、検査担当として、めっきに詳しくない主に派遣社員をあてることでした。めっきに詳しい人だと、この程度は問題ないと判断しがちです。しかし、取引先では、A社と違いめっきに詳しくない人がみた目重視で判断するため、A社では問題ないとしたものが不良と認定されることがありました。このため、A社側でも、みた目だけでチェックできる、ある意味素人に担当させることにしたのです。取引先以上に厳しい目でみることにより、A社から出荷された部品については、不良と指摘されない状況がつくられました。こうした対応を徹底するうえでは、当然、現場からの反発もありました。ただ、社長の強い決意と、会社が良い方向に変わるというムードを感じてくれていた従業員は、「不良は出さない」という目

的を共有してくれ、取組みを徹底することができたとのことです。

(2) **有利な事業展開が可能に**

　今のA社では、競合先よりも圧倒的に不良が少ないという強みを活かした事業展開が可能になっています。例えば、A社では、単価100円の見積りを出すと、競合先は90円で出します。いったんは単価が低い競合先に仕事をとられるが、競合先は不良率がA社ほど低くないため、結局A社に仕事が回ってくる（さすがに単価100円は通らず95円程度になるとのこと）。こうした状態の中で、取引先から品質が高く評価されていることを、従業員も十分に認識し、自信につながっています。

　この13年の間には、リーマンショック、タイでの洪水、東日本大震災といった大きな外部環境の変化に見舞われました。もちろん、A社にも大きな影響がありましたが、改善を通じて得られた自信と、企業実態を数字で把握できていることが、落ち着いた対応につながったとのことです。数字に基づいて変化に対応していく構えができていたことが大きかったと思います。

　幸い、今は外部環境にも恵まれ、利益が確保できています。過去には、借入金を削減しても、リーマンショックの影響で赤字を計上し、また借入金が増えるという状況もありましたが、現在では、削減が進んできています。これは、投資余力と資金調達余力を保持しているわけですから、今後の事業展開にも明らかに有利です。

　また、従業員1人当たりの付加価値も改善しています。従業員1人当たり人件費は同業平均以上ですが、付加価値が大幅に改善した結果、労働分配率は同業平均を下回る安定した水準です。生産労働人口が減少する中、より良い人材を確保するうえで、平均を上回る給料を支払える力があることは、同業に比し競争優位にあると評価できます。

(3) **工場見学**

　上述のインタビューでの社長の発言内容は、今回工場を拝見した際の、工場現場のムードからも裏付けられました。言葉にすると「一体感」ということになろうかと思います。工場を案内してもらうと、仕事をしている現場従業員全員がこの会社の一員であると思っていることが感じられました。従業

写真①

写真②

員が自社に自信を持っている会社とそうでない会社との違いはわかるものです。「目は口ほどにものをいう」といわれるように、人は表情を読み取る力を持っているからです。それは、外国人労働者の方々の表情からもわかりました。彼らにとっても、A社が給料を得るためだけではない「自らの居場所」になったとの印象を持ちました。また、吊り掛けラインで部品が全て装着されたハンガーが並ぶ光景は、ある種の美しさとして訴えかけてくるものがありました（写真①）。以前とは大変な違いでした。

　こうした変化は、様々な改善を生む好循環につながっていきました。仕掛品の置き方も整理整頓が行き届き、高く積み上げることもなくなったので、工場内の見通しが良くなり、明るい雰囲気になりました（写真②）。通路もしっかり確保されたことで、作業効率の向上につながっているとのことです。従業員の働く場所としての職場環境の改善としても大きなことです。13年前は照明が暗く、工場の雰囲気も暗く感じたのとは、大きな変化でした。

(4) PDCA高速回転に向けた取組み

　不良率の大幅な改善と並ぶ大きな変化は、1週間に一度、生産実績等のデータをもとに役席ミーティングを開催するようになったことです。このミーティングは、経理担当者によって議事録が作成されています。2007年からのファイルをみせていただきましたが、当日どんなデータをもとにどんな議論がなされたのかがわかるようになっています。このミーティングが実行性あるものになったのも、把握できる数字の精度が上がったためで、これに

より、PDCAサイクルが高速回転し、改善スピードが向上したのです。多くの企業で課題となっているC（チェック）、A（アクション）を行う機会が、年に52回あるのと、12回なのか、または1回なのかでは、おのずと改善状況は異なってきます。なお、ミーティングの前提となる数字をまとめることができるのは、従業員の協力があるからです。作業時間を正確に報告することについて、従業員の協力が得られるようになったのは、社長が真剣に数字をみるようになったからだとのことでした。

4　まとめ

(1)　中小企業の問題点と金融機関の役割

　中小企業では、オーナー経営者が多く、一国一城の主として自社以外をみてきた経験が乏しいため、経営がガラパゴス化していることが少なくありません。だからこそ、常識にとらわれず、平均値を超えて良い経営をされている場合もあるのですが、一方では、受注の変動にかかわらず、毎日同じ量の製造指示を行い、在庫が異常に積み上がっているといった「自社の常識は世間の非常識」という場合もあります。金融機関の職員は経営のプロではありません。しかし、広く浅くではあるかもしれませんが、中小企業の経営者以上に、多くの企業を知っています。その知見をもとに、アラーム機能を発揮して、早めに課題を指摘していくことが重要です。

　この事例で、公庫がA社にお伝えしたのは、主に上述した2(4)の点です。その後の取組みは、基本的に、社長とA社の取組みによるものです。例えば、不良率の劇的な削減は、公庫が直接支援したものではありません。ただし、公庫の訪問が、数字の重視等、気づきにつながったものと思われます。改善という結果は、社長以下、企業の取組みによるものですが、改善に向けた一歩には、金融機関による経営改善支援がきっかけになったのです。このように一歩を踏み出すきっかけを与えることは、金融機関の役割なのです。

(2)　金融機関ならではの経営改善支援

　金融機関が行う経営改善支援を考えるとき、過小評価（ほとんど何もできないとの意見）か、過大評価（金融機関の活用により多くの企業が改善するとの意

見）かに大きく分かれる傾向がありますが、正解はその中間にあるはずです。

　A社の事例でポイントとなったのは、経営者としての姿勢です。A社の社長は、聞く耳を持った経営者でしたから、どこかで改善のきっかけをつかまれていた可能性が高いと思います。しかし、13年前に、公庫がお伺いしなかったら、改善のスタートが遅れた可能性もあります。この点は、当時の「もっと前に気づいていれば、もっと利益が確保できたのですね」との社長の発言に表れています。

　再度強調したいのは、金融機関が何をできるかについての認識です。具体的な改善については、やはり経営者の仕事です。経営資源が不足する場合は、専門コンサルタントの力も借りながら、進めていくべき事柄です。しかし、金融機関は何もできないわけでもないし、もちろん金融機関だけで多くのことが実現できるわけでもありません。ただ、少なくとも聞く耳を持った経営者に気づきを与え改善へのスタートを後押しすることはできることです。聞く耳を持っていない経営者に対して改善を促すのは、誰であっても簡単ではありません。それでも、そうした経営者に気づきを与えるのは、すでに取引がある金融機関が、企業の財務内容も知っているという点からも、最適だといえます。金融機関に求められている役割を過小評価すべきではありません。金融機関が自らの行えることを正しく認識し、お客様としっかりと向き合っていくことは、中小企業の生産性向上につながっていくものです。金融機関の職員としては、今まで以上に信頼してもらえるよう、何よりも、お客様の話をよく聞き、現場をみて、短期的な業績変動だけにとらわれない企業理解が求められます。

　経営者にも人間としての弱さがあります。業績が悪化している企業では、金融機関からの意見について、厳しい意見を退け、現状維持を認めてくれるような甘い発言ばかりを聞くということが起こります。しかし、甘い意見が正しいわけではありませんし、企業のためになるわけでもありません。お客様に対しては、中長期的な生き残りに向け、厳しいこともいっていかなければなりません。この面でも、金融機関同士の協働が求められます。

[製造業B社の事例]

- 業種：その他の製造業（主に輸送用ケース等を製造）
- 従業員数：35名
- 創業年：1981年（昭和56年）

1　はじめに

本事例は、経営環境を分析する際に活用されるSWOT分析の実践を通じて、経営者の悩みに向き合い、公庫から経営改善提案を行った事例です。SWOT分析は、金融機関による取引先企業の事業性評価を行ううえで幅広く活用されており、本事例でもその有効性が発揮されました。

2　経営改善支援の内容

(1) 事業内容

B社は音響・映像機器等の輸送・移動用ケースの製造を行っています。B社製品は、精密な採寸を強みに、機能性に富んだ高品質な製品を、熟練した職人が手作業で丁寧に仕上げることで、1台の受注からオーダーメイド対応が可能です。主要取引先からもこうした点で評価されており、国内だけでなく、海外からも注文を得ています。

(2) 経営改善支援が必要となった背景

B社では、原材料等のコスト増に伴い収支が低迷してきたため、3年前に経営改善計画書を策定しました。販売価格の見直しや製品の絞込みを実行する計画であり、これらの実行により収支改善に努めていました。しかし、採算管理の面でうまくいかないところ等があり、社長は、計画どおりの改善に向けてどのような取組みが必要なのか模索していました。公庫では日頃の接触を通じて、B社が真摯に経営改善に取り組んでいることを把握していたため、今後の収支改善の軌道につながるきっかけになればとクロスSWOT分析を行い、B社の強み・弱みを中心に把握することにしました。

(補足:SWOT分析とクロスSWOT分析について)

【SWOT分析】

　企業が、限られた経営資源(ヒト・モノ・カネ・情報)を有効に活用し、適切な事業展開を図っていくためには、自社の強み・弱みを的確に把握する必要があります。

　SWOT分析は、こうした課題に応えるために、企業内部の強み(Strengths)・弱み(Weaknesses)を明らかにするとともに、外部の経営環境についても、機会(Opportunities)・脅威(Threats)の観点から整理しようとする分析手法です。

　分析表(表のイメージは以下のとおり)自体は、シンプルなものですが、漠然とした経営上の問題等をクリアにするうえできわめて効果のある手法です。

　下表のように、財務の強み・弱みを抜き出して整理すると、結果(財務)に対する原因(企業活動)を、因果関係として理解しやすくなるので有益です。特に、企業から決算書の提出を受けている金融機関では、

(SWOT分析表)

	プラス要因〔S・強み〕	マイナス要因〔W・弱み〕
財　務		

⇕

	プラス要因	マイナス要因
内部環境 (人・技術・設備)	〔S・強み〕	〔W・弱み〕
外部環境 (市場動向等)	〔O・機会〕	〔T・脅威〕

企業との面談前に、財務の強み・弱みだけでも整理することで、企業活動のヒアリング等を効果的に進めることができ、一層の顧客理解につながるはずです。

【クロスSWOT分析】

　上記内部・外部の環境分析により具体的に把握された強みと弱みおよび機会と脅威は、以下の図のマトリクスによって、今後企業が進むべき方向性を示すものとなります。

　マトリクスの【A】の領域においては、「自社の強みを活かす事業機会はないか」、【B】の領域においては、「機会に乗じて弱みを強みに転換できないか」ということを検討します。一方、【C】の領域においては、「自社の強みによって脅威を回避できないか」、【D】の領域においては、「脅威と弱みが鉢合わせになるリスクを回避できないか」を検討します。

　しかし、一般的には外部環境の変化から来る脅威については、一企業の持つ強みでは打ち消すことができないほど強力なものであることが多いため、もし顧客の事業が現在【C】・【D】の領域にあるものが多いと判断されるならば、【A】の領域への業態転換などを検討する必要性もあります。

（クロスSWOT分析表）

外部環境＼内部環境	強み	弱み
機会	機会・強み （積極化） 【A】	機会・弱み （開発・買収） 【B】
脅威	脅威・強み （差別化） 【C】	脅威・弱み （撤退） 【D】

(3) 支援の実施
Step1　B社自身によるクロスSWOT分析表の作成

　社長は、どのような取組みが必要なのか模索している状態であったため、B社自身の考え、アイデア、悩み等をまとめるきっかけとして公庫からクロスSWOT分析表の紹介と作成に向けたアドバイスを行いました。経営者からは、ぜひ取り組んでみたいとの前向きな意向があり、B社自身で以下の内容の表を作成しました。これまで複数の取組みを模索されていたこともあり、表の各項目にびっしりと記載されていたことが印象的でした。

			内部環境（製品・業務プロセス・組織）	
			強み（S）	弱み（W）
			・30年の実績、ブランドの知名度 ・輸出が好調 ・国内外のネットワークが年々拡大	・営業力が弱い ・人材育成に課題あり ・工場従業員の高齢化 ・設備の老朽化対応が必要 ・材料費・物流コストの上昇 ・新製品開発の遅れ
外部環境（業界・競合先の動向）	機会（O）	・国内競合先・取引先の業務縮小に伴い、当社に来る引き合いの増加 ・オリンピックに向けてイベント増加による需要増加	(☆強みを活かして機会をとらえる) ・機械化、内製化、外注化をより進め、増産と利益率を高める ・未開拓の国々への販売強化 ・他の国産品を輸出支援 ・国内外ネットワーク強化による販売増加	(☆弱みを改善して機会をとらえる) ・販売力のある取引先への営業拡大 ・採用の抜本的な見直し ・3年以内に新しい機械導入 ・ゼロからの量産見直し ・共同配達を模索
	脅威（T）	・海外類似品の日本市場シェア拡大 ・若年販売層の客離れ ・競合先の安売り	(☆強みを活かして、差別化により脅威を排除する) ・海外製品の一歩上をいく製品・サービス ・販売チャンネルを増やす ・ユーザーの意見を取り入れるマーケティング	(☆事業を撤退、縮小する) ・減少する製品群の見直し、一部撤退 ・海外調達への切替え

Step 2　クロスSWOT分析表に基づく対話と提案

　Ｂ社が作成したクロスSWOT分析表に基づいて対話を実施しました。それぞれの項目に沿って社長のお話を伺っていくと、これまでの成功・失敗体験、その当時抱えていた悩み等、幅広く理解することができました。公庫からも、長年の取引によってＢ社の事業の状況および変遷を主に受領する決算書の内容をベースに蓄積しており、今後取組みを重視する方向性を絞っていきました。その結果、主に「①海外への販路拡大」と「②社長と工場従業員との危機感の共有」の２点をテーマを絞り、提案につなげました。

① 　海外への販路拡大について

　Ｂ社では、国内市場の需要に頭打ち感があったため、ここ数年、Ｂ社なりに海外向けの販売に力を入れていました。収支の悪化に伴い、資金繰りに苦労しているＢ社にとって、海外向けの取引先は資金回収が早いところもあり、資金繰り面でメリットがあることも魅力でした。ただし、海外向けの販売に関しては十分な営業体制を築けておらず、積極的な営業提案は難しい状況にありました。

（提案①）　こうした現状を踏まえて、輸出対象国の拡大および海外取引先の掘り起こしを図るために、外部専門機関を活用した輸出対象候補先の需要調査を行うこと、それに付随して取引契約書等の整備やホームページの外国語対応が必要であること。

　社長からは、今後の改善の鍵は海外の販路拡大によるところが大きいことを認識できた、また、提案内容も自社のためになるもので取り組む価値があり、自社のこれまでの場当たり的な対応を反省できたとの感想をいただきました。

② 　社長と工場従業員との危機感の共有

　クロスSWOT分析を作成したＢ社から、Ｂ社の営業および製造の体制面、人材育成の面といった組織面の弱みが多くあげられました。その一因として「工場の従業員との間で危機感が共有できていないのではないか」というこ

とがあげられました。さらに、そのように社長が考えられる背景を伺ったところ、これまでB社では、会社の現状を工場長以下の従業員に対して説明する場を設けていなかったため、従業員は、現場改善に取り組む必要性を認識できていないだろう、とのことでした。経営者としては、どうしたら従業員と意思疎通を図り、一枚岩で経営改善を進められるようになるか悩んでいました。こうした経営者の悩みに対して、公庫から有効な取組みとして主に3点提案しました。

（提案②－1）「決算説明会」の開催や「月次の収支報告」の公表を行うことで、従業員に対して経営数字をガラス張りにすること。
（提案②－2）従業員からの積極的な提案を取り入れるボトムアップ型の改善活動を進めていくこと。
（提案②－3）計数管理等が苦手な従業員にも管理ができるよう、目的、目標、対象、期間、責任者等を明確にして日常のチェックとモニタリングができる体制の構築を行うこと。

社長からは、従業員との間で危機感が共有できなかったのは、会社の現状を説明してこなかった自分自身の責任であり、従業員を一方的に責めていたことを反省したとの感想があり、こうしたことに気づけたので公庫の提案は大変参考になった感謝していただきました。B社では今後、「決算説明会」「月次の収支報告」を行い、情報共有を進める、また、アンケートや個別面接を通じて、従業員のアイデアを吸い上げて改善策を練っていくといった取組みを行う予定です。

3　本事例のポイント

本事例を読まれている方の中には、「SWOT分析を作成したことがあるけど、効果が今一つ実感できない」「SWOT分析を企業に説明したことがあるが、経営者の反応が今一つだった」と感じる方がいらっしゃると思います。本事例は、経営者が経営改善に向けてどのような取組みが必要なのか模索し

図表8-3　SWOT分析表を作成するうえでの対話のヒント

	プラス要因
（人・技術・設備等）内部環境	[S・強み]　〔経営〕・しっかりした経営理念を持っているか・補佐陣が充実しているか・経営計画を作成しているか・経営計画が公開され、従業員に周知徹底されているか　〔生産〕・生産、工程計画は作成されているか・品質管理（不良率や歩留り率の改善、VE等）に前向きに取り組んでいるか・納期管理をしているか・多能工化は進んでいるか・現場の改善活動はなされているか　〔財務〕・部門・得意先・製品別の採算管理はなされているか・売掛金の回収管理は徹底されているか・しっかりした資金繰り管理はなされているか　〔技術〕・生産技術のマニュアル化やデータベース化により工員のスキルアップを図っているか・製品開発にあたっては、外部ネットワーク（産学協同・公的研究機関等）を活用しているか・技術は陳腐化していないか　〔販売〕・しっかりし問計画が立・顧客情報を提案型営業るか・効果的な販か　〔施設〕・店舗やエアウトに改か・機械設備等は十分に行・作業現場のに行われて
（業界・競合先の動向）外部環境	[O・機会]　〔競合先の動向〕・当社と競合先を比較した場合の業界における地位・存立基盤・優越性・競合先の経営戦略〔対象とする市場、新製品・商品の開発動向、差別化政策、設備投資動向〕・競合先との製品・商品の比較〔品質・価格・納期〕　〔業界動向〕・業界の市場規・主要製品・商〔生産・消・下請企業の場る業界推移、・業界の今後の

（注）　対話を進めるうえで、必要な項目について参考にしてください。

マイナス要因

[W・弱み]

	〔商品・製品〕	〔物　流〕
た販売計画、訪	・市場や顧客のニーズを新製品開発や取扱商品の選定に活かしているか	・仕入先・外注先管理（品質・価格・納期）は適切に行われているか
てられているか		
収集・蓄積し、		
等に役立ててい	・顧客ニーズからみて、商品構成や品揃えは適切か	・在庫管理（発注・在庫基準の設定）は適切に行われているか
促を行っている	〔労　務〕	
	・自社の経営戦略からみて適切な人員配置となっているか	・配送やピッキングの効率化はなされているか
場・機械のレイ		〔情報化〕
善の余地はない	・人事考課、賃金体系は明確か	・ITが経営管理等にうまく活用されているか
のメンテナンス		〔国際化〕
われているか	・目標管理制度を導入しているか	・海外からの調達ルートの確保、市場開拓のための海外展開に取り組んでいるか
安全対策は十分		
いるか	・営業マンや工員教育を十分に行っているか（教育制度の充実）	

[T・脅威]

〔マクロ環境〕

模と当社のシェア　・社会〔人口構成、教育、価値観、ライフスタ
品に係る業界推移　　イル、雇用情勢〕
費・価格動向〕　　・経済〔景気動向、金融情勢、設備投資動向、
合、親会社の属す　　消費動向〕
親会社の地位　　　・政治〔法制度、税制、規制緩和、環境政策〕
見通し　　　　　　・技術〔バイオテクノロジー、医療、通信等〕

ている（悩んでいる）状況を見逃さずSWOT分析を１つのきっかけ（模索を解決する第一歩）として取組みを促しました。実際に経営者からは「自ら作成することで、当社が置かれている状況をきちんと整理し、自社が解決を優先すべき課題は何であるかを深く理解することができた」との感想がありました。SWOT分析表を作成することがゴールではなく、また金融機関からベストだと思う提案を行うことのみをもってしてもゴールではありません。企業の置かれた状況、経営者の悩みに照らしてしっかり向き合い、企業に様々な気づきを与え、金融機関から提案したことを受けて企業が自発的に改善に取り組むようになったところに本事例のポイントがあり、今回の提案（「情報提供」と「仕組み」をアドバイス）を受けとめる経営者の意欲・満足度を高めることにつながりました。今後、同じような取引先に経営改善に向けたアドバイスを行おうと思ったときにこの事例を参考に取り組んでいただくことで良好な効果が期待できるのではと思います。また、SWOT分析にて内部環境と外部環境をまとめる視点は、図表８－３のとおりですのでご紹介します。

[サービス業C社(一般公衆浴場業)の事例]

- 業種:一般公衆浴場業
- 従業員数:30名
- 創業年:2004年(平成16年)

1 はじめに

　本事例は、売上高の改善に向けて支援を行った事例です。売上高を改善するためには、営業・販売力の強化が必要となり、これは経営改善が必要となる多くの企業に共通する経営課題となっています。こうした取引先の多くは、そもそも市場や顧客情報の収集を組織的に行う仕組みが構築されておらず、営業活動が属人的になっているケースが多いと思われます。本事例では、事前にじっくり仮説の検討を行い、社長との対話を深めたことが、効果的な経営改善提案につながりました。

2 経営改善支援の内容

(1) 事業内容

　C社は日帰り入浴施設としてスーパー銭湯を運営しています。施設内には、約10種類の豊富な温浴施設があり、マッサージ処、食事処および休憩処が設置されています。C社の近隣にはショッピングセンター等の商業施設があり、商業施設を訪れる地域住民にとって利便性に優れています。

(2) 経営改善支援が必要となった背景

　C社では、商圏内に同業者が参入してきており、利用客獲得競争が激しくなっていました。そのため、売上高が減少してきており、収支改善に向けて利用客の増加に取り組んでいましたが、営業活動が属人的になっていたことから、有効な組織的対応がとられず、収支改善の効果は出ていません。また、売上高減少に伴ってキャッシュフローも減ってきていることから、定期的に必要となる温浴施設の修繕費負担が重くなり、十分な修繕ができなくな

るという悪循環に陥っていました。現状の収支悪化に歯止めをかけ、収支改善の軌道に乗せるために経営改善が必要となっています。

(3) 支援の実施

Step 1　C社との面談前の準備として仮説および検討の実施

　売上増加に向けて、C社の強み、特色から新規のサービス内容等を検討していく必要があります。当日の面談で場当たり的なアドバイスとならないように、検討事項、着眼点および社長へ確認する事項について、図表8－4のような仮説を立て整理しました。売上増加のためには「数量（入館客数）」×「単価（価格面）」のそれぞれについて実効性のある取組みを行っていく必要があります。この表では、「市場や顧客情報の収集を組織的に行う仕組みが構築されているか」「営業活動が属人的な部分はどこか」という観点を重視した内容となっています。また、以下検討事項はC社の事業である一般公衆浴場業ですが、個人利用客向けのその他のサービス業でも参考になると思いますので、担当している類似業種を思い浮かべながら、実施内容を読み進めてください。

図表8－4　事前の仮説検討内容

入館客数の増加に向けての検討事項
〈着眼点1〉　顧客ターゲット
（社長へ確認する事項） ① 顧客アンケートを実施しているか（問題点や不満の把握はできているか）。 ② コンセプトにあったイベント企画、飲料、物販内容の見直しができているか。 ③ 取り込めていない年齢層・曜日・時間帯はないか。日ごとの男性・女性客数はどうか。時間ごとの来客数は把握しているか。 ④ 集客力のある商業施設の近隣に立地しているが、利用客の取込状況はどうか。 ⑤ 競合施設に比べ施設のバリエーションが豊富であるが、アピール不足な点はないか。 ⑥ 健康・美容にこだわりのある人がターゲットとして期待できるのではないか。

⑦ 既存のリピーターは減っていくので（高齢化、人口減少）、新たな層の取込みが必要ではないか。

〈着眼点2〉 営業体制

（社長へ確認する事項）
① こちらから営業に出かけて顧客を獲得する意識を持っているか。
② 近隣商業施設への営業、チラシや割引券の定期的な配布を行ってはどうか。
③ 周辺企業・店舗・病院・役所等への訪問営業を行ってはどうか。
④ 食事処との相乗効果をねらった取組み（宴会の営業、お風呂利用プラン）を行ってはどうか。

〈着眼点3〉 ホームページ

（社長へ確認する事項）
① 特徴がわかりにくいため、こだわり、競合先との差別化、健康・美容をもっとアピールすべきではないか。
② 何回もクリックしないとイベントがわかりにくいため、最初のページに表示したらいいのではないか。
③ SNSの活用等で発信力の強化を検討してはどうか。
④ ホットヨガ、あかすり、宿泊について、内容の紹介を詳しくし、ホームページ上から簡単に予約できるようにしてはどうか。

〈着眼点4〉 サービス向上

（社長へ確認する事項）
① 各種イベントの店内での周知強化を図ってはどうか。
② 日替り湯、季節湯など充実できないか。
③ 近隣商業施設とのコラボ・宣伝・プロモーション（化粧品、健康食品等）、記念日イベント等を行ってはどうか。
④ 近隣施設従業員向け・買い物した人向けの割引チケット、周辺企業向け割引チケットを配布してはどうか。

価格面（割引・値引き）の見直しに向けての検討事項

〈着眼点1〉 割引・集客策

（社長へ確認する事項）
① 客入りの少ない曜日・時間帯を把握し、そこで実施してはどうか。

〈着眼点2〉 稼働率

（社長へ確認する事項）
① 集客数の多い週末に実施している岩盤浴やファミリー割引を週末

> に比べて集客数の少ない平日に実施してみてはどうか。
> ② 宿泊料を変動させてはどうか（土日平日によって値段を変える。イベント時には価格を上げる等）。

Step 2　事前の仮説および検討に基づく対話と提案

　C社では、売上回復に向けた対策を講じようにも、人手が足りず、改善のための取組みを検討する余裕がない状況でした。そのため、事前の仮説および検討した内容を題材に実行可能性を探る対話を行うことにしました。業績悪化企業は、経費削減に努めており、その一環で従業員数もぎりぎりの中で事業をしていることが多く、公庫のこうした対応に非常に感謝してもらいました。あわせて、C社のデータ管理状況を把握するために、入館客数のアプローチに重点を置き、月別、曜日別の入館客数データ、部門別の売上実績資料をその場に準備していただき、意見交換を行いました。事前の仮説内容に対して社長は、実施できていないことが多かったことから、反省の言葉を口にされていました。そこから各項目について「これは過去に取り組もうとしたがうまくいかなかった」「これは取り組んでみるとおもしろいかもしれない」と1つずつ社長と実行可能性を探りました。時間をかけて対話を行ったところ、売上の減少に歯止めをかけるため、①新規顧客の開拓、②割引、値引きの見直しに取り組む必要があることを社長は認識しました。

　事前準備を行ったうえで、時間をかけて対話を行い、取引先を「よく知る」ことは、経営改善支援に向けて非常に重要だと考えます。社長との対話を踏まえ、公庫から以下の提案を行いました。

> （提案）　C社近隣のショッピングセンター等の商業施設に加えて、周辺の店舗や事業所も多いことから、新規先ターゲットリストを作成し、計画的・定期的な営業活動が必要ではないか。

　社長からは、「人員面で余裕がなく、十分な営業活動ができていないことが弱点だとわかった。まずは、しっかり計画を立てることができるターゲットリストを作成のうえ、優先順位をつけて営業活動を行っていきたい」とい

う感想がありました。公庫から売上回復に向けたアクションプランの案（図表8－5）および営業活動新規ターゲットリストの様式（図表8－6）を作成し、社長に提供しました。社長から、「今まで作成したことがなかったのでありがたい。作成したらまたアドバイスをいただきたい」と次回の継続フォローの依頼がありました。社長としても、売上高の増加に向けて取り組む事項と優先順位が明確になったようすで今後の努力が期待されます。

3　本事例のポイント

　本事例では、売上高の改善に向けた提案、その提案を組織的なものにするべく仕組み（「アクションプラン」「営業活動新規先ターゲットリスト」）の提供を行いました。社長に様々な気づきを促すことができ、今後の継続フォローを積み重ねていくことで改善が進んでいくことが期待されます。本事例のように市場や顧客情報の収集を組織的に行う仕組みが構築されておらず、営業活動が属人的になっているケースでは、財務数値の背景にある企業活動をみずに提案を行うと、「一層の営業努力が必要です」「（損益分岐点分析を行い）必要利益を確保するためには、あと○億円の売上を確保する必要があります」といった一方的な提案になってしまいがちですが、こうした提案だけでは、単に事実を指摘しているにすぎず、顧客の課題解決に向けた支援・提案にはなりません。改善提案を行う際は、事実を指摘するだけではなく、財務数値の背景にある企業活動を把握して、企業が具体的にとるべき行動や整えるべき仕組みを提案する必要があります。本事例はそうした一方的な提案ではなく、企業に寄り添った提案を行ったところがポイントであるといえるでしょう。

図表8－5　アクションプラン

改善項目	具体策	いつ 頻度、回数	責任者	モニタリング項目
新規顧客への営業活動	営業ターゲットリストの作成、追加、更新			リスト
	割引券、チラシの作成（レストランの宴会チラシも作成）			チラシ内容
	近隣商業施設の従業員への配布（店舗に訪問し手渡しで）			配布店舗 配布枚数
	近隣商業施設の買い物客へのチラシ配布（許可をもらえるか打診）			実施回数 配布枚数
	近隣商業施設以外のターゲットリスト先への営業、チラシ配布			配布店舗 配布枚数
	レストランと温泉の相乗効果を図る。どちらかの利用客への割引サービスの設定など。宴会利用客への割引券配布			－
発信力の強化 ホームページの見直し	トップページにイベント情報をタイムリーに記載、こまめな更新			－
	ホームページの充実（詳しい写真、楽しみ方、強みを打ち出す）			－
	ブログ、SNS等を活用し、イベント情報、おすすめなどを発信			－
	宿泊ページの説明・写真を増やす			－
	リラクゼーションや宿泊のWeb予約			－
	リラクゼーションの実施状況、空き状況がわかるようにする			－
	地元新聞、情報誌への掲載			頻度、内容
イベントの企画、見直し	日替り湯、季節湯などの充実			頻度、内容
	近隣商業施設の店舗や周辺企業とのコラボ・宣伝・プロモーション（化粧品、健康食品、電化製品など）			件数
	ホットヨガの再開、リラクゼーションの充実			－
	新たなイベントの企画、実施（話題性のあるイベント、商品、飲食）	月○件		件数
割引、値引きの見直し	入館客数の少ない曜日、時間限定の割引チケット作成、配布			－
	土日割引の見直し			－
	宿泊料の見直し（曜日やイベントの有無で価格を変動させる）			－
	近隣商業施設従業員向け割引チケット、近隣商業施設で買い物した人向けの割引チケット、周辺企業向け割引チケットを作る			－

	スケジュール						半期進捗報告	スケジュール						半期進捗報告
	10月	11月	12月	1月	2月	3月		4月	5月	6月	7月	8月	9月	
計画	→	★												
実績														
計画	→	★												
実績														
計画														
実績														
計画														
実績														
計画														
実績														
計画														
実績														
計画														
実績														
計画														
実績														
計画														
実績														
計画														
実績														
計画														
実績														
計画														
実績														
計画														
実績														
計画														
実績														
計画														
実績														
計画														
実績														
計画														
実績														
計画														
実績														
計画														
実績														
計画														
実績														
計画														
実績														
計画														
実績														
計画														
実績														
計画														
実績														

図表8-6　営業活動新規ターゲットリスト

	ターゲット	店名	担当者	頻度		実績					
						10月	11月	12月	1月	2月	3月
(例)	近隣商業施設	●●店		3カ月ごと	日						
					枚数						

半期進捗報告	実績						半期進捗報告
	4月	5月	6月	7月	8月	9月	

[小売業D社（婦人服小売業）の事例]

- 業種：婦人服小売業
- 従業員数：25名
- 創業年：1952年（昭和27年）

1　はじめに

　本事例は、経営改善計画書をこれから作成するD社に対して、経営改善計画策定支援を行ったものです。計画策定に向けた社長との対話を公庫だけでなく、メイン金融機関と一緒になって実施しました。こうした三者（社長、公庫、メイン金融機関）での面談を複数回重ね、じっくり検討を進め、実現可能性のある経営改善計画書の作成につなげた事例となっています。

2　経営改善支援の内容

(1) 事業内容

　D社は婦人服・服飾雑貨等の販売を行っています。30〜50代の女性をメインターゲットにしており、高価格帯の海外輸入ブランドを中心に取り扱っています。D社の店舗では、購買価格層ごとに売場レイアウトを分けており、近隣に住む富裕層を主な顧客としています。既存顧客からの注文や、常連客の好みを踏まえて商品仕入を行う等、ワン・トゥ・ワン・マーケティングを意識したきめ細かなサービスが特色となっています。

(2) 経営改善支援が必要となった背景

　D社は、駅前商店街近隣に立地しており、利用客の利便性は高いものの、近年は、商店街自体の集客力の低下、郊外店・近隣地区の同業者との競争が激しくなったことにより、厳しい環境に置かれています。D社も魅力的な商品の提供、きめ細かなサービスにより何とか売上の減少を食い止めていますが、販売店舗を借入れに依存して取得したことから返済負担が重くなっています。このような厳しい中で、経営全般から仕入まで担ってきた社長および

接客を担当する副社長から、「後継者への事業承継も数年内に必要な時期にきており、円滑な事業承継を進めていくためにも、収益力の向上が不可欠」との認識が示されました。

(3) 支援の実施

Step 1　公庫とメイン金融機関との目線合わせの実施

　D社では、現状を打開するために経営改善計画書を作成する必要があると考えられました。どのような取組内容を盛り込んだ計画を策定していくのかが問題になるほか、資金繰りが厳しいことから今後の必要資金の確保に向けてメイン金融機関からの支援も必要な状況でした。D社に対しては、メイン金融機関の担当者と面識があったことから、D社の了解を得て、まずは公庫とメイン金融機関にて情報交換を行いました。想定される課題、今後の経営改善に向けて必要な取組み事項等について幅広く情報交換を行いました。

Step 2　三者（社長、公庫、メイン金融機関）での面談

　計画を策定する必要性を社長に説明するとともに、足元の財務状況に基づく分析内容について公庫から説明し、認識を共有しました。財務分析で同業者平均指標と比較すると、売上規模は小さいものの、収益性では優位にあること、一方で、設備投資の償却負担が重く、資産効率の面では課題があり、資金繰りの改善や今後の設備投資の必要性からも一層の収益改善が必要であることを説明しました。社長からは、「計画を策定することの必要性を認識したものの、先が見通しにくい景気状況の中で売上見通しがわかりにくい」等の弱気な発言がありました。このような状況であったため、こうした三者間の面談を何度か行いながら、社長の不安を解消していきました。経費削減の面で細かい数値の見通しは外部専門家である税理士のアドバイスを得て計画数値のドラフトを作成しました。売上見通しについては、現状の顧客層も高齢化していくので徐々に減収を見込む必要があり、単なる営業努力だけでは、収益の改善策として現実的ではありません。D社が直面している環境を丁寧に説明し続けたことで、社長の認識も徐々に前向きになっていき、売上の拡大に向けた取組みを考えなければいけないという段階になりました。売上の拡大に向けて、公庫から以下の説明および提案を行いました。

> （説明）　D社の取扱商品は上代が数万〜数十万円と高価格で、主な対象年齢は30〜50代となっています。顧客の趣味・嗜好を把握したうえで、国内・海外から買付けを行っていますが、年間を通じて多額の商品を購入する常連顧客（アクティブユーザー）層が高齢化していて、中長期的な顧客基盤の維持・拡大の必要があります。一方で、単なる低価格商品の展開は、既存の顧客層がD社に持つイメージと乖離し、既存の顧客離れのリスクがあるため「常連候補となる若年層へのアプローチ」を課題に取り組む必要があると思います。その課題につながる1つの取組みとして、以下を提案します。
> （提案①）　SNS等を通じて魅力ある商品（数量限定・国内未発売）のPR発信、既存顧客と同伴して来店する子女への商品提案を行うこと。
> （提案②）　店舗ディスプレイにおいて購買価格帯別のレイアウトから想定年齢層別のレイアウトとすること。

　今後の計画策定においては、これらの提案をアクションプランに落とし込んでいく必要がある旨を説明しました。社長からはいただいた提案についてどのように実施していくか検討したいとの返事がありました。後日、社長から、公庫からいただいた提案①、②に沿って取り組んでいる（試行段階で効果をみて取組みを広げていく）との報告があり、経営陣の経営改善意欲が高まったことが確認できました。

3　本事例のポイント

　計画を策定する際に、公庫を含め金融機関の側から求められる経営改善計画の数値基準を説明しても、それだけで会社側の理解を得るのは難しいと思います。根拠のない過大な売上や、成り行きで容易に達成可能な売上を目標に据えることは、経営改善・目標達成に向けた努力につながりません。なぜこの水準の目標値が必要なのかを説明し、その実現可能性を議論し経営者の納得を得ながら進めていくことが大事になります。業績が悪化傾向にある経

営改善支援必要先では、なかなか収支が改善せず、前向きなチャレンジ意識を持ってもらうまでに時間がかかってしまう面があると思います。本事例はこうした観点を大事にしながら、メイン金融機関と連携して訪問し、丁寧に説明を行いました。D社におけるチャレンジ意識の高まりにより、今後の事業承継に向けても意欲的に取り組んでもらえるように引き続きアドバイスを行っています。

金融機関が行う
経営改善支援マニュアル【第3版】

2019年3月19日　第1刷発行
2023年4月12日　第3刷発行

　　　　　著　者　日本政策金融公庫
　　　　　　　　　中小企業事業本部企業支援部
　　　　　発行者　加　藤　一　浩

〒160-8520　東京都新宿区南元町19
発　行　所　一般社団法人 金融財政事情研究会
企画・制作・販売　株式会社きんざい
出版部　TEL 03(3355)2251　FAX 03(3357)7416
販売受付　TEL 03(3358)2891　FAX 03(3358)0037
URL https://www.kinzai.jp/

※2023年4月1日より企画・制作・販売は株式会社きんざいから一般社団法人金融財政事情研究会に移管されました。なお連絡先は上記と変わりません。

校正：株式会社友人社／印刷：三松堂株式会社

・本書の内容の一部あるいは全部を無断で複写・複製・転訳載すること、および磁気または光記録媒体、コンピュータネットワーク上等へ入力することは、法律で認められた場合を除き、著作者および出版社の権利の侵害となります。
・落丁・乱丁本はお取替えいたします。定価はカバーに表示してあります。

ISBN978-4-322-13445-2